高校人文学术成果文库

教育部高等学校社会科学发展研究中心

QinHan JianBo E Zi YanJiu

秦汉简帛讹字研究

刘玉环◎著

中国书籍出版社
China Book Press

图书在版编目(CIP)数据

秦汉简帛讹字研究/刘玉环著．—北京:中国书籍出版社,2012.12
ISBN 978-7-5068-3453-7

Ⅰ.①秦… Ⅱ.①刘… Ⅲ.①竹简文—错别字—研究—秦汉时代 ②帛书文字—错别字—研究—秦汉时代 Ⅳ.①K877.03

中国版本图书馆 CIP 数据核字(2013)第 076924 号

责任编辑/ 许艳辉
责任印制/ 孙马飞 张智勇
封面设计/ 中联学林
出版发行/ 中国书籍出版社
地 址:北京市丰台区三路居路 97 号(邮编:100073)
电 话:(010)52257143(总编室) (010)52257153(发行部)
电子邮箱:chinabp@ vip. sina. com
经 销/ 全国新华书店
印 刷/ 北京天正元印务有限公司
开 本/ 710 毫米×1000 毫米 1/16
印 张/ 13
字 数/ 199 千字
版 次/ 2013 年 8 月第 1 版 2013 年 8 月第 1 次印刷
书 号/ ISBN 978-7-5068-3453-7
定 价/ 39.00 元

前　言

秦漢簡帛是戰國後期秦至東漢時期的竹木簡牘帛書,是秦漢時期的實用文字資料。各地出土的秦漢簡帛已經整理出版的有二十多種,這些簡帛資料中不同程度地存在用字或書寫方面的錯誤,有時把字寫成另外一個字(稱之為訛別字),有時把字寫得不成字(稱之為訛錯字)。

傳統對於訛字只是局限在正字體角度,將之看作被規範的對象而沒有展開研究;歷代學者對訛字的定義和判定整體看來較為混亂;秦漢簡帛訛字的考釋存在各種失誤,正確的考釋成果散見於各類書籍期刊當中,無人系統整理。針對訛字理論研究較為薄弱和實踐操作存在不足的現狀,我們全面收集並深入分析秦漢簡帛中的訛字,展開訛字的專題研究。

本書第一章是緒論。介紹了秦漢簡帛及訛字研究的概況,闡述了本書的研究對象、研究目標、研究意義和研究方法。

本書第二章和第三章分別從判定、分類、整體特徵、致誤原因和心理學闡釋等幾個方面對訛別字和訛錯字作了探討。

針對目前訛字研究內涵豐富複雜、外延交叉重合的現狀,對秦漢簡帛中的訛字進行逐字分析,以漢字發展演變序列為立足點,從訛字的內涵和外延兩方面著手,建立科學的訛字理論和可操作的判定方法。

根據訛別字與正字在字形、字義上的關係,訛別字與上下文中其他的字在字形、字義上的關係,將訛別字分為五大類。根據訛錯字與相應的正字在形體上的關係,將訛錯字分為兩大類,六小類。

訛別字的整體特徵有:偶然性、本體性、時代性、反復性和複雜性等。訛錯字的整體特徵有:外延開放、結構複雜和部份構件寫訛占多數等。

訛字的致誤原因錯綜複雜。整體而言,是由主、客觀原因共同促成的;客觀原因是潛在的基本條件,是導致寫訛的誘因;而書寫是一種主觀性行為,客觀原因要內化為主觀因素發揮作用。客觀原因主要包括字形本體的原因和所據底本的原因;主觀原因主要包括書寫者的心理狀態和思維習慣。

從心理學角度看,將字寫訛受到特定思維方式的影響,比如趨簡心理、聯想思維等等。

本書第四章是綜合比較研究。對訛別字和訛錯字作了比較,對不同性質的文本中的訛字作了比較,對不同時期文本中的訛字作了比較,對出土文獻訛字和傳世文獻訛字作了比較。簡單分析了訛字與秦漢文字系統相互影響、相互制約的關係。

目　录

CONTENTS

第一章

緒　論

第一節　研究對象及研究目標

一、研究對象

本文以出土並已整理出版的秦漢簡帛為研究材料，以其中的訛字為研究對象。

從戰國後期秦至東漢時期的竹木簡牘帛書，學術界稱為秦漢簡帛。

我們之所以選擇秦漢時期是因為：

第一，秦漢時期所使用的文字是一脈相承的，上承殷商文字、西周文字、春秋時期的文字、戰國時期的文字，下啟至今沿用的楷書、行書；其命運不同於六國古文。便於我們前後比照，以漢字演進序列為立足點確定訛字。

第二，秦漢時期多次整理和規範漢字。據趙平安師研究，秦先後三次整理和規範漢字，趙師在《試論秦國歷史上的三次"書同文"》一文中指出："秦國歷史上的第一次'書同文'發生在周桓王時期，即公元前 719 年到公元前 697 年之間。這次'書同文'對當時在秦國通用的文字進行了一次全面系統的整理和規範，編成《史籀篇》，再將《史籀篇》中的標準體——大篆推向全國。""秦國的大篆至少從戰國中期，即秦孝公時期開始，發生了明顯的變化，漸漸演變為一種繁簡夾雜的綜合文字。其中主要成份是小篆和隸書,由於文字的繼承關係以及六國文字的影響,當中也夾雜著一些籀文和古文。""第二次'書同文'的特點是,隨著兼併戰爭的展開,秦國便把自己的綜合性通用文字不斷地推行到所佔領的地方。""它從戰國中期開始,到秦滅六國結束。"秦始皇時期的"書同文",即"第三次書同文是試圖用小篆來統一全國用字。"①其時,"(丞相李)斯作《倉頡篇》,中車府令趙高作《爰歷篇》,太史令胡毋敬作《博學篇》,皆取史籀大篆,或頗省改,所謂小篆者也"。② 亦稱秦篆。這三次"書同文"的內容,就文字符號而言,都應包括汰除歧異,確立標準字符。自此,人們日常用字有了可以依循的標準字形。

漢朝對於漢字的規範也很重視。東漢時期的白虎觀會議就是漢字史上又一次政府領導下的正字運動。作為習字課本以及應用文字的範本,兩漢迭出新編,《漢書·藝文志》記載:"武帝時,司馬相如作《凡將篇》,無複字。元帝時,黄門令史游作《急就篇》。成帝時,將作大匠李長作《元尚篇》。皆《倉頡》中正字也。"而根據平帝召集百余學者研究文字之成果,"黃門侍郎揚雄采以作《訓纂篇》"。至東漢和帝永元年間,複有賈魴作《滂喜篇》。此外,還有班固的《太甲篇》、《在昔篇》,崔瑗的《飛龍篇》,郭顯卿的《雜字指》、《古今奇字》等。東漢刊立熹平石經,尤其是在鄭重其事地規範漢字。③ 這都說明漢代已經存在"正字"觀和相應的正字成果。

有了規範漢字的制約,人們在日常用字中就有了規範意識;規定了正字字形,才得以確定與之相對的不正確的字形,即訛字④。

第三,目前所能見到的秦漢時期的出土文獻十分豐富,而且學者們已對各種出土文獻進行了深入探討,為我們提供了可以借鑒的研究成果。

我們之所以選擇簡帛文字是因為:簡帛是手寫材料,能反映當時社會用字的實際;這些資料埋藏於地下,未經後人篡改,保存著古人手寫的真跡;具有時

---

① 趙平安:《試論秦國歷史上的三次"書同文"》,《隸變研究》,河北大学出版社 2009 年版,第 136 頁。

② 許慎:《說文解字》,中华书局 2006 年重印,第 315 頁。

③ 參見向光忠:《漢字規範鑒古論今》,李宇明,費錦昌《漢字規範百家談》,商務印書館 2004 年版。

④ 在本文中,"正字"是與"訛字"相對的概念。

代明確、近古存真等優點。

總之,秦漢簡帛訛字研究,對於訛字研究而言,具有一些得天獨厚的有利條件,而這些有利條件在目前的訛字研究中被不同程度地忽略了。因此,我們整理研究秦漢簡帛中的訛字是可能而且有必要的。

研究材料的主要來源①:

(一)秦簡牘

1.《釋青川秦墓木牘》:1979 年,四川青川縣郝家坪 50 號秦墓出土木牘一件,正面內容為秦武王二年頒佈的更修田律;背面記不除道日干支。②

2.《天水放馬灘秦簡》:1986 年在甘肅省天水市北道區黨川鄉放馬灘一號秦墓出土竹簡 461 枚。簡書內容分甲種《日書》、乙種《日書》和《志怪故事》三種。該批竹簡屬於戰國晚期。甲種《日書》的字體以圓曲弧線的筆劃為主,更多地帶有小篆之勢,部分字體仍保留著戰國古文的遺風;乙種《日書》的字體與睡虎地簡相似;《志怪故事》字體與乙種《日書》相似,整理者推測出自一人之手。

3.《睡虎地秦墓竹簡》:1975 年,湖北雲夢睡虎地十一號墓出土,總計有簡 1155 枚(另有殘片 80 枚)。內容主要是法律、文書,計有下列十種:《編年記》、《語書》、《秦律十八種》、《效律》、《秦律雜抄》、《法律答問》、《封診式》、《為吏之道》、《日書》甲種、《日書》乙種。《編年記》是秦始皇時期寫成的;《語書》是秦始皇時期的文件;竹簡中寫得早的,則可能屬於戰國末期。簡上的文字是毛筆墨書的秦隸。

4.《龍崗秦簡》:1989 年 10 月,湖北雲夢龍崗六號墓出土竹簡 283 枚,木牘 1 枚。簡牘內容是秦代的法律。從龍崗簡的內容看,顯然比睡虎地秦簡的年代晚,應為秦始皇統一以後的遺物。木牘正反兩面用毛筆墨書 38 字。竹簡文字為秦隸,書風比較統一,應當出自一人之手,用筆簡率圓熟,不少筆法頗具草意。

5.《里耶發掘報告》:2002 年,里耶古城遺址一號井出土簡牘 37000 餘枚。

---

① 我們調查了 21 種秦漢簡帛,收集到四百多對訛字,利用這些訛字資料足以撰成此书。另有居延漢簡甲乙編、敦煌漢簡、阜陽漢簡、定州漢墓竹簡、嶽麓書院藏秦簡(壹)、嶽麓書院藏秦簡(貳)中的訛字資料,我們將在以後的研究中整理探討。

② 對於各種簡帛的主要內容、所屬年代以及書體等方面的簡介,我們依據各书的出版說明、前言和發掘報告作整理,下同。

内容為官署檔案。文字屬於秦代隸書。簡牘記載的時間為秦始皇二十五年至秦二世二年,即公元前 222 年至公元前 208 年。我們僅就發掘報告中已公佈的那一小部份簡牘中的訛字作整理和研究。

6.《關沮秦漢墓簡牘》:1990 年,湖北荊州市沙市區關沮鄉的清河村周家臺三〇號秦墓和岳橋村蕭家草場二六號漢墓共出土竹簡 416 枚,木牘一方。其中周家臺三〇號秦墓出土竹簡 381 枚、木牘一方,按其內容分為三組:第一組有竹簡 130 枚(其中空白簡 4 枚)、木牘一方,擬定篇題為《曆譜》;①第二組有竹簡 178 枚(其中空白簡 10 枚),擬定篇題為《日書》;②第三組有竹簡 73 枚,擬定篇題為《病方及其他》。③ 三組竹簡的文字均為墨書隸體,部分文字篆勢猶存。蕭家草場二六號漢墓出土竹簡 35 枚,內容全部為遣策。文字為墨書隸體,從字形及其結構上看,已具備了漢代隸書的特徵。

(二)漢簡牘

1.《張家山漢墓竹簡[二四七號墓]》:1983 年,湖北江陵張家山二四七號漢墓出土竹簡計 1236 枚(不含殘片)。各種書籍是各自成卷然後堆放在一起的,從上至下的順序是曆譜、《二年律令》、《奏讞書》、《脈書》、《算數書》、《蓋廬》、《引書》,遣策另置它處。內容涉及西漢早期的律令、司法訴訟、醫學、導引、數學、軍事理論等方面。發掘者推斷墓葬的年代是西漢早期。據墓中所出曆譜可知,墓主人去世當在西漢呂后二年(公元前 186 年)或其後不久。

2.《長沙馬王堆一號漢墓》:1972 年,湖南省長沙馬王堆 1 號漢墓出土,共計竹簡 312 枚,共 2063 字,內容為隨葬器物的清單,即遣策。木楬 49 枚,所書文字是對竹簡所盛物品的說明。簡上文字為早期隸書,部分保留戰國時期俗體小篆的筆法。同居延、武威等地出土的西漢晚期木簡相比,在時間上顯然要早一些。

3.《長沙馬王堆二、三號漢墓(第一卷田野考古發掘報告)》:1973 年 ~ 1974 年,湖南省長沙馬王堆 3 號漢墓出土竹木簡 610 枚,其中遣策 410 枚,醫書 200

---

① 竹簡內容有秦始皇 34 年的全年日干支和秦始皇三十六年、三十七年月朔日干支及月大小等,木牘正、背兩面分別書有秦二世元年月朔日干支及月大小、該年 12 月日干支等。

② 竹簡內容有二十八宿占、五時段占、戎磨日占及五行占等。

③ 竹簡內容有醫藥病方、祝由術、擇吉避兇占卜、農事等。

枚。醫書可分為甲卷和乙卷,依其內容甲卷包括《十問》和《合陰陽方》兩部份;乙卷包括《雜禁方》、《天下至道談》兩部份。三號漢墓墓主人的下葬時間為公元前 168 年顓頊曆二月。

4.《隨州孔家坡漢墓簡牘》:湖北省隨州孔家坡 8 號漢墓出土竹簡近 800 枚,木牘 4 方。竹簡可分為《日書》和《曆日》兩組,其中《日書》當係一册,共有竹簡 700 餘枚,簡文為墨書隸體,書寫工整;《曆日》共有竹簡 78 枚,綴合為 60 枚,係為一冊,文字為墨書隸體。木牘一枚為隸體墨書,整理者擬定篇題為《告地書》,另 3 枚無字。8 號漢墓的年代定為漢景帝後元二年,即公元前 142 年。

5.《銀雀山漢墓竹簡[壹]》:1972 年,山東省博物館和臨沂文物組在臨沂銀雀山發掘出一批竹木簡牘,其中一號墓出土竹簡 4942 枚,內容為《孫子兵法》、《孫臏兵法》、《六韜》、《尉繚子》、《守法守令等十三篇》等,還有《晏子》等先秦古籍以及《相狗經》、陰陽書與風角災異雜占殘簡。二號墓出土竹簡 32 枚,為漢武帝《元光元年曆譜》。銀雀山漢墓竹簡整理組編寫的《銀雀山漢墓竹簡》一書,擬分三輯出版,目前僅能見到第一輯,內容包括《孫子兵法》、《孫臏兵法》、《六韜》、《尉繚子》、《晏子》及《守法守令等十三篇》。簡文字體屬於早期隸書,整理者推測是文、景至武帝初期這段時間內抄寫成的。①

6.《居延新簡——甲渠侯官》:1972 ~ 1974 年,甘肅額濟納河流域居延地區的漢代城障烽塞發掘漢簡近二萬枚。內容豐富,包括詔書、律令、科別、品約、牒書、推辟書、爰書、劾狀、各類簿籍以及《九九術》、干支表、各種形式的曆譜、醫藥方、《倉頡篇》、《急就篇》等殘簡,其中 70 多個完整或基本完整的簿冊,特別是發現了詳細記載有長安至河西 20 個驛置的里程簡。目前已發表甲渠侯官、甲渠塞第四燧、卅井侯官次東燧等處出土的簡牘 8409 枚。其形制有簡、兩行、牘、楬、觚、封檢、削衣等。紀年簡的上限始於西漢昭帝始元時期(公元前 86 ~ 81 年),下限至西晉武帝太康四年(公元 283 年),西漢武帝時期和東漢光武帝建武八年(公元 32 年)以後的簡數量極少,宣帝時期的最多。

7.《武威漢簡》:1959 年,甘肅省博物館先後發掘了武威磨咀子 6 號和 18 號漢墓,從 6 號墓出土竹木簡 600 餘枚,內容屬於《儀禮》、《服傳》和《喪服》。從

① 《銀雀山漢墓竹簡[貳]》最近已出版,其中的訛字資料我們將在以後的研究中整理探討。此書定稿於 2010 年 5 月,此後出版的秦漢簡帛資料未及補入。

18 號墓出土 10 枚木簡，即“王杖十簡”。整理者推測武威磨咀子 6 號漢墓應屬於王莽時期，宣帝以後的西漢晚期應該是墓主經師活動的年代。

8.《尹灣漢墓簡牘》：1993 年，江蘇連雲港東海縣溫泉鎮尹灣村出土，共計有木牘 24 方和竹簡 133 枚，其中一方木牘從 2 號墓出土，其餘均出土於 6 號男棺墓主足部。內容包括《集簿》、《東海郡吏員簿》、《東海郡下轄長吏名籍》、《東海郡下轄長吏不在署、未到官者名籍》、《東海郡屬吏設置簿》、《武庫永始四年兵車器集簿》、《贈錢名籍》、《神龜占、六甲占雨》、《博局占》、《元延元年曆譜》、《元延三年五月曆譜》、《君兄衣物疏》、《名謁》、《元延二年日記》、《刑德行時》、《行道吉凶》、《神烏傅(賦)》，共 4 萬餘字。6 號墓所出簡牘記有“永始”和“元延”年號，故知其為西漢晚期成帝時物，墓葬應不晚于成帝末年。2 號墓的埋葬年代當屬於新莽時期，略晚於 6 號墓。

9.《額濟納漢簡》：1999 年至 2002 年間，額濟納旗漢代烽燧遺址出土簡牘五百餘枚。其形制有簡、兩行、牘、觚、楬、封檢等。內容以行政文書居多。其時代以西漢中期至東漢早期者居多，最早紀年見漢宣帝神爵三年(公元前 59 年)，晚者見東漢光武帝建武四年(公元 28 年)，若從字體考察或有極少東漢中期物。

10.《武威漢代醫簡》：1972 年，甘肅武威旱灘坡出土，現存簡牘共 92 枚，計：簡 78 枚，牘 14 方。內容多為醫方類，每一條目列方名、病名、症狀、藥物名、用藥劑量、服藥方法、針灸穴位、禁忌等，共有醫方 30 個，涉及內、外、婦、五官、針灸等科，方劑中所列藥物有 100 多種。字體基本是隸書，也兼有章草。發掘者推斷旱灘坡墓的年代當屬東漢早期。

11.《流沙墜簡》：英籍探險家斯坦因(Aurel Stein)第二次進行中亞考察時(1906 年 ~ 1907 年)所獲漢文文書，書寫材料多為木質簡牘。按簡牘的內容和性質進行分類，析為三大類：第一大類是小學術數方技書①；第二大類是屯戍叢殘②；第三類是簡牘遺文，彙集各式書信；王國維還作《補遺》，考釋斯坦因於尼雅河下游所獲晉初文書。“案古簡所出為地凡三，一為敦煌西北之長城；二為羅布淖爾北之古城；其三則和闐東北之尼雅城及馬咱託拉拔拉滑史德三地也。敦

---

① 涉及《蒼頡》、《急就》、《力牧》、《曆譜》、《算術》、《陰陽》、《占術》、《相馬經》、《獸醫方》等多種典籍。

② 其下又按內容分為薄書、烽燧、戍役、廩給、器物、雜事等六項。

煌所出皆兩漢之物;出羅布淖爾北者則自魏末以訖前涼;其出和闐旁三地者都不過二十餘簡,又皆無年代可考,然其古者猶當為後漢遺物其近者亦當在隋唐之際也。"①

12.《長沙東牌樓東漢簡牘》:2004 年,湖南省長沙市東牌樓建築工地第七號古井出土有字簡 206 枚,均為木質簡牘,字數約在五千上下。內容主要屬於郵亭文書。這批簡牘所見形制可以分為封緘、封匣、封檢、木牘、木簡、名刺、簽牌及異形簡等。顯示的書體非常豐富,不僅有篆書、隸書、草書,還有早期行書、楷書。整理者將這批簡牘的時代大致定為東漢靈帝時期。

(三)帛書

1973 年,湖南長沙馬王堆 3 號漢墓出土了大批漢代帛書。根據同時出土的一件有紀年的木牘,可以確定該墓的年代是漢文帝前元十二年(公元前 168 年)。帛書共 26 件,12 萬字,內容以哲學、歷史為主,也有自然科學方面的著作,還有各種圖籍和雜書。

1.《馬王堆漢墓帛書[壹]》:此函包括《老子》甲本及卷後佚書共 464 行,文字在篆隸間,接近秦篆,推測抄寫年代在高帝時期,即公元前 206 年至公元前 195 年間;《老子》乙本及卷前佚書共 252 行,墨書隸體,抄寫年代可能在文帝時期,即公元前 179 至 169 年間。

2.《馬王堆漢墓帛書[叁]》:此函包括兩種古佚書:《春秋事語》和《戰國縱橫家書》。《春秋事語》前部殘缺較重,後部較完整,書法由篆變隸,推測是漢初或更早一些時候抄寫的。《戰國縱橫家書》首尾基本完整,書法在篆隸之間,推測是公元前 195 年前後的寫本。

3.《馬王堆漢墓帛書[肆]》:此函收錄馬王堆帛書中的古醫書,整理小組根據各書內容分別定名為:《足臂十一脈灸經》、《陰陽十一脈灸經》甲本、《脈法》、《陰陽脈死候》、《五十二病方》(以上五種合為一卷帛書),書法秀麗,字體近篆,推測抄寫年代在秦漢之際;《卻穀食氣》、《陰陽十一脈灸經》乙本、《導引圖》(以上三種合為一卷帛書),推測為漢初寫本;《養生方》、《雜療方》、《胎產書》(以上三種各為一卷帛書)。此外還收錄了馬王堆三號墓所出竹木簡中的四種醫書:

① 王國維:《流沙墜簡・王國維序》,中華書局 1993 年 9 月版。

《十問》、《合陰陽》、《雜禁方》、《天下至道談》。

這一批批簡帛資料為我們展現了秦漢時期豐富多彩的手寫材料,受底本清晰度、書寫者水平以及書寫態度等因素影響,各地出土的簡帛不同程度地存在文字方面的錯誤,有時把字寫成另外一個字(稱之為訛別字),有時把字寫得不成字(稱之為訛錯字)。這些訛誤字形就是我們的研究對象。

訛字又稱錯別字、誤字、訛誤字等,包括訛別字(簡稱別字)和訛錯字(簡稱錯字)。

二、研究目標

(一)針對目前秦漢簡帛中存在大量訛字而無人系統整理的現狀,全面收集並深入分析,推測其出現原因並歸納條例,探究並闡釋其認知心理依據。

(二)針對目前訛字研究内涵豐富複雜、外延交叉重合的現狀,對秦漢簡帛中的訛字進行逐字分析,以漢字發展演變序列為立足點,從訛字的内涵和外延兩方面著手,建立科學的訛字理論和可操作的判定方法。

(三)針對目前在秦漢簡帛訛字的考釋中存在的各類失誤,著力研究並加以糾正,為秦漢簡帛及相關古籍的整理注釋和相關辭書的編撰工作提供依據。總結釋讀失誤的原因,升華為方法論以用之指導今後的古文字考釋工作。

第二節　已有研究成果述評

一、材料方面

(一)對已出土的秦漢時期各批簡帛的釋讀和研究

秦漢簡帛的研究成果十分豐富,研究範圍涵蓋了文、史、哲等領域,研究内容包括文字的考釋、簡文的綴聯、文本的對勘校訂、文意的訓釋、歷史現象的研究、哲學思想的研究、文學内涵的研究、文化及文化史的研究等等,針對各批簡帛僅是古文字學方面的研究也早已碩果累累。這是訛字研究的大環境。

隨著各地簡帛文獻的出土、整理和出版,對簡帛文字的考釋、對詞義文義的疏通,學者們已做過大量工作,其成果無法一一羅列。這是判定和研究訛字的基礎。

(二)訛字的辨識

《呂氏春秋·察傳》記載:"子夏之晉,過衛,有讀史記者曰:'晉師三豕涉河。'子夏曰:'非也,是己亥也。夫己與三相近,豕與亥相似。'"據《抱樸子·遐覽篇》記載,晉人葛洪曾引用當時流行的一個諺語:"書三寫,魚成魯,虛成虎"來分析古書不易讀通的原因。"豕亥"、"魚魯"的典故說明自成書之日起,訛字就作為一種書寫現象出現在人們筆頭,而歷代文人學士為讀通古書,已做過大量校正訛字的工作。

對於訛字的考訂注釋在漢代注疏中已大量存在。例如東漢鄭玄遍注群書時,就使用"A,當為 B"這個術語校正訛字。以後的文人學者在注釋前代典籍時都從疏通文義的角度,用校勘學的術語和方法對文中出現的訛字作出隨文注釋。例如唐宋以來使用漸廣的校語:"A,本或作 B,非"或"A 當 B 字,誤",就以"非"、"誤"等字明確指出訛誤。

歷代字書、韻書包含大量訛字辨識成果,例如:郭忠恕的《汗簡》、夏竦的《古文四聲韻》、張自烈的《正字通》、現代學者編的《漢語大字典》等。部分被前人糾正過的訛字恰恰就在秦漢簡帛中出現了。

王引之曾指出:"經典之字,往往形近而訛,仍之則義不可通,改之則怡然理順。"其《經義述聞》卷三十二有《形訛》一文,是他校正訛字的實踐及理論總結。

在各地出土的簡帛資料整理出版時,整理小組的學者們對簡帛中的別字和錯字作了辨識考證,取得了顯著成績,其整理和研究成果多在釋文和注釋中呈現。簡帛材料公佈後,學者們對之做進一步的研究和討論,對原釋文有所糾正和補充,其中包括對訛字的補正和探討。這些凝聚著中外學者心血的著述散見於會議論文集、個人論文集和定期不定期出版的各種刊物上。對於那些與本文有關的精闢見解,我們理當吸收。

二、基礎理論方面

我們僅就與訛字研究相關的理論成果略作述評。①

1935 年，唐蘭撰成《古文字學導論》，其中講到“文字通轉規律”②，符合此規律的字形都不屬於訛字。《古文字學導論》還講到“字形的混淆和錯誤”：“因為文字趨於簡單，簡單的形體有限，所以常有淆混。而文字的演變，又常會造成錯誤。有些淆混是由錯誤而來的，而淆混的結果，也會變為錯誤”，“混淆錯誤的由來，仍逃不出演變和通轉的規律。”他舉了一些古文字中字形訛混的例子，如“大”與“矢”，“山”與“火”，“正”與“足”等。從所舉的例子看，唐蘭講的字形訛混多是因形近而寫別字。

1949 年，唐蘭在《中國文字學》中又提出了一些新的論題，如“省變”、“割裂筆劃”、“一個字偏旁位置的隨意性”等，這些概念與訛字在外延上均有交叉。

1959 年，梁東漢《漢字的結構及其流變》③一書論及古文字構形演變規律，其中指出了漢字結構在漢字發展過程中呈現出來的一些規律和特性，如行款對結構的影響、漢字結構的內在平衡律、漢字結構的複雜性、字體演變對於結構的影響等。按，一個漢字的構形發生變化，其影響因素是多種多樣的，若我們要討論的字形與常規寫法不同，但其形體結構的變化可以用漢字發展過程中呈現出來的某一規律來解釋說明，則不宜看作訛字。

1991 年，趙平安師的《隸變研究》“就七十年代以來出土的簡牘帛書做了較

---

① 下文的部份論述參考葉玉英：《二十世紀以來古文字構形研究概述》，復旦大學出土文獻與古文字研究中心編《出土文獻與古文字研究 · 第二輯》，復旦大學出版社 2008 年 8 月第 1 版。

② 唐蘭將“文字通轉規律”概括為三類：1. 有些形式在後世看來很有分別的，但在當時卻是從一個系統裏演變出來的，所以可以通用，也可以隨便寫；2. 凡同部的文字，即由一個象形文字裏孳乳出來的，在偏旁裏可以通用；3. 凡義相近的字，在偏旁裏可通轉。按，第一種情況可以歸入古今字；第二種、第三種情況，其他學者也有談及，例如高明在《中國古文字學通論》中稱為“意義相近的形旁互為通用”，並整理出三十二例詳加分析。義近偏旁換用構成的字形可歸為異體字。

③ 梁東漢：《漢字的結構及其流變》，上海教育出版社 1959 年版。

深入的研索"①。趙師認為:漢字從來就存在著一些形似字。隸變以後,由於字形的劇烈變化,一些形似字嚴重混淆。如果單獨拎出,已無法辨認。要區別這些形似字,必須認真體會原文,參以形體知識,細細推勘。趙師還就隸變階段中出現的單字混同現象舉了若干例證。趙師提出隶变过程中的某些未识字,也可以根据形近混用的惯例加以考释。這從方法論上給了我很大啟示。

1991 年,劉釗在《古文字構形研究》②一文中把對古文字構形的研究稱作"古文字構形學",指出其研究主要包括兩個方面:一是古文字的構成方式,一是古文字的演變規律。論文中一些古文字構形方面的術語及概念的界定如"飾筆"、"類化"、"變形音化"、"訛混"等得到學術界的認同。本書使用了其中的部分術語。

王寧從 20 世紀 90 年代起逐步構建起一套漢字構形學理論。1995 年王先生在《中國教育報》上發表關於漢字構形學的文章,題為《漢字和漢字構形學》。此後《中國教育報》又連載了她的《漢字構形學講座》③。本書使用的術語"構件"、"成字構件"、"非字構件"、"造字理據"等均採用王先生的界定。王先生強調用系統的觀點看待漢字,用系統的方法描寫漢字,用系統比較的方法觀察和總結漢字發展和演化的規律。漢字具有系統性,訛字研究需要系統論的觀念,即應將要討論的字形放到大的漢字系統中觀察分析,避免孤立地看待問題。

黃德寬認為漢字構形系統是一個歷時的演進系統,所以應該重視文字斷代的研究,改變以往將不同歷史階段產生的漢字置於同一歷史平面作類型性概括的狀況,用動態的歷時的眼光觀察不同時代漢字構形方式的異同及其內部調整,從而揭示漢字體系運動的規律。④ 按,這種漢字斷代史的研究思路很值得重視,我們的訛字研究也需要歷時的眼光,運用歷時共時相結合的方法。

---

① 李學勤:《新出簡帛與古文字古文獻研究·序》,趙平安:《新出簡帛與古文字古文獻研究》,商務印書館 2009 年版。

② 劉釗:《古文字構形研究》,博士學位論文,1991 年。出版後書名為《古文字構形學》,福建人民出版社 2006 年版。

③ 2005 年由上海教育出版社整理出版。

④ 黃德寬:《古漢字形聲結構論考》,吉林大學博士學位論文,1996 年。

李圃提出字素理論,他在《說字素》①、《字素理論與漢字分析問題》②等文中對字素理論作了詳細闡述。

趙平安師的《〈說文〉小篆研究》"把《說文》小篆作為傳世古文字資料的一種,放在出土古文字資料的背景上,從縱向和橫向兩個方面,進行了全面系統的分析研究"。③ 趙師"把《說文》小篆置於漢字演進序列中,輔以橫向系聯和縱向比較等手段,進行全面考察"。這在方法論上給了我很大啓發和指導。

2000 年,陸錫興發表了《70 年代以來的秦漢簡帛文字研究》,作者稱要對 20 年間秦漢簡帛文字學方面的研究情況做一綜述,實際上文章側重于總結簡帛文字考釋方法方面的成果,若要文與題合,可補者良多。

徐時儀的《略論漢語異體字的認知理據》指出:"異體字的產生和流傳與人們的認知方式和規律有關,具有認知的理據性。"④他把臨時書寫訛誤形成的字形也稱為異體字(這樣處理不夠科學),因此他所舉的異體字中包含了一部份訛字。此文對我們探討訛字的認知理據具有啓發性。

邱扶東和張再興在《漢字認知研究的心理學範式》中總結到:"心理學漢字認知研究的基本假設基於符號學和資訊加工理論,主要的研究方法是試驗法。諸多的心理學家在漢字識別過程及其影響因素、漢字資訊的編碼方式、漢字認知的生理機制等方面,進行了廣泛而深入的探索,取得了豐碩的研究成果。"⑤此文對於我們探討訛字的認知心理機制具有啟發意義。

古文字學理論、漢字學理論是訛字研究大的理論背景,前人對訛字以及與之相關的問題的研究探討是我們進一步研究的基礎。

---

① 李圃:《說字素》,《語文研究》,1993 年第 1 期。

② 李圃:《字素理論與漢字分析問題》,《中國文字研究(第 2 輯)》,廣西教育出版社 2001 年版。

③ 趙平安:《〈說文〉小篆研究》,廣西教育出版社,1999 年版。

④ 徐时仪:《略论汉语异体字的认知理据》,《中国文字研究》,2007 年第 1 期。

⑤ 邱扶东、张再兴:《汉字认知研究的心理学范式》,中国文字研究,2007 年第 1 期。

三、對訛字和正字的界定

(一)歷史上的正字書

在本文中,與訛字相對的概念是正字,正字指正確的字形。對於秦漢時期的正字書前文已有論及。下文就漢代以後的正字成果略作回顧。

東漢末年至魏晉南北朝时期社會動盪,俗字、訛字滋生,據《唐書·儒學傳》記載李唐初定天下,皇帝有感於"五經去聖遠,傳習浸訛",於是"詔師古于秘書考定",師古"多所厘正",遂有《字様》一書(世稱《顔氏字様》)。後有杜延業稍事增加,著成《新定字様》,兩書皆佚。

顔元孫本之作《幹祿字書》,將文字分成俗、通、正三體,用以糾正不正確的字形,他在該書的序中對三體分別做了界定,指出:所謂正者,並有憑據,可以施著述、文章、對策、碑碣,將為允當。

張參的《五經文字》也提出了自己判斷正字的標準,他把《説文》作為第一判定標準,然後依次是《字林》、石經(熹平石經與三體石經)、經典及《經典釋文》。若某字與標準不合,則將它判定為訛字。另有[唐]玄度的《新加九經字様》是同類型的書。

宋代婁機有《廣幹祿字書》五卷;郭忠恕有《佩觿》三卷;張有的《復古編》略仿《幹祿字書》的體例,而剖析更加細密,正體用篆文,別體、俗體載於注中;其後有吳均的《增修復古編》和曹本的《續復古編》等,皆蕪雜而不盡確。

遼代行均編有《龍龕手鏡》,在每字下注正、俗、通、或作、古、今等。①

清代張自烈的《正字通》是為糾正各種字書以訛傳訛的現象而編著的,此書糾正的對象以《字彙》為主,兼及其他。

類似的書還有:元代李文仲的《字鑒》、明代焦竑的《俗書刊誤》、清代龍啟瑞的《字學舉隅》、清代張式曾的《説文證異》等等,都於書中辨正筆劃,糾正俗體訛字,屬正字法著作。②

以上諸書的作者有各自不同的學識水平和知識結構,又有各自不同的編著

---

① 對此鄧福祿在其博士學位論文《〈龍龕手鏡〉異形字研究》中有詳細分析,2002 年。

② 參考胡朴安:《中國文字學史》,商務印書館,1998 年 4 月影印第 1 版,第 113 ~ 122 頁。

體例和目的,因此在各自的著作中體現出不同的正字觀念和正字標準。他們的思路和方法對於我們的訛字研究具有啟發意義,其成果和不足可供我們借鑒。

(二)近現代學者對訛字的界定

湯余惠認為戰國文字中的"訛誤"是指"整個字形或其中某一部分與傳統寫法相差懸殊",他還把字形訛誤分為改變筆勢、苟簡急就和形近誤書三種情況。①

王鳳陽認為:"錯别字無代無有。不過人們習慣上把歷史上的錯别字稱作訛誤字。順應書寫規律、文字求區别、求簡易的規律改進文字,這屬於文字的演進;受字的類推、同化之類的規律影響出現的異體就是訛誤字了。前者多是有意而為,後者多是無心出錯。"②

趙振鐸指出:"所謂訛字,又稱錯字,它和别字不同。别字是把一個字錯寫成了另外一個字,這個字是存在的。而訛字則是'本無其字,因訛成字'。它是因為形體相近而錯成了一個不成形體的'字'。"趙氏將訛字等同於錯字,而與别字區分開。凡是不見於前代字書、韻書而從漢字結構上又講不通的,都傾向於定為訛字。他主張從字形結構出發判斷訛字。他指出前代字書也多利用這種方法確定訛字,但是前代字書憑藉這種方法確定的訛字,如果在文獻裏面出現了用例,説明它具有社會性,已經積非成是了,就不能再把它看作訛字。③

冷玉龍認為訛字就是不符合一定歷史階段語言文字規範的錯字。④ 按,這一論斷主要針對訛錯字,主要適應於有了語言文字規範的歷史時期。

子葉在《説訛字》⑤中列舉了訛字出現的六種原因:筆劃差異微小,轉引不加核查,篆文重新楷化,隨意省聲省形,隨意變換結構,形體類似易混。按,他的討論針對的是楷書字形,而不是秦漢簡帛文字。

---

① 湯余惠:《略論戰國文字形體研究中的幾個問題》,《古文字研究[C]第十五輯》,中華書局1986年6月版。

② 王鳳陽:《漢字學》,吉林文史出版社,1989年12月第1版,第881頁。

③ 趙振鐸:《説訛字》,《辭書研究》1990年第2期。趙振鐸:《字典論·説訛字》,上海辭書出版社2002年版。

④ 冷玉龍:《論異體字及其在辭書中的處理》,《〈漢語大字典〉論文集》,四川辭書出版社、湖北辭書出版社1990年。

⑤ 子葉:《説訛字》,《四川師院學報》1992年第1期。

王夢華認為訛誤字是由於字形的混淆與訛變所造成的。他還對混誤和訛變做了區分:他把同一種字體中的某些字由於全形或部分字形相似而致誤稱為混誤;把不同字體之間由於全形或部份字形相似因而誤解了它們的發展變化,而造成的不合理形變,稱為訛變。①

馮浩菲在《中國訓詁學》②的第五章中專門論述了訓詁學中的校勘,他認為訓詁學上所說的校勘內容包括校文字,文字校勘主要有校異文、訛文、脱文、衍文、倒文5種情況。他指出:"訛文是書中所存在的用錯了的文字,包括錯字和別字。"他進一步舉例說明了訛字出現的4種原因;歸納了校正訛文所用的基本校語。

李零在《簡帛古書的整理與研究》一文中提出:"簡帛文字的錯字分兩種:一種是因形體相近,偶爾寫錯;一種是我稱為'形近混用',積非成是的合法錯字。這兩種錯字都要結合當時書寫的習慣去認定。"③

工具書對"錯別字"也有不同的界定。例如:《中國大百科全書·語言文字》主張別字指:"跟正字不同的字。凡當寫某字,而寫為另外一個音同或音近的字,這個字就稱為別字。別字就是另外一個字的意思。清代顧炎武《日知錄》卷十八'別字條'說:'別字者,本當為此字,而實誤為彼字也。今人之別字,乃別音之轉。'"④按,此種界定主要針對我們今天使用的規範漢字,拿它研究古人用字,失之過窄。商務印書館辭書研究中心修訂的《新華詞典》認為錯字指"字形寫錯的字,這種字在所屬文字系統之中不存在";別字指"寫錯或念錯的字,即該寫這個字卻寫成另一個字,該念這個字卻念成另一個字"。⑤ 按,將念錯的字也稱為別字,搞混了文字和語言的界限,實不可取。

概而言之,以上學者都是針對一定的用字現象進行分析歸納,或從自己特定的研究目的出發對訛字的概念作出描述,他們的界定在一定範圍內是適應的。

---

① 王夢華:《漢字字形的混誤和訛變》,《東北師大學報》1992年第5期。

② 馮浩菲:《中國訓詁學》,山東大學出版社,1995年版。

③ 李零:《簡帛古書的整理與研究》,《中國典籍與文化》2003年第4期。

④ 《中國大百科全書·語言文字卷》,中國大百科全書出版社,1988年版,第22頁。此條為周祖謨所撰。

⑤ 商務印書館辭書研究中心:《新華詞典》,商務印書館,2002年版,第159頁。

(三)以訛字為本體的研究

臺灣施順生在其博士學位論文《甲骨文字形體演變規律之研究》第二章第四節中把“錯字”作為甲骨文書寫時的特殊狀況進行專題研究。①

張靜的博士學位論文《郭店楚簡文字研究》的第五章“訛變”,根據郭店楚簡中的字形訛變情況,將之分為有意訛變和無意訛變兩種類型。有意訛變包括變形音化、字形類化二部分,無意訛變包括形近而訛、形體離析、筆劃苟簡、書手風格四部分。張靜在每類下所舉的例證大部分是訛字,可見他是將訛字包含在訛變中討論的。②

裘錫圭在《談談上博簡和郭店簡中的錯別字》一文中利用同出於兩簡的《緇衣》和《性自命出》互校考釋錯別字。③

張新俊的博士學位論文《上博楚簡文字研究》的第三章“上博楚簡中的錯字”,對錯字界定之後,加以分類並舉例說明,還探討了錯字產生的原因。④

曹軍的碩士學位論文《〈正字通〉中的譌字研究》,通過對正字和訛字字際關係的研究;歸納出《正字通》判定訛字的兩個標準:一是是否合乎六書,二是是否于古有徵;並以此來探究張自烈的正字觀。⑤

《敦煌道經寫本與詞彙研究》第五章第一節對敦煌道經中的形誤字和音誤字做了辨析。⑥

以各種漢字字形為研究本體的論著,常會不同程度地涉及到訛字問題,難以備舉。上列諸篇對秦漢簡帛訛字研究具有較大參考價值。

四、小結

總體而言,傳統對於訛字只是局限在正字體角度,將之作為被規範的對象

---

① 施順生:《甲骨文字形體演變規律之研究》,臺灣中國文化大學博士學位論文,1997年。

② 張靜:《郭店楚簡文字研究》,黃德寬指導,安徽大學博士學位論文,2002年。

③ 裘錫圭:《談談上博簡和郭店簡中的錯別字》,《中國出土文獻十講》,復旦大學出版社,2004年版。

④ 張新俊:《上博楚簡文字研究》,吳振武指導,吉林大學博士學位論文,2005年。

⑤ 曹軍:《〈正字通〉中的譌字研究》,李國英指導,北京師範大學碩士學位論文,2008年。

⑥ 葉貴良:《敦煌道經寫本與詞彙研究》,巴蜀書社,2007年版,第397頁。

而沒有展開研究。歷代學者對訛字的定義和判定總體看來較為混亂。近現代以來古文字構形理論越來越完備,但對於訛字理論上的研究涉及較少。訛字考釋成果豐富,但散見於各類書籍、期刊當中,需要我們廣泛搜求。

與以往研究相比,本書在以下幾個方面有所突破:

在研究方法上,強調以窮盡性的調查為基礎,展開訛字專題的深入研究。

在應用層面,為秦漢簡帛及其他出土材料的整理考釋提供訛字方面的理論和實踐依據;為大型語文類辭書的修纂提供借鑒;訂正現有書籍和辭書中處理字形方面的不當之處。

第三節　選題意義

下文擬從理論和實踐兩個角度闡述秦漢簡帛訛字研究的意義。

一、系統整理訛字材料,完善訛字理論研究,充實文字學研究

歷年來出土了大量的秦漢簡帛文字資料,其中存在大量訛字,至今未有人對之進行全面整理、系統研究。出土的秦漢時期文獻保留了當時的用字實際,本書利用這些出土材料考察秦漢時期"正字"和"訛字"的情況,將秦漢時期人們手頭出現的訛字面貌整體呈現出來,幫助我們全面認識古人的用字現象,分析古人的正字觀。

歷來將辨別訛字歸入校勘學範疇;而備受關注的通假字和異體字則分別是訓詁學問題和文字學問題,歸入語言文字學研究的範疇。這從學科分類的角度來看,本無可厚非;但實際上就文獻研究的實踐而言,校勘與文字、訓詁的關係非常密切,就出土文獻的釋讀來說更是如此。受這種學科範疇的影響,歷代學者只把訛字作為正字的規範對象,并不重視訛字的理論研究。實際上,訛字研究有利於我們加深對字形問題的認識,從而將文字學中的一些問題探討得更加深入。例如,學術界對於訛字、訛混和訛變的內涵和外延區分不清,有人將訛字歸到異形字中進行研究,有人將錯字和別字混在一起加以討論等等,致使其論

述捉襟見肘,甚至前後矛盾。若弄清了訛字的內涵和外延,以上問題可以迎刃而解,進而使學術研究走向深入。

訛字研究有助於理清漢字演進序列,趙平安師強調訛字不能進入漢字演進序列,在利用漢字演進序列研究隸變等問題時,應將訛字剔除。訛字研究與漢字構形研究密切相關,訛錯字不能代表漢字構形系統,在描述漢字構形時應首先將訛字剔除。

二、促成古文字考釋,完善出土文獻的整理註釋,完備出土文獻整理類著作的釋文體例

(一)訛字考釋是古文字考釋的重要組成部分

第一,訛字研究為古文字考釋打開了一扇窗。李零在《簡帛古書的整理與研究》一文中強調:"過去,古文字學家對'同音假借'和'同義換讀'等正常現象注意比較多,而對錯字卻不大理睬,沒有注意它在文字考釋上的重要性和規律性(歷代都有這類問題)。"如果認識不到訛錯字在簡帛中大量存在的事實,將寫錯的字形當成正確的字形來考釋,就會徒勞無功。

例1:武醫88甲:,整理者將之釋為三個字"弓大鄭"。其後注釋:"'弓大鄭'不見《神農本草經》,待考。"武醫88乙:,整理者也將之釋為三個字"弓大鄭"。

按,將最上面的字形釋為"弓"是沒有問題的,88甲的"弓"中間部分有所粘連,88乙則進一步省為一筆。下面的字形(88甲)和(88乙),整理者釋為"大鄭"兩字,則不正確;此形應是"窮"的訛字。88甲比88乙字形更加緊湊,更像一個字,反映了致誤過程。武醫11的"弓窮"兩字作:、;武醫89甲的"弓窮"兩字作:、。很顯然,88甲和88乙原釋為"大"的部分是由"窮"字的上部構件"穴"訛誤而成;88甲和88乙右下的構件與武醫11和武醫89甲右下的構件差別不大,都由"弓"訛誤而成;88甲和88乙左下的構件訛誤殊甚,但與武醫11相比較,總體面貌有些相似,應係抄手所據底本不清晰,又不明原意,依葫蘆畫瓢而致誤。88甲和88乙原簡牘字跡清晰,整理者採用摹形的方式作楷定,將一字誤釋為兩字,致使簡牘文意難曉。總之,88甲和88乙都當讀為"弓窮";

弓窮,《神農本草經》作芎藭,中藥名。

字形已經在傳抄過程中寫訛,整理者還把它當作正確的字形加以考釋,自然得不到令人滿意的結果。可見,訛字意識對於考釋古文字十分重要。

第二,訛字觀念影響下的大膽假設和字形基礎上的小心求證相結合,可以考證部分未釋字。

例2:YM6D4・L2・H13:{□譚}。

按,整理者未釋出此字,原簡牘字形清晰,從出現的位置看應為某一姓氏。就字形而言,此字與馬一88・11"([illegible])"字所從的"虎"形近,與晉辟雍碑"(彪)"字所從的"虎"形體相似。"虎"本來是個象形字:(召伯簋),字形發展到小篆、隸書,已失去象形意味:(說文・虎部)、(張・蓋17)、(熹・易・革)、(流・屯十七34・3)、(流・屯十九25・3)、(魏王基殘碑)。而我們要討論的YM6D4・L2・H13將"虎"字的上部和中部寫訛,遂使整字難識。"虎"作為姓氏,《風俗通》曰:"漢有合浦太守虎旗,其先八元伯虎之後。"可見,正字為"虎",契合文意。

另,放・乙日258・倒12:{鼓□之男子}。此字整理者未釋,細察字形,我們認為也應當是"虎"字。前一字原簡文作:,整理者釋為"鼓",該字原不清晰,疑為"射"字。整句當釋為:"射虎之男子。"

第三,訛字的正確考釋可以促成其他相關字形的釋讀。

例3:張・引37・6:(字形右側的墨點系句讀符號,與字形無關){足不痿瘴〈痹〉}。其後注釋:"瘴,當為'痹'字之訛。"

按,整理者先做摹形楷定,然後用尖括弧注出正字"痹"。《玉函山房輯佚書》引《倉頡篇》:"痹,手足不仁也。"讀為"痹",於文義可通;但"痹"字與原簡文在字形上的聯繫不夠緊密。細察圖版,構件"疒"清晰可辨;"疒"下的構件,其中兩"口"很清楚,下部則因寫訛而難以辨別,當不似整理者楷定的那麼複雜,我們認為此構件當為"單";恐因書寫者所依據的底本不清晰,故將構件"單"的下部寫訛。《廣韻・寒韻》:"癉,風在手足病。"即手足風癱。"癉"所代表的詞義契合文義,"足不痿癉"意為"腳不會麻痹風癱"。總之,引書第37號簡的第6個字是將"癉"的下部寫訛後形成的錯字,正字當為"癉";因字形的下部模糊難辨,且只是稍稍寫訛,故可以直接認同為“瘅”字。①

引書第36號簡:“·病瘳(?)瘦·”。該簡第3個字,原簡文字形作:▇。整理者將之摹形楷定為“瘦”,沒有注出正字,也沒有注釋。

按,此字寫得頗不成字,我們將之與引書第37號簡第6個字相比較,發現兩者形體相似,而引書第36號簡第3個字寫訛的程度更甚於引書第37號簡第6個字。我們認為此字的正字也是“瘅”。

引書第36號簡第3個字的前一個字,即引書第36號簡第2個字的原簡文字形作:▇,該字殘泐殊甚,僅存留部分筆劃,整理者原釋為“瘳”,其後加問號表示不確定。我們將之與引書第37號簡的“▇(痿,該簡第5個字)”相比較,可以看出引書第36號簡第2個字也應是“痿”字。引書第36號簡的這三個字當讀為“病痿瘅”,其前後各有一黑圓點,是句讀符號,前一圓點表示簡文的開始,後一圓點與下文“引之之方”隔開,表示這三個字是一種病的名稱。

簡36和簡37合起來記錄了一個方子:“·病痿瘅②·引之之方,右手把丈(杖),鄉(嚮)壁,毋息,左足踱(蹠)壁,卷(倦)而休,亦左手把丈(杖),右足踱(蹠)壁,亦卷(倦)而休。頭氣下流,足不痿瘅③,首不蹱(腫)鼽,毋事恒服之。”簡36的“病痿瘅”與簡37的“足不痿瘅”前後照應,文意貫通。

另,引書第29號簡的“瘅”作:▇(該簡第3個字),引書第33號簡的“瘅”作:▇(該簡第2個字),這兩個“瘅”字與引書第36號簡第3個字和引書第37號簡第6個字相似,可以在字形上輔證我們上面的觀點。

第四,為判定訛字而對形近字形作細緻的比較分析,有助於相關古文字的考釋。

例4:里·J1(17)14正·H3·4:▇(利用圖片處理工具沖蝕并增加對比度

---

① 劉釗在《〈張家山漢墓竹簡〉釋文注釋商榷(一)》中提出:注釋所謂“痹”字之訛的那個字本從疾從單從土,應即“瘅”字的異體,字應釋為“瘅”。“瘅”意指手足風癱,按之簡文,文意正合。(《古籍整理研究學刊》,2003年第3期,第2頁)按,此字並非從疾從單從土,而是“瘅”字稍稍寫訛後的形體,可以直接認同為“瘅”。

② 原釋文作:“病瘳(?)瘦”。

③ 原釋文作:“足不痿瘦〈痹〉”。

後作:①){衍氏}。里・J1(17)14 正・H4・2:{衍氏}。其後註釋:"衍氏,古有衍氏邑,亦作衍邑。"張・律 467・39:{月氏}。

按,"氏"的古文字形作:(後下 21・6)、(散盤)、(中山王鼎)、(説文・氏部)、(熹・春秋・僖十七年),"民"的古文字形作:(盂鼎)、(黏鎛)、(説文・民部)、(魯峻碑)、(熹・公羊・宣十二年)、(曹全碑);比較可知古文字階段"民"和"氏"的主要區別是"民"比"氏"在字形上部多一横畫。② 我們要討論的三個字例(里・J1(17)14 正・H3・4 等)從字形看都當是"民"字;從文義看當用"氏"。"民"是"氏"的形近訛別字。

明確了"民"和"氏"字形上的差别,我們來看下面這個字例,銀・臏 253・2:{有苗民存,蜀(獨)為弘}。按,從字形看,將此字與銀・臏 273・33"令民畏上也"的"(民)"和銀・臏 251・12 的"(民)"相比較,形體明顯不同;而與上列《熹平石經・春秋・僖十七年》中的"氏"字字形相近;應該是"氏"字。從文意看,"民"指百姓,釋為"民",文意不甚通暢;而前文作"亡有戶(扈)是(氏)中國",此處正應該是"有苗氏存";"氏"常系於遠古傳説中的人物、國名、國號或朝代之後,另如伏羲氏、神農氏、夏后氏等。總之,原簡文當釋為"氏","氏"即為正字;整理者釋為"民",於形於義均不契合。

(二)為秦漢簡帛及其他出土文獻的整理注釋提供重要依據

裘錫圭先生在《談談上博簡和郭店簡中的錯别字》一文中强調:"我們在釋讀楚竹書的時候,應該把竹書中有錯别字這一點牢記心頭。如果遇到錯别字而不能辨明,就會無法理解或誤解文義。"

許多簡帛資料難以讀通,很大程度上是因為訛字的存在。儘管絕大部份訛

① 使用圖片處理工具沖蝕和增加對比度都不會改變原字結構,這麼做的目的只是爲了使模糊的簡帛字形盡可能變清晰,為行文簡潔,下文對調整過的字形不再加註説明。文中只對特别模糊的字形作調整,儘量保持簡帛字形原貌。

② 黄文傑《氏民辨》一文,對"氏"和"民"的發展脈絡和錯綜關係作了比較分析,認為在先秦時期,兩字區别明顯;戰國後期至秦漢時期,兩字時有混誤,有時要靠文例加以辨别。(《容庚先生百年誕辰紀念文集(古文字研究專號)》,廣東人民出版社,1998 年 4 月第 1 版)。故此對於上面里耶秦簡中的字形也可以直接釋為"氏"。但銀雀山漢簡中兩字是有區别的,應該根據兩者的區别特徵仔細分辨。

字問題已在前人的研究中得到解決,但仍有許多訛字在出土文獻的釋文和注釋中沒有得到足夠的重視,存在不同程度的失誤。

例 5:YM6D12 反 · L1 · 8 · 2:{哈〈啥〉具}。

按,整理者於釋文中注明“哈”是“啥”的別字,是正確的。但是“啥具”依然不好理解,“具”字的所指面甚廣,“啥具”究竟指什麼,令人費解。其實,YM6D12 木牘正反兩面都是記錄隨葬品的,原木牘第一行所書的篇名為《君兄衣物疏》,我們這裡討論的 L1 · 8 是其中一條。我們認為此處“具”是“貝”的訛別字,因“貝”與“具”形近而誤。古代殯殮時有把米、玉、珠、貝等放到死者口中的風俗。《周禮 · 天官 · 玉府》:“大喪共含玉。”《荀子 · 禮論》:“飯以生稻,啥以槁骨。”楊倞注:“槁骨,貝也。”《禮記 · 檀弓上》:“飯用米貝。”《續漢書 · 禮義志下》:“飯含珠玉。”殷商墓葬發現過死者含貝或玉片的,漢墓發現過含玉或銅錢的;這條牘文進一步證實漢墓中也有含貝的。死者口中含貝應當是起源于以貝作為物品交換等價物(相當於後世的金錢)的時代,到了漢代貝已經不再擔負等價物職能了,死後含貝的風俗卻沿承下來。

例 6:張 · 律 317 · 5:,317 · 6::{卿以上所自田戶田,不租,不出頃芻稾}。

按,整理者將第 5、第 6 個字分別楷定為“自”和“田”,是符合原簡文字形的。王彥輝等在《對〈二年律令〉有關土地、田賦、繼承制度中幾則釋文的思考》一文中提出“卿以上所自田戶田,不租,不出頃芻稾”的句意當為:卿級爵位以上者戶內經營的戶田,不出田租,不出芻、稾稅。即認為第一個“田”字名詞動化為耕種之義。① 按,戶田本來就指國家按制授予的田,優免的範圍也以此為准,沒有必要再限定“戶內經營”。《張家山漢簡〈二年律令〉校讀記》一文指出:“或疑‘自’字為‘占’字之誤,因為二字字形極為相似。”按,將“自”讀為“占”,“占田戶田”文義仍然不順。

我們認為第五個字為“自”不誤,第六個字“田”當為“占”的誤字,疑涉下文“戶田”的“(田)”而將“占”錯寫成“田”。即整句當釋為“卿以上所自田

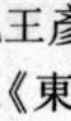

① 參見王彥輝、薛洪波、劉舉的《對〈二年律令〉有關土地、田賦、繼承制度中幾則釋文的思考》,《東北師大學報(哲學社會科學版)》2008 年第 4 期,第 88 頁。

〈占〉戶田”。“占”指觀察、調查,《廣雅・釋言》:“占,瞻也。”①這裏指測量,“自占”指自己測量上報。《墨子》:“度食不足,令民各自占家五種石斗數。”總之,“卿以上所自田〈占〉戶田,不租,不出頃芻稾”的句意應為:卿以上的官吏自己測量上報戶田,不出田租,不出芻、稾稅。這條律文是對具有卿級以上爵位者的田稅的優免規定。

可見,正確地判定訛字,能幫助我們順利讀通簡帛文意。結合其他出土文獻、傳世文獻和字書韻書,盡可能全面地辨析簡帛中的訛字,將有利於秦漢簡帛乃至其他出土文獻的研讀。

（三）有助於完善出土文獻整理類著作的釋文體例及體例的徹底貫徹

簡帛整理類著作的釋文常常用固定的符號表示特定的字際關係,例如常在凡例中規定:在錯字後加〈 〉號註出正字,補出的脫字加〔 〕號,通假字後加（ ）號標明所通之字。但是各種此類著作的釋文常常不能完全貫徹這些條例。

例7:張・引68・25:[字形]{信(伸)臂,以力引之}。

按,整理者釋為“之”,文意可通。但“之”的寫法通常作:[字形](引書68號簡“力引之”)、[字形](引書36號簡“引之之方”);而前文有“引心痛”的句子,其中的“心”字作:[字形](引書67號簡第3字),我們要討論的引書68號簡第25字與此字字形相同。總之,我們要討論的字形顯然是“心”字。從上下文文意看,正字當為“之”,指代“引”的對象(臂)。此處“心”是“之”的訛別字,因形近而寫訛。按照此書凡例,釋文當為:“信(伸)臂,以力引心〈之〉。”意為:“伸開胳膊,用力牽拉胳膊。”

例8:張・律347・30:[字形]{雖不免、送(徙)}。

按,從字形看,此字與張・律350・10的“[字形](徙)”和張・奏18・18的“[字形](徙)”不類;與張・律502・36的“[字形](送)”和張・奏18・23的“[字形](送)”相似;當爲“送”字。從文意看,當用“徙”。“徙”和“送”讀音不相近(徙心紐支部,送心紐東部),不能通用;兩者字形接近,應為正訛關係;按照此書凡例,圓括號應改為尖括號。另外,睡・日甲59正・壹・8:[字形]{北徙大吉}。睡・日甲59

---

① 轉引自《漢語大字典》(縮印本),第39頁。觀察的意義是從“占”的本義“占卜”義引申出來的。

正・壹・21:■{若以是月毆(也)東徙}。這兩例也都應楷定為“送”,再用尖括號注出正字“徙”。

任何研究都是為實踐服務的,訛字研究更是如此。我們在討論訛字的時候,注重將訛字研究與古文字考釋相結合,起到糾謬補缺的作用,凸顯出訛字研究的重要價值和實踐意義。

三、補益字書修纂,規範字表編制,深化正字類字書中的訛字研究

(一)指導字書、專著選錄古文字字形

訛字不同於異體字,《漢語大字典》等字書在字頭下收錄古文字字形,若所收字形為訛字,將導致人們錯誤地理解字形,誤解各個字形之間的關係。全面整理研究訛字,有利於糾正字書中的一些失誤,指導以後的字書編纂。

例9:睡・律43・24:■{麥十斗為麱三斗}。

按,原簡文模糊,細察字形,右邊的構件為“麥”,左邊的構件為“音”,當是“麫”的異體字(兩者構件同、構件相對位置異),可楷定為“䴽”;整理者釋為“麱”,與原簡文字形不符。䴽䴸指餅,不合文意;《說文・麥部》:“麱,麥覈屑也。十斤為三斗。從麥、啻聲。”“麱”的麥覈屑義契合文意。因此,“䴽”是“麱”的訛別字;原文當釋為:“麥十斗為䴽〈麱〉三斗。”《漢語大字典》①在“麱”的字頭下收錄了睡虎地秦簡中的這個字形,顯然是不正確的。

例10:馬肆・五・目錄第4欄・第3列・1:■{魃〈魃〉}。

按,《說文・鬼部》:“魃,鬼服也。一曰小兒鬼。從鬼,支聲。”帛書原字從“攴”作“魃”,是個不成字的錯字。因“支”與“攴”形近而寫訛。《漢語大字典》②在“魃”的字頭下收錄了帛書中的這個字形,是不準確的;錯誤的字形不能列入漢字的演進序列。

討論漢字形體演變的著作,若在選錄的古文字字形中摻進訛字字形,將搞

① 漢語大字典編輯委員會:《漢語大字典(縮印本)》,湖北辭書出版社、四川辭書出版社1992年版,第1914頁。

② 漢語大字典編輯委員會:《漢語大字典(縮印本)》,湖北辭書出版社、四川辭書出版社1992年版,第1841頁。

亂漢字演進序列，影響其對相關問題的探討。

（二）完善字表的編制

陳振裕、劉信芳的《睡虎地秦簡文字編》①正文後附“誤書字表”，這種做法是可取的。但有的字形表將訛字收入正文而不加說明，有把訛字看作異體字之嫌。鑒於訛字的出現頻率較高，且與異體字是性質不同的用字和書寫現象，建議在編寫字表時，將訛字單獨列出，另附一個訛字表。本書的研究對於訛字表的編制具有參考價值。

（三）簡帛訛字的分析研究能夠加深歷代正字類字書中的訛字研究

正字類字書常常使用俗、譌、古等術語為所收字形定性，其中隱含着作者判斷正訛的標準，但受材料限制，有時作者做出的判斷未必準確，這對後世字書和人們對於該字的認識產生了不良影響。例如：

例 11：《龍龕手鑑》的著者釋行均是區分俗字和訛字的。《龍龕手鑑・白部》：“皃”，同“皃”。《龍龕手鑑・白部》：“皃，俗；正作兜。”“皃”出現在《流沙墜簡》中，流・屯十五・4“韋四枚連治鎧二領皃鍪”的“皃”作：。《說文・兜部》：“兜，兜鍪，首鎧也。從兜從皃省，皃，象人頭也。”其所收“兜”的小篆字形作：，中間像一個人突出其腦袋，兩邊的筆劃像人戴的頭盔。居延簡甲 1826 的“兜”作：，人頭部的兩邊做手形，像人兩隻手往頭上戴頭盔，字形發生變化的同時賦予了它新的構意。而流沙簡的字形是在居延簡字形的基礎上重新結構，即將“白”獨立出來，剩下的部份正好是“皃”；這個從“白”從“皃”的字形不合構字理據。而這個受構件成字思維影響而產生的錯誤字形被《龍龕手鑑》作為俗字收錄，使它具有了一定的“合法”地位，之後的字書《漢語大字典》不僅將“皃”和“皃”作為字頭收錄，還在“兜”的字頭下選錄了流沙簡中的這個古文字字形。

各正字類字書只是對正訛關係的一個共時呈現，其所收的訛字來源蕪雜。對於訛字出現和使用的時代、致誤的字體（例如是將篆書的訛字隸定，還是本來就是隸書寫訛）、何由致誤等問題僅就正字類字書本身去研究是無法搞清的。簡帛訛字是實際行用的文字材料中的用字現象，有助於我們從源頭上理清訛字字形，有助於我們加深對正字類字書的性質和意義的認識。

① 陳振裕、劉信芳：《睡虎地秦簡文字編》，湖北人民出版社出版 1993 版。

例12:東·5正·H2·19:▇,21:▇{大男李建自言大男精張、精昔等}。其後註釋:"'精'原作'粺'。《龍龕手鏡》出'粺'云:'《新藏》作精。'應為'精'之俗別。"東·5正·H10·20也作此形:▇。

按,《龍龕手鑑·米部》:"粺,誤。《新藏》作精。"依註釋則"粺"為"精"的訛字,因"青"與"隹"形體相近而寫訛。《長沙東牌樓東漢簡牘》中的這三個字形無疑可以充實《龍龕手鑑》訛字研究的內容和資料。

四、校正傳世文獻,輔助斷代、定域研究,折射政治、文化

(一)在訛字觀念指導下,利用簡帛文字解決傳世古籍中的一些疑難問題

早在簡帛研究之初,王國維就為我們提供了成功的範例,他對"磨"、"表"、"矢"等字的考釋同時解決了多處傳世典籍中的訓詁問題。裘錫圭在《〈戰國策〉"觸讋說趙太后"章中的錯字》一文中,利用馬王堆三號墓出土的帛書《戰國縱橫家書》來校正《趙策》中的錯字,極具啓發性。

簡帛訛字的研究對於我們識別傳世典籍中的訛字具有重要意義,因為傳世文獻中的訛字大部分也是在傳抄中寫訛的。

例13:馬壹·老甲159·14:▇{天地相谷〈合〉,以俞甘洛(露),民莫之[令,而自均焉]}。

按,通行本作"天地相合,以降甘露,民莫之令而自均。"對於"▇"字,帛書整理者先依照原形摹寫為谷,後參照乙本和通行本讀為"合"。從原帛書字形看,此字中間的兩筆濃黑,是一撇一捺而不是一横,不能直接隸定為"合"是毫無疑問的,整理者將之摹形為"谷",是謹慎的,但"谷"不成字。我認為此字當隸定為"去",《老子》甲本第167行第5個字的"去"作:▇,我們要討論的字形(《老子》甲本第159行第14字)上部構件與此字的上部構件相同;《老子》甲本第159行第14字的下部構件為"口",《老子》甲本第167行第5字的下部構件為"凵";實際上,甲骨文、金文中的"去"字多數從"口",例如佚382的"去"作:▇,

前 1・47・7 的"去"作:,哀成叔鼎的"去"作:,中山王鼎的"去"作:。① 所以《老子》甲本第 159 行第 14 字正是"去"字。②

從文意看,釋為"去"比讀為"合"文意更加通暢。此句的上文作:"殺人眾,以悲依(哀)立(莅)之;戰勝,以喪禮處之。道恒無名,楃(樸)唯(雖)[小而天下弗敢臣。侯]王若能守之,萬物將自賓。"老子這是在講相反相成的道理,殺人眾多,以悲哀的心情來面對;戰勝對方,以喪禮的方式來對待。"天地相去,以俞甘洛(露)","去"指離開、分離③,"俞"④可讀為"輸",意義與"降"相同,整句話是講:天和地相分離,使甘露得以降落。而且釋為"去",正好和"露"押韻(去屬魚部,露屬鐸部,魚鐸對轉)。若讀為"合",合有合口、閉合、交合等義⑤。天地閉合了,又何以能降甘露呢。這段話陳鼓應翻譯為:"天地間[陰陽之氣]相合,就降下甘露,人們不須指使它而自然均勻。"這樣理解,從文意上看解釋得通;但"天地"在原文中作主語,陳先生將之譯為"天地間",在句中作狀語,又增加了"陰陽之氣"作主語,是增字為訓,顯然不夠妥當。

總之,我們要討論的帛書《老子》甲本 159・14 應當楷定為"去","去"就是正字,不應讀為"合";相反,通行本《老子》在流傳過程中,將"去"錯寫為形近的"合","合"實為"去"的別字,可依據帛書《老子》得到校正。

例 14:武・甲士 12・12:{凡與大人言,始視面,中視袍,卒視面無改,終皆如是;如父則游目,無上於面,無下於帶;立則視足,坐則視膝}。

按,這段話在通行本《儀禮・士相見禮第三》中作:"凡與大人言,始視面,中視袍,卒視面,毋改。眾皆若是。若父,則游目,毋上于面,毋下於帶。若不言,

① 以上四個"去"字的古文字形均取自《漢語古文字字形表》,徐中舒主編,漢語古文字字形表編寫組編,四川人民出版社,第 191 頁。

② 老甲 159・14 字形上部因斷裂而稍稍寫訛,但參照《老子》甲本第 167 行第 5 個字"(去)",可直接認同為"去"。

③ 《說文・去部》:"去,人相違也。"段玉裁注:"違,離也。"

④ 俞,楚簡本作"逾",也應讀為"輸"。

⑤ 《說文・亼部》:"合,合口也。"

立則視足,坐則視膝。"①整理者受通行本影響將甲士 12·12 直接釋為"父",但原簡文此字明顯是"久"字。《睡虎地秦墓竹簡》第 25 號簡的"久"字作:,《銀雀山漢墓竹簡(壹)·孫臏》第 46 號簡的"久"字作:,《說文·久部》所收小篆的"久"作:,《久不相見鏡》的"久"字作:。《毛公鼎》的"父"字作:,《馬王堆漢墓帛書(壹)·老子甲本》第 14 行的"父"字作:,《馬王堆漢墓帛書(叁)·縱横家書》第 208 行的"父"字作:。將武·甲士 12·12 分別與"久"和"父"的古文字字形相比較,可以看出我們要討論的這個字形毫無疑問是"久"字。該句釋文當為"如久則遊目"。

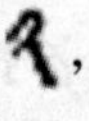

那麼簡本的"久"字和通行本的"父"字哪個是正字呢?我們認為"久"是正字,這裏的"久"指長久、時間久。"久"比"父"更加契合文義,理由有三:第一,這段文字出自《儀禮·士相見禮第三》,其上文作:"與君言,言使臣。與大人言,言事君。與老者言,言使弟子。與幼者言,言孝弟于父兄。與眾言,言忠信慈祥。與居官者言,言忠信。"通篇講的是士與外人交往(主要是交談)時的禮節,其中論及了"君(國君)"、"大人(地位比自己高的官員)"、"老者(社會上年紀大的人)"、"幼者(社會上年紀小的人)"、"眾(普通百姓、廣大群眾)"、"居官者(當官的人)";而父親是自己家裏的人,不在所論之列。若論述與父親相見,應當以子的身份而不是以士的身份來談。《士相見禮第三》終篇都沒有提及與父親交往的問題,若讀為"父","父"在這裏突然出現,十分突兀。第二,儀禮對於禮節儀式的規定是以實踐為目的的,語言講究具體明確。若依"父"字理解,那麼"凡與大人言,始視面,中視袍,卒視面,毋改。眾皆若是"。描述與大人交談時的情形;"若父,則游目,毋上于面,毋下於帶"。描述與父交談時的情形;然而下文"立則視足,坐則視膝"是講與"大人"交談的禮節呢?還是講與父親交談的禮節呢?還是講與大人、與父親交談都該如此呢?很難說清。第三,學者們已經指出此簡牘為墓主平日研習所用,若"久"為誤字,應當會被發現並加以削

① 此處著重談"父"和"久"的問題,關於這段話兩個版本的其他異文,如"無"和"毋"、"終"和"眾"、"如"和"若"等請參見劉玉環:《利用武威漢墓《儀禮》校正通行本《儀禮》一則——論"父"字當為"久"字》,《昆明學院學報》2012 年第 1 期,第 112 頁。

改,其他簡中即有被削改的文字。此字未改,應是因為根據墓主對儀禮的理解和日常的禮儀規範,“久”即為正字。總之,簡本該段釋文應為:“凡與大人言,始視面,中視袍,卒視面無改,終皆如是;如久則游目,無上於面,無下於帶;[若不言],立則視足,坐則視膝。”整段話意思是說:凡與地位比自己高的人交談,開始時望著對方的面部,中間的時候望著對方的袍子,最後又望著對方的面部,直到談話終了;如果時間較長,就遊移目光,目光向上不能超過面部,向下不能超過腰帶;[沉默不言時],站著就望對方的腳,坐著就望對方的膝。整段話都是在講與“大人”交談時自己的目光應該怎樣。照人情來講,如果交談的時間很長,一直盯著對方的臉看也是不禮貌的,應該遊移一下目光,但如果目光過高高於面部或過低低於腰帶,就會給人高傲、憂慮或不耐煩的感覺,也是不禮貌的,於是限定了目光遊移的範圍。總之,“久”為正字,文意貫通無礙;通行本當依簡本將“父”改讀為“久”。

《武威漢簡·甲本士相見之禮校記》第十二條注釋為:“鄭注:‘今文父為甫’。”按,“父”與“久”字形相近,因此鄭玄所注的古文經就已經將“久”訛為“父”,而鄭注所謂的今文經則進一步寫作音同的“甫”。在訛字觀念指導下,我們利用出土的武威漢簡校正了傳世典籍,并對其致誤原因作出推測。

我們甚至可以從已出土的諸多古文字資料中找到A訛為B的中間環節,組成一個致誤鏈條。理清這個鏈條對研究古籍訛字無疑大有益處。

例15:流·屯六17·10:{七月乙丑日出二干時衺一通至其夜食時苣火一通從東方來杜克見}。其後註釋:“表即說文所謂𤇾隧候表也,然不云舉𤇾,而云舉表者,意漢時塞上告警,𤇾燧之外尚有不然之熢,漢書音義云烽如覆米䉛縣著桔槔頭,有寇則舉之,但言舉而不言然,蓋渾言之則熢表為一物;析言之則然而舉之謂之熢,不然而舉之謂之表。夜則舉熢,晝則舉表。熢臺五丈,上著熢干,舉之足以代熢燧矣。墨子號令篇之垂與雜守篇之烽實皆謂是物也。號令篇云望見寇舉一垂(孫氏詒讓間詁以垂為表字之誤是也),入竟舉二垂,狎郭舉三垂,入郭舉四垂,狎城舉五垂,夜以火亦如此。”

按,王氏將原簡文摹釋為“衺”,讀為“表”;且在註釋中做了十分詳盡的考證。流·屯六14·13的“表”作:,流·屯六14·24的“表”作:,屯六17·10的字形與標準字形相比多出一豎,很可能是訛為“垂”的中間環節。孫氏從文義出發用訓詁的方法指出用字訛誤，王氏將之與簡文字形相互印證。對於《墨子·號令篇》中“垂”字的考證來說，屯六17·10無疑是字形本體的論據。傳世文獻大都經過各代小學家的勘正辨析，對於已有之成說，能利用出土文獻中的字形作出補證，對傳世典籍的研究也是大有益處的。

概而言之，簡帛訛字的不同類型、簡帛訛字形成的不同原因與傳世文獻中的訛字具有相通之處，辨析簡帛訛字有助於解決傳世典籍中部份疑難訓詁或校勘問題。

（二）訛字或訛變產生的字形可以作為斷代、定域的一種手段

簡帛材料的年代可依據墓葬及同墓出土的其他文物幫助判斷，有些簡帛文獻中出現紀年，時間就更加明確；但有些古文字資料則難以斷代，比如出處不明的器物銘文、石刻文字、璽印文字等；對此，可以以訛字為紐帶做出判斷。利用訛字作為斷代標準比利用正確的字形更為可靠，因為某種訛誤字形常能反映某個人、某個群體或某個時代的書寫習慣，更具有個性。比如《居延新簡》中的文字資料時間跨度大且殘損嚴重，其中部分古文字資料的所屬年代頗難確定，而《武威漢簡》簡文時間跨度小且內容連貫，所屬年代較為明確；通過對兩書的研讀，我們發現它們當中出現的特殊的俗體字或不合造字理據的字形在形體上有著驚人的相似，我們可以利用同時在兩種文獻中出現的訛誤字形判斷部分居延簡的年代。

訛字具有共性，還具有不同抄手賦予它的不同個性。因此訛字還可以幫助我們確定簡帛資料是哪個地方的文人抄寫的。

例16：銀·孫90·9：｛交軍沂澤之中｝。其後註釋：“交軍沂澤之中，十一家本‘軍’下有‘於’字，‘沂’作‘斥’。簡文‘沂’字疑為‘泝’之形誤。‘泝’可讀為‘斥’。”

按，這批簡出土于臨沂銀雀山，沂水是其附近比較重要的一條河流，對於長期生活在這裡的抄手而言，“沂”在口頭、筆頭經常出現，所以會將“泝”字誤寫為自己熟悉的“沂”字。別字“沂”從一個側面說明了這批簡應是生活在沂水附近的人抄寫的。

（三）用訛字這個小視角折射秦漢大的政治背景、文化現象

比如，同一個時代甚至同一位抄手筆下的文字，法律類簡文中的訛字明顯

少於醫藥類、簿記類、文學類等,這是因為不同性質的簡文對於書寫者抄寫準確度的要求不同,對於法律當然不能馬虎。深入比較,我們又發現,同樣是法律類簡牘,西漢《張家山漢墓竹簡》比《睡虎地秦墓竹簡》訛字出現的頻率要高。這反映了秦始皇的"書同文"政策效果顯著;說明秦代比漢代在法律的執行上要嚴酷得多,反映在書寫上,秦代的抄手處處小心謹慎,而漢代的書寫者思想有所鬆懈。

第四節 研究方法

一、古文字考釋的方法

黃德寬《古文字考釋方法綜論》①一文對歷代考釋古文字的經驗作了總結,主要概括為四種方法。一、字形比較法,"具體說來就是利用漢字系統性和古今發展的相互關係,拿已經確認的字(或偏旁)與未識字(或偏旁)作形體上的細緻對比,來考釋未識字,這種比較可以分為縱橫兩個方面。橫的方面,即將同一時代層次的已識字與未識字相比較,求同別異;縱的方面,則是尋求某一字形在不同時期發展演變的線索,將同一字形不同時代的書寫形態排成系列,以溝通古今之間的聯繫,從而達到以今識古的目的"。二、偏旁分析法,"對不認識的字,通過分析,確定構成它的各個偏旁,將這些偏旁與已識的字相比較,再組合起來認識所要考釋的字"。三、辭例歸納法,"是依據未識字出現的語言環境,通過對一系列辭例的分析、比較、歸納,從而達到釋字目的的方法"。四、綜合論證法,強調"調動各種相關的知識和手段,以盡可能充分的材料,從不同角度和層次進行綜合論證",考釋某些疑難字或探求構字本義等較為複雜的問題多用到這種方法。以上四種方法具有普遍的方法論指導意義,適用于甲骨文、金文和戰國文字,當然也適用于秦漢簡帛文字的考釋。我們對訛字的考釋和判定不時

① 黃德寬:《古文字考釋方法綜論》,《漢字理論叢稿》,商務印書館 2006 年版,第 249 ~ 273 頁。

會用到這些方法。

秦漢簡帛文字處於古今文字的過渡階段,其前期字形具有較多古文字成分,其後期字形漸近於隸書、草書或楷書。秦漢簡帛文字雖不像甲骨文、金文那樣深奧,卻有它特有的疑難之處。經過近一個世紀的整理研究,學者們積累了豐富的經驗。首先是王國維運用傳統的考據方法,完成了《流沙墜簡》一書的考釋,篳路藍縷之功不可沒。70 年代以來,秦漢簡帛研究有了很大發展,在考釋方法上更注重字形的科學分析,并引用多種文字資料加以比較論證,獲得的結論也更加可信。

1991 年,在中國簡牘學國際學術研討會上,裘錫圭提交了《談談辨釋漢簡文字應該注意的一些問題》一文,提出減少識字之誤的六個要點。第一,應該注意不要釋錯草體字;第二,應該注意不要釋錯古體別體;第三,應該注意不要誤合二字為一字或誤分一字為二字;第四,應該注意殘片的綴合;第五,應該注意通用字的原形;第六,應該注意文義。裘先生概括的考釋漢簡文字應該注意的六點,是他實踐經驗的總結,對我們具有指導意義。

簡帛文字的正確考釋是訛字研究的基礎,對於簡帛文字考釋的方法,我們強調兩點:

第一,要以簡帛文字原字形為基礎,仔細分析原字字形結構;不能忽視字形,僅憑辭例做出釋讀;不以字形為基礎的考釋容易流于主觀,成為無本之木,無源之水,其結論常常是站不住腳的。

例 1:張・蓋 46・22:{吾欲殺其害民者,若何?}。

按,細察原簡文字形,此字明顯是一個左右結構的合體字;右邊的構件是"攴",常隸定為"攵";左邊的構件和詛楚文中的"(求)"及二年律令 141 號簡中的"(求)"形體相同,"求"字的字形發展脈絡十分清晰:(君夫簋)、(說文・裘部古文)、(老甲後 464)。總之,我們要討論的蓋 46・22 是左邊從"求"、右邊從"攴"的合體字,應該就是"救"字。另,此字與蓋廬 49 號簡"此十者,救民道也"的"(救)"和蓋廬 54 號簡"此十者,救亂之道也"的"(救)"形體相同;而與二年律令 141 號簡"以短兵殺傷其將及伍人"的"(殺)"字形不同;所以我們要討論的字形當為"救"字。整理者將此字釋為"殺",恐是受文意影響,以為“害民者”當“殺”。實際上,對於害民者,根據其罪行輕重,應有不同的處理方式,不能一概殺之;釋為“殺”,用殺戮義來理解原文,太狹隘了。若以“救”讀之,“救”在這裏和蓋廬 54 號簡“此十者,救亂之道也”的“救”同義,都是“止”的意思。《說文・攴部》:“救,止也。”“吾欲救其害民者,若何?”意為:“我打算制止那些危害老百姓的人,該怎麼辦呢?”文意通暢。

字形是本體,任何考釋都必須以字形為基礎。

例 2:張・蓋 44・18:{皮(彼)則失材}。其後註釋:“材,疑為‘枋’字誤,讀為‘方’。方,古音陽部,與下‘病’字叶韻。”

按,“方”的古文字字形作:(後下 13・5)、(召卣)、(石鼓文)、(老子甲 112);“才”的古文字字形作:(後下 35・1)、(旂鼎)、(說文・才部)、(老子甲後 268)。我們要討論的張・蓋 44・18 右邊的構件明顯為“方”,整字當爲“枋”。整理者釋為“材”,與原簡文字形不合。

第二,以古漢語語法及語言習慣、詞義及語義場、文例及上下文文意輔證之。

1. 利用古漢語語法及語言習慣輔證

例 3:張・算 173・2:{步五〈一〉百卌〈廿〉一}。

按,細查此字,第一橫筆兩側有向上的筆劃,兩橫筆之間沒有交叉的筆劃;所以不為“五”,而是“之”字。原字“之”即為正字,在這裡做代詞,指代用“步”測量的對象。此句應釋為:“步之百卌〈廿〉一。”意為:邁著步子量,共一百二十步。從辭例文意看,正字不應當為“一”,因為按照古代漢語的語言習慣,“百”、“千”、“萬”前的整數若為“一”,“一”常常省略。

2. 利用詞義及語義場輔證

例 4:張・奏 170・27:{君今旦必游而炙至,肉前,炙火氣□人而暑,君令人扇,而髮故能蜚(飛)入炙中}。

按,此字部分筆劃磨滅不清,但依稀可辨應為“於”字。“肉”字左邊的一撇通常稍短於右邊的橫豎彎鉤,且橫豎彎鉤中上邊的橫筆稍平,例如奏讞書第 164 號簡的“肉”作:(該簡第 9 字)、(該簡第 26 字)。而我們要討論的字形左邊的撇明顯長於右邊的豎彎鉤;且右邊不是橫豎彎鉤一筆,而是一撇和一橫豎彎鉤兩筆;與奏讞書第185號簡的“[illegible](於,該簡第36字)”字形相同。我們要考釋的字形奏170·27,第一筆即最左邊的撇折磨滅,第三筆短撇稍不清且與第二筆長撇相接,正是這兩個原因致使整理者將“於”誤釋為“肉”。

從詞義文意看,此字原釋為“肉”,似乎可通。其實“肉”在古代漢語中通常指生肉;熟的肉,依據不同的烹製方式而有不同的稱謂,比如烤制的肉稱為炙,煮的帶汁的肉稱為羹,做成熟肉醬稱為肮,等等①;也正是這個緣故,前後文均稱炙,不稱肉。將我們要討論的奏170·27釋為“於”;“必”指必定,是表示比較肯定的猜測語氣的副詞,游泳是說話人推測的,而“炙至”則是已知的事實,無需推測,因此應該在“而”前斷句;同時將“至”後的句讀去掉。整句的句讀和釋文調整為:“君今旦必游,而炙至於前。”句意為:“您今天早上一定去游泳了,當烤肉端到您面前。”文意暢通。

另,下文有“君復置炙前,令人道後扇”的句子,則將“前”字前面的“於”省去,“前”、“後”是方位詞,與之搭配的介詞可以省略。此句意為“您又讓人在您面前放上烤肉,命令僕人從後面扇風”。“君復置炙前”與上文“炙至於前”正相呼應,可以作為我們上論的輔證。

3. 利用文例及上下文文意輔證

例5:張·奏216·11:[illegible]{不智(知)去故}。

按,整理者釋為“去”,不當。“去”的古文字形作:[illegible](佚382)、[illegible](中山王鼎)、[illegible](說文小篆)②;“云”的古文字形作:[illegible](存下956)、[illegible](說文·雨部古文)③。我們要討論的奏216·11明顯繼承了《說文·雨部》所收的古文“雲”字④的字形結構,即該字當釋為“云”。就文義而言,其上文作:“走馬僕詣白革鞞(係)絹,曰:公士孔以此鞞予僕,不智(知)安取。孔曰:未嘗予僕鞞。”若釋為“去”,“不智(知)去故”於義難通;釋為“云”,“不智(知)云故”意為“不知這麼

---

① 肉指剛宰殺後沒有經過加工的動物肉。將鮮肉加以整治,也就有了不同的稱謂,比如剁成肉醬稱為醢,曬成肉幹稱為脯或脩。

② “去”的古文字形轉引自《漢語古文字字形表》,第191頁。

③ “云”的古文字形轉引自《漢語大字典》(縮印本),第161頁。

④ 表示雲彩義時,“云”是“雲”的古字,後來“雲”又簡化為“云”。表示說話義時,始終使用字形“云”。

說的緣故。”正與上下文文義相合。

二、訛字考釋的原則和方法

（一）訛字考釋的原則：不可輕言訛誤

對訛別字的判定離不開對該字出現的語言環境的分析。漢字作為記錄漢語的符號，總是出現在一定的語言環境和具體的辭例當中。所謂語言環境，包括待考字出現的上下文，待考字書寫於簡帛的位置和使用的場合等；所謂辭例，即詞語按一定規則組成的序列，在這個序列中，各個詞語是有機聯繫的，存在著相互依存、相互制約的關係。因此，當語境和辭例清楚時，出現於該語境或辭例中的待考字所代表的詞義範圍就有了大致的限定，這種限定引導我們沿著詞義句意指示的方向，由義推及形與音，從而確定正字。①

我們可以依據辭例或語境判定訛別字。

例6：關・周・T39・320・15：（靠右貫穿全字的豎線是裂紋，不是原字的筆劃）{即以酒賁（噴），以羽漬}。

按，整理者釋為“酒”，與原簡文字形不符。細察原簡字形：左邊的構件為“氵”（居左上），右邊的構件為“昷”（書寫草率），整字明顯是“溫”字。就文意而言，“以溫噴”于義難通，正字當爲“酒”，“以酒噴”指用酒噴灑；從句式分析，“以酒噴”和“以羽漬”對稱，“羽”是名詞，和它對稱的應該是名詞“酒”，而不是只能做形容詞和動詞的“溫”。這裡“溫”是“酒”的形近訛別字。釋文應先楷定為“溫”，後用尖括號注出正字“酒”。我們正是依據文意和辭例判斷“溫”是訛別字、“酒”是正字的。

但對於辭例和文意的理解具有主觀性，我們作出判斷時需要謹慎。下面就是因誤解文意而判斷失誤的例子。

例7：馬壹・老甲96・10：{意〈音〉、聲之相和也}。

按，通行本《老子》第二章作：“故有無相生，難易相成，長短相形，高下相傾，

① 對“語言環境”和“辭例”的界定參照黃德寬的《古文字考釋方法綜論》，此文收於《漢字理論叢稿》，商務印書館，2006年12月第1版，249～273頁。

音聲相和,前後相隨。”帛書整理者受通行本影響把“意”當作“音”的訛別字。實際上,《説文·心部》:“意,志也。從心察言而知意也。從心,從音。”即“意”是思想、意向的意思,在這裏和“聲”相對,表示思想内容;“聲”表語音形式;語音表達思想,稱之為“意聲之相和”,文從義順;而且“意”和“聲”同屬於語言這一屬概念,又存在相反相成的關係。另,《老子》乙本第75行有“聲實調合,禍材(災)廢立”的句子,其中“實”的内涵和“意”基本一致,可為輔證。若讀為“音”,《説文·音部》:“音,聲也。生於心又節於外謂之音;宫商角徵羽聲;絲竹金石匏土革木音也。從言,含一。”《説文·耳部》:“聲,音也。從耳,殸聲。殸,籀文磬。”許慎使用互訓的方法解釋“音”和“聲”;可見籠統地説,“音”和“聲”都可以指樂音和一般的聲音;分析地説,其區別歷來存在爭議,依據《説文》的解釋,則“聲”指聲律,“音”指樂器,聲律依靠樂器奏出美妙的樂曲,從這個角度説,“音”和“聲”相互依存;但兩者是意義相關的同類概念,並不存在對立關係。而老子在這一章提到的概念都有對立的兩個方面,他以美和醜、善和惡的相互依存關係引出有無、難易、長短、高下等的對立統一,進而闡述“無為”的政治主張。其中“有”和“無”、“難”和“易”等都是相互依存、相互聯繫的,又都是相互對立的,即都是兩個表面相反的概念的相生相成,反映了老子樸素的辯證法思想。而“音”和“聲”不存在對立關係,所以“音聲相合”與上下文文意不能貫通。總之,帛書此處“意”就是正字,不是訛別字。

考釋中出現“以不誤為誤”的問題大都是因為沒有真正弄清辭例、理順文義,因似是而非或先入為主而判斷錯誤。

例8:馬壹·老甲37·20:{終曰〈日〉號而不炱,和之至也。和曰常,知和〈常〉曰明,益生曰祥,心使氣曰強}。其後註釋:“此句通行本作‘知和曰常,知常曰明’。”

按,凡是認同通行本的學者,解釋“知和曰常”時,常常需要增字為訓。比如奚侗在老子集解中認為:“‘知和’,則得養生之常理矣。”①顯然,奚侗解釋的不是“知和曰常”,而是“知和曰得常”。邱嶽在注評《道德經》時將此句翻譯為:“能夠認識柔和淳樸這個道理的,就能合于常道。”②將“知和曰常”理解為“知和

① 方勇導讀,方勇標點整理:《老子·奚侗集解》,上海古籍出版社2007年版。
② [春秋]李耳著,邱嶽注評:《道德經》,金盾出版社2009年版。

曰合常”。此句眾多學者在理解時都必須增加一個字才解釋得通,正說明原句“知和曰常”是難以講通的。細細想來,“知和(瞭解和)”怎麼就是常理呢。實際上,“和”指和諧、祥和,平和、淳樸。《禮記·中庸》:“喜怒哀樂之未發,謂之中;發而皆中節,謂之和。”《荀子·天論》:“萬物各得其和以生。”嬰兒混沌無知,與天地之和合二為一,“和”所表示的和諧統一是有永恆性的,所以說“和曰常”,即“和”是萬物運動與變化中不變的規律。對於後半句,郭店楚簡與甲本同,也作“智(知)和曰明”①,郭店楚簡《老子》是目前所知《老子》最古老的文本,此版本值得我們重視。“和曰常,知和曰明”意為:平和是萬物的常理,懂得“和”這一常理稱得上清明。這樣理解,文意通暢。楚簡本和帛書甲本是比帛書乙本和通行本更古老的本子,更好地保持了《老子》原貌。疑通行本《老子》在流傳過程中為了湊足四字一句,而在“和曰常”前誤加“知”字,又將後半句“知和曰明”改為“知常曰明”;實際上這段話不是四字排比句,而是散句。加上“知”、改為“常”後,文意反而不通暢。總之,這段話就應該按照帛書原文來理解,“和”在這裡就是正字,不是“常”的訛別字。

訛字的產生是書寫錯誤導致的,爲了正確地記載文化、順利地傳遞信息,訛字歷代都是被規範的對象,每位書寫者都會儘量避免書寫錯別字,從這個角度來說,待考字在句中作為正字能講通的,就不宜看作訛字。例如:

例9:馬肆·天33·14:{印〈抑〉下之}。其下註釋:“抑字《說文》從印字之反。”馬肆·天35·19:{印〈抑〉下之}。

按,整理者將此字楷定為“印”是正確的;但“印”不是“抑”的訛別字。《說文·印部》:“印,執政所持信也。從爪,從卩。”羅振玉《增訂殷虛書契考釋》:“卜辭‘印’字從爪,從人跽形,象以手抑人而使之跽。其誼如許書之抑,其字形則如許書之印……予意許書印、抑二字古為一字,後世之印信,古者謂之璽節,初無印之名。”“印”本來就有壓、按的意思,正字就是“印”,無需讀為“抑”,更不能做訛別字處理。

另,馬肆·天34·15:{卬(抑)下之}。按,原字形左邊的“口”塗墨,疑是寫為“口”發現有誤又塗去。本字即為左邊的“印”。

---

① 荊門市博物館:《郭店楚墓竹簡》,文物出版社1998年版。

另,張·引 68·34:▇{因下手𢫬(摩),以下印〈抑〉兩股,力引之}。張·引 79·8:▇{印〈抑〉股}。按,與《馬王堆漢墓帛書[肆]》一樣,整理者認為"印"是"抑"的別字。羅振玉《增訂殷虛書契考釋》:"印之本訓既為按抑,後世執政以印施治,乃假按印之印字為之。反印為抑,殆出晚季,所以別于印信字也。"《馬王堆漢墓帛書·老子甲本·德經》:"高者印之。"今本《老子》第七十七章作"高者抑之。"

因此,上五句中簡文原使用古字,不當以訛字論之。整理者過多地受文意影響,又忽視了在"按,往下壓"這個意義上"印"和"抑"的古今字關係,導致判斷失誤。

對於訛錯字的判定也需要謹慎,不能將訛錯字的外延無限擴大,應利用漢字演進序列,將待考字放到當時的整個漢字系統中,詳細地調查當時社會的用字情況,做出判斷。

例 10:武醫 86 甲·27:▇{各異𣁋……}。其後註釋:"'𣁋',《說文》無此字,或即'斯'字。"

按,整理者先摹形楷定為"𣁋",後推測正字為"斯"。此字左邊的構件與武·甲少 2·6 的"▇(其)"和武醫 68·30 的"▇(㮴)"字中的構件"其"形體接近;與後兩者相比,86 甲·27 所從的構件"其"中間的豎筆出頭,這給辨識帶來了困難但不會引起歧義;故可採用認同的方法,直接楷定為"斯",而不必將其摹形為"𣁋"。"其"在古文字階段是個象形字:▇(乙 8685 反)、▇(母辛卣)、▇(仲師父鼎)、▇(小篆字形);隸變後失去象形意味,作:▇(定縣竹簡 6)、▇(熹·儀禮·士虞)。86 甲·27 所從的"其"與隸變後的"其"字形相近。總之,86 甲·27 可看做"斯"的微別字形,而不必看作訛錯字。

(二)比照法

共時平面橫向的比較與歷時平面縱向的比較是研究秦漢簡帛訛字的重要途徑。共時的橫向比較主要包括:同一批簡帛或同一時期的不同批簡帛中的相關字形的比照,簡帛字形與同時期的碑刻、璽印等其他古文字材料中相關字形的比照,簡帛字形與傳世文獻及字書韻書所收字形的比照等等;歷時的縱向比照主要是歸納漢字演進序列,對漢字在傳承流變中形成的大量的異寫材料作系統的比較。利用共時比較與歷時比較相結合的方法,揭示秦漢簡帛訛字的面貌、規律和寫訛的動因。下文具體地對幾種常用的比照作舉例說明：

1. 將待考字放到整個漢字系統中，在共時的用字和書寫層面上，考察文字的實際使用情況

將待考字與同批簡帛中的相關字形進行比照。

例11：YM6D9反·L5·H7：{病⿱艹觔引}。

按，字書無"⿱艹觔"字，整理者只作摹形楷定，沒有任何解說，實際上並未釋出此字。仔細觀察原簡牘字形，此字右下的構件顯然是"刃"，不是"力"；左下的部件也不是隸書"角"的通行寫法，整理者通過摹形楷定出的字形不正確。我們認為此字和YM6D9正·L1·H7的"(前)"是同一個字，我們要討論的字上多出幾筆雜亂的筆劃：左下部件"月"上的斜畫，構件"刀"上的斜畫。這究竟是書寫者摹抄失誤，還是其他非人為原因造成，難以確知。同批的其他木牘文字上也會出現多餘的筆劃，如YM6D9反·L5·H8"(相)"字構件"目"下的豎筆。對於YM6D9反·L5·H7我們可以直接認同為"前"，也可以先摹形為：⿰月刎，再加尖括弧注出正字"前"。就文意而言，此條牘文屬於"博局占"中的"問病者"，內容是占卜病情的；此條與第八列中的"內外相引"，當均為講病情轉化的，都用了"引"字，"引"前面的字"內外"、"前"皆指部位，"病前引"指病癥向前蔓延。

將待考字與不同批的其他簡帛材料進行比照。裘錫圭在《談談上博簡和郭店簡中的錯別字》一文中，利用同時見於郭店簡和上博簡的《緇衣》和《性自命出》(《上博》稱《性情論》)互校，來考釋錯別字，為我們提供了成功的範例。這方面可以利用的材料比較豐富。例如《武威漢簡》與《居延新簡》是同時代的古文字資料，某字同時在這兩種古文字資料中出現，其筆劃形態和整字面貌十分接近，如出一人之手。

例12：武·甲燕31·24：{南有嘉魚生崇立}。甲燕校記三十一："立，今本作丘。"

按，《居延新簡》中的"丘"字常見，EPT56·92·6"戍卒魏郡貝丘匠里大夫王強"的"丘"作：；EPT56·97·6"戍卒魏郡貝丘成樂里成功直"的"丘"作：。我們要討論的字形(甲燕31·24)原不清晰，將之用圖片處理工具增加對比度後作，與《居延新簡》中的"丘"字字形相同。據此判斷原簡文就是"丘"

字,不是訛別字。

對於形體近似的兩個或幾個漢字,分別排列它們在同一批簡帛或同一時期不同簡帛中的字形,比照分析,找出它們的細微差別,從而利用這個差別釋讀其他簡帛文字或判斷訛誤。

例13:武·甲有60·32“皆遂及私人”的“私”作:,武·甲有75·55的“私”作:,武·乙服8·61的“私”作:,其右邊的構件為“厶”;而“和”字所從為“口”:(馬肆·五235)、(馬壹·老甲後173)。“私”與“和”的區別特徵表現在右邊部件的不同,我們可以據此考釋簡帛文字、判斷訛別字。

武·甲有57·60:{遂及私人}。武·甲有58·38:{及羞庶羞于賓兄弟內賓及私人}。武·甲有76·11:{乃羞于賓兄弟內賓私人}。這三個“私”從字形看都當為“和”,整理者直接釋為“私”,可商。

張·律461·30:{和〈私〉府鹽(監)}。張·律464·30:{和〈私〉府長}。張·律467·26:{和〈私〉官長}。張家山漢墓竹簡的整理者先釋為“和”,再讀為“私”,做法可取。

張·律405·18:{燔𨻶而次𨻶弗私〈和〉},其後註釋:“和,響應。”按,從文意看,“私”于義難通,當讀為“和”,“私”是“和”的訛別字。馬壹·老乙103下·5:{寺(待)其來[事]之遂刑(形)而私〈和〉焉}。也錯將“和”寫作“私”。整理者先釋為“私”、再讀為“和”的做法是正確的。

2. 將待考字與同時期其他類型的古文字(如銘文、石刻文字、璽印文字、陶文、貨幣文字等)相比照

趙平安師在《河南淅川和尚嶺所出鎮墓獸銘文和秦漢簡中的“宛奇”》一文中通過詳實的論證,將河南淅川和尚嶺2號楚墓出土的鎮墓獸座銘文中的“且執”讀為睡虎地秦簡《日書》乙種和邵家溝木牘劾鬼文中的“宛奇”,並進一步闡明“宛奇”在睡虎地秦簡《日書甲種》中作“豸今䝿”,同時結合曾侯乙墓遣冊和《漢書》精彩地論證“豸今”是“豽”的訛字。趙師的這種考證方法對於古文字考釋具有普遍的方法論意義。我們在考釋訛字時,理應結合各種古文字資料做綜合論證。

3. 將待考字與傳世文獻比照以確定訛字

例如將武威漢墓出土的《儀禮》與今本《儀禮》相比照以確定訛字。武威漢

簡的整理者多次使用這種方法。

例14:武・甲泰90・42:[字形]{司射先反位。三偶枏取泰如初}。甲泰校记九十:"泰,今本作矢。"

按,依今本作"矢",文意可通,下文作:"小射正作取矢如初,三偶既拾取矢,諸公、卿、[大夫皆降如初位]",其中"三偶既拾取矢"的"既"表示已經之意,正與前文"三偶枏取泰〈矢〉如初"照應;因此"泰"是"矢"的訛别字;疑"矢"先訛為形近的"大",又因字音關係進一步錯寫為"泰"。

4. 將訛字放到與之相對的正字的演進序列中進行比照,從而確定是訛字還是其他字際關係

例15:張・律28・17:[字形]{毆同死〈列〉以下,罰金二兩}。其後註釋:"死,'列'字之誤。列,《管子・四時》'賦爵列'注:'次也'。同列即爵位相等。"

按,從文意看,此句句意與上文"下爵毆上爵,罰金四兩"正相聯屬;當用"列"字。從字形方面分析,"死"的字形演進序列:[字形](甲1165)、[字形](盂鼎)、[字形](侯馬盟書)、[字形](中山王鼎)、[字形](說文解字・死部)、[字形](睡・秦5・16)、[字形](老子乙前2下・倒1)、[字形](定縣竹簡5),古文字階段的"死"是從歺、從人的會意字;隸楷階段"死"的左邊部件"歺"的最上兩筆"[字形]"簡省為一横。"列"的字形演進序列:[字形](詛楚文)、[字形](說文・刀部)、[字形](老子甲後371・8)、[字形](居延簡甲2551C),古文字階段的"列"是從刀、𢀖聲的形聲字;隸書階段"列"的左邊部件"𢀖"的上部由三筆簡省為一横。"死"和"列"在古文字階段,除右邊的部件存在"人"和"刀"的不同,其左邊部件也迥然有别;隸變以後今文字階段的"死"和"列"左邊的構件混同,主要以右邊的構件相區别。而在張家山漢墓竹簡和銀雀山漢墓竹簡中,"死"和"列"主要以左邊的構件相區别。銀・守903・14"親死不得含"的"死"作:[字形],銀・守912・6"其人民至死不得相問見也"的"死"作:[字形],其左邊構件的上部均為兩筆;張・律260・28"奪之列,列長、伍人弗告,罰金各一斤"的"列"作:[字形](下有重文符號),銀・臏434・10"十人為列"的"列"作:[字形],銀・守883b・2"為肆邪分列疏數"的"列"作:[字形],銀・守886・4"職於

肆列間"的"列"作:,其左邊構件的上部均為三筆。在這兩批簡牘中,"死"和"列"兩字右邊的構件混同為"人",兩字左邊構件各自保留著古文字的特點,並以這一不同特徵相區別。細察我們要討論的字形(張·律28·17),其左邊構件的上部為三筆(最左邊的點稍不清晰),與張·律260·28和銀·牘434·10字形相同,當為"列"字。整理者釋為"死",讀為"列",不正確。

排列出兩字的字形演進序列,兩字何以相區別即不言自明。有些形近字在不同的時代具有不同的區別特徵,只有同時追溯兩個字的演進序列才能將問題探討清楚。

爲了表述清晰,我們將橫向比照和縱向比照分開來闡述;實際上在探討分析待考字的時候,常將兩種比照法結合起來使用。

(三)筆程追溯法

筆程是指一個字的書寫過程,即通過書寫活動外化成文字符號的過程。包括各個筆劃的先後順序(即筆順)和每個筆劃的形成過程(即從起筆到收筆間的整個運行過程)。

簡帛文字不同于甲骨文、金文,它是直接用毛筆沾墨書寫于簡帛上形成的。一方面,不同書寫者因訓練環境、受教育的程度及先天條件的不同,所書寫的水準或風格會有所不同;另一方面,書寫者書寫又具有共性,因為他們使用的工具都是毛筆和墨,用於書寫的材料都是竹木簡、木牘或絲帛,書寫的對象都是漢字,都從小就受源遠流長的中華文明的薰陶,都通過轉動手腕和調整用筆力度塑造出千姿百態的筆劃形象,因此同一時代的書寫者使用大致相同的筆法,具有相似的運筆特徵,例如:起筆、收筆的方向、動作大體一致,為提高書寫速度而出現的連筆動作具有可分析歸納的規律性,等等。

從書寫的角度看,漢字是由筆劃構成的。不管多么繁難的字形都是由橫、豎、撇、點、折組合而成,每一種筆劃都有自己的書寫規律,即使不懂書法的人在書寫過程中也會不自覺地遵守。文字不一定就是書法,但文字都存在于書法之中。因此,筆劃寫成以後的樣式(即筆形)隱含著書寫者的運筆軌跡;整個字的形態呈現出這個字的書寫過程。

對於筆劃清晰且無誤的字,我們當然可以採用字形比較法和偏旁分析法來考釋,但對於筆劃粘連的字形或稍模糊的字形,則要知道這個字是怎樣寫成的,即分析每個筆劃的來龍去脈。

追溯筆程強調不僅分析呈現在我們面前的簡帛文字的靜態的形體,而且追溯字形的動態形成過程。這需要我們略曉書法,熟悉筆尖在起收間的宛轉變化。

利用筆程追溯法可以考釋疑難字形。

例 16:孔・日 412・25:{終日溫三□}。

按,整理者未釋,此當為"并"字。從此字的筆劃所呈現的形態分析,其筆程應為:一撇一豎一撇一豎兩橫,最上面的兩撇粘連。此字與孔・日 469・12 的"(并)"筆程相同。就文意而言,上文說"入正月四日,旦溫稙禾為,晝溫中禾為,夕溫稺禾為",此處說"終日溫三并",是指整天溫暖則三種禾都會"為",都會成。這樣釋讀,文從義順。

可見,用化靜為動的筆程追溯法可以將無意粘合的筆劃離析開來。再如:

例 17:孔・日 185・貳・4:{五辰利翠(?)枱及入臣妾}。

按,整理者將此字釋為"翠",於文意難通;因此釋者在其後加問號表示不確定。從字形看,該字上面的部件不是"羽",而是"氵"和"目",用筆程追溯法分析,此字上面靠左邊的一豎不是向左彎,而有向右的筆勢,表明它與右邊的筆劃是一個整體;右下的部件不是"卒",而是"幸";整字當爲"澤";此字與《漢語大字典》所收的古地圖中的"(澤)"字形相似。"澤"下一字(孔・日 185・貳・5)原簡文字形作:,整理者釋為"枱",不當;應釋為"枲"。"枱"和"枲"分別記錄了音義不同的兩個詞,不是異體字關係。《說文・木部》:"枱,耒端也。從木,台聲。"《說文・朩部》:"枲,麻也。從朩,台聲。""澤"有潤澤、滋潤的意思,"澤枲"指泡麻。總之,將孔・日 185・貳・4 釋為"澤",整句釋文當爲:"五辰利澤枲及入臣妾。"意為:五辰利於泡麻以及收臣納妾。文意通暢。

雖然簡帛文字年代久遠,但是筆劃所呈現的形態依稀告訴我們書寫當時筆尖是怎樣在簡帛上運行的。

例 18:睡・日甲 44 背・貳・10:{鬼恒為人惡瞢(夢),𥌓(覺)而弗占}。其後注釋:"占,《廣雅・釋詁四》:'譣(驗)也'。"

按,從字形分析,此字實際上有三筆構成:向右的一斜豎、中間的一橫、左邊及左下的一豎彎鉤;整字應該是“已”字;而不是由“卜”和“口”兩個構件組成的“占”字。睡·日甲59背·貳·11“勿(忽)見而亡,亡(無)已”的“已”作:;睡·日甲30背·三·13的“已”作:;我們要討論的字形與這兩個字筆程一致。關·周·圖21·188·9的“占”作:,我們要討論的字形與此字字形明顯不同。就文義而言,將此字釋為“占”文義不很通暢;而釋為“已”,“已”指停止,句意為:醒來了惡夢還不停止。這種現象奇怪且不常見,所以古人認為是鬼在作怪。

例19:YM6·128·3:(按,此字形中間的豎筆不是構字筆劃,而是竹簡的裂紋,將之擦除後,原字形作:){幾自(?)君子,毋信僟(讒)言}。

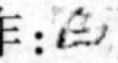

按,整理者將此字釋為“自”(後加問號,表明對所釋不很確定)。細察字形,此字上邊的部件有兩筆構成,即撇和橫撇,應為構件“刀”;此字下面部件的筆順為:豎、橫豎、橫,當為“口”;整字當為“召”字。YM6·129·14的“息”作:,其所從的構件“自”為:,與待考字形明顯不同。從文意來看,釋為“自”於義難通;釋為“召”,“幾召君子,毋信僟(讒)言”,“幾”通“冀”(幾和冀古音相同,都屬見紐微部),指希望,“召”指召請,整句句意為:希望召請君子,不要聽信讒言。從句式和修辭來看,兩句結構對偶,第二句的第二字“信”為動詞,若第一句與之相對的是代詞“自”,則不合對偶規律,若為動詞“召”,則與“信”正相對稱。從語法來看,“幾”是能願動詞,後面需要帶上動詞方可成句。總之,將此字釋為“召”,文意貫通。

筆程追溯法可以幫助我們對簡帛文字做出正確的楷定。

例20:馬王堆三號漢墓出土的竹笥木牌上有字作:(圖版87·8)下標為“𣹢笥”木牌,其後注釋:“𣹢笥,簡一八〇‘橘一笥’,疑即香橙,或許指此笥。木牌上‘𣹢’應即‘橙’。”

按,原字左上從“木”不從“氵”,標牌命名為“𣹢笥”是毫無依據的。注釋中將此字釋為“𣹢”亦不當。此字右上的構件:有四筆構成:一稍彎的豎筆,左上一半圓弧,右上相對的一半圓弧,右下一半圓弧,此構件顯然是“矛”。馬三·圖版45·333·1的“沈”作:,其所從的“冘”與待考字右上所從明顯不同。馬三·圖版20·7·14的“矛”作:;馬三·圖版21·20·4的“矛”作:;與待

考字右上所從筆程一致。因此,我們要討論的字形其上面的構件當為:𣏟。整字可以摹釋為"橘",讀為"橘"。馬三・圖版33・180・1:[illegible]{萮(橘)一笥}。整理者將此字先摹形釋為"萮",再讀為"橘",不當;此字的右上構件與我們上面考釋的字形右上所從相同,應為"矛",其上面的構件亦為:𣏟;所以此字也可摹釋為"橘",讀為"橘"。我們要討論的字形下部構件與馬三・T54・23・5的"[illegible](容)"形體相同,因"冏"與"容"形體相近而將"冏"錯寫為成字構件"容"。總之,馬三・T87・8和馬三・T33・180・1都可以摹釋為"橘",讀為"橘"。

利用筆程追溯法正確地考釋字形,才可避免錯誤地判定正訛關係。

例21:馬肆・五274・6:[illegible]{取商〈商〉牢漬醯中}。其後注釋:"商牢,即商陸。《神農本草經》載商陸'熨除癰腫',後世醫書也有不少用商陸熨治癰疽的記載,參看《證類本草》卷十一。"

按,"商"的古文字形作:[illegible](甲727)、[illegible](商尊)、[illegible](說文・㕯部)、[illegible](北海相景君銘);"商"的古文字形作:[illegible](𩁹鼎),[illegible](《說文・攴部》"敵"字所從)。①比較商和商的古文字形可以看出,商和商字形相近,兩者的主要區別是:"商"字的中間部分("口"上面的筆劃)是一撇一捺兩筆,"商"字的中間("口"上面的筆劃)是一豎一撇一捺三筆。仔細觀察我們要討論的字形,表面上呈現叉筆,實際上由兩筆構成,即斜向左的豎筆和與豎筆稍微交叉的斜向右的橫筆,這兩筆是一撇一捺的草率寫法;此字應該就是"商"字;不是別字"商"。

例22:武・甲少15・30:[illegible]{佐食上私升牢心舌,載於甄柤}。甲少校記十五:"私,今本作利,此乃筆誤,下簡不誤。"

按,校記中提到的下一號簡(即甲少16・33)"上利升羊"的"利"作:[illegible];與此相比較,我們要討論的字形(甲少15・30)右邊構件的筆劃粘連,用圖片處理工具沖蝕并增加對比度後作:[illegible],利用筆程追溯法分析,右邊部件由兩筆構成:一撇(短小)、一向左的彎鉤(彎鉤的起筆和末筆與撇的起筆和末筆粘合),整個構件應該是"刀",而不是"厶"。所以原簡文字形即為"利",不是訛別字。

例23:張・律354・38:[illegible]{稟鬻米月一石}。其後註釋:"鬻,疑應作'鬻',讀

① 以上"商"和"商"的古文字字形轉引自《漢語大字典》(縮印本),第121頁。

為‘鬻’。《漢書·文帝紀》‘今聞吏稟當受鬻者,或以陳粟。’注:‘稟,給也。鬻,淖糜也。給米使為糜鬻也。’”

按,整理者用摹形的方式將此字楷定為“鬻”,不當。此字是上下結構,不是上中下結構;上部左邊的構件為“弓”,上部右邊的構件是一反“弓”,上部中間的構件為“米”,三者合起來即為“粥”字;下部為“鬲”,與奏23·26“(瀜)”字中的構件“鬲”相似;原簡文字形整字就是“鬻”字。這個字形與通行體的“鬻”相比,在寫法上有所變形:首先,兩邊“弓”的最後一筆稍稍拉長形成半包圍結構;其次,右邊反“弓”中間部分的筆劃粘合在一起,致使看上去似“瓜”字;再次,構件“鬲”的下部有些模糊。該字整體變形、模糊,致使整理者考釋錯誤。總之,此字可直接釋為“鬻”,不是訛錯字。

我們可以利用筆程追溯法正確地判定訛字:

例24:張·律506·23:{武關及諸河塞津關}。

按,整理者直接釋為“津”。從文義看,“津”於義可通。就字形而言,張·律504·48的“津”作:,張·律508·40的“津”作:,我們要討論的律506·23左邊的構件顯然不是“水”,而是“彳”,其書寫過程為:一撇(短小)、一撇(短小)、一豎(下部稍彎),三筆的筆勢都是由里向外,呈左下走向,而不是從左向右的三提;整字應該是“律”。“律”和“津”讀音不相近(律是來紐物部,津是精紐真部),所以“律”是“津”的訛別字。該句釋文當爲:“武關及諸河塞律〈津〉關。”

例25:張·引48·9:{舉之不鈐〈鈞〉}。

按,此字右邊的部件有四筆構成,依次是:撇、横折撇、撇、撇;考察最後兩筆的筆程,明顯是從右起筆斜向左下撇出,而不是從左向右的兩提,因此是“彡”,而不是“勻”;右邊的部件出現形近偏旁錯用的現象,致使該字寫得不成字,而為訛錯字。從文意看,正字當爲“鈞”。

我們瞭解了秦漢時期使用的綜合性通用文字(此術語采自趙平安師《漢字字體的名實及其演進序列的再認識》)①的書寫特點,熟悉了常用漢字的篆、隸、行、草的結構,揣摩其書寫意圖,回溯出運筆過程,釋出一個字就不難了。

① 趙平安:《漢字字體的名實及其演進序列的再認識》,《隸變研究》,河北大學出版社1993年版,第136頁。

追溯筆程是考釋簡帛文字的一種行之有效的方法。簡帛文字的形態（即體勢、體態）是用筆（書法家稱為“筆法”）造成的，尋繹產生字形形態的書寫動作（即用筆與筆勢），可以幫助我們更好地釋讀簡帛文字和判定訛字。

三、楷定的方法和原則

楷定主要有兩種方法：認同和摹形。認同指依據簡帛字形所呈現的形態及漢字發展演變的規律，將之直接釋為與之對應的楷書字。摹形適應於無法認同的古文字字形，指嚴格按照原字形態描摹為楷書的方法；這種方法楷定出的字形常常不見於字書，需要在其後詳加注釋。摹形楷定主要針對訛錯字和疑難字形，對於訛錯字，需在其後加尖括弧注明與之對應的正字；對於疑難字，有時則只能摹形其後闕疑。

訛字研究與古文字的楷定方法密切相關。對於異寫字、草書字、微別字形等我們儘量採用認同的楷定方法。對於訛錯字我們不妨摹形，因為錯字的性質決定了摹形產生的楷書字形的不合法性，摹形楷定產生的形體是臨時的，不會因增加新形體而增加新字元，不會給人們的記憶增加負擔。

認同的範圍過寬，容易忽視許多字形上的問題。例如：

例 26：張・律 76・19：｛吏、卒徒部主者智（知）而出及弗索｝。其後註釋：“索，搜查。”律 76・25：｛索弗得｝。律 154・28：｛及索捕罪人｝。

按，細察上三字，字形下部的構件為“索”，但其上部還有構件“宀”，整字當楷定為“索”。“索”字亦見於其他古文字資料：（索角）、（說文・宀部）。《說文解字・㳄部》：“索，艸有莖葉可作繩索。”《小爾雅・廣器七》：“大者謂之索，小者謂之繩。”《書・五子之歌》：“若朽索之馭六馬。”索的本義指繩索。又假借來表示搜索、求索等義，《玉篇・索部》：“索，求索也。”後在假借字“索”上加義符“宀”，新造字“索”是搜索義的後起本字。《說文解字・宀部》：“索，人家搜（搜）也。從宀，索聲。”甲骨文、小篆的“叜（搜）”字作：（前 4・29・1）、（說文・又部），取義於手持火把在房子裏搜尋；兩者從“宀”的造意相同。《廣雅・釋詁三》：“索，求也。”段玉裁《說文解字注》：“索，經典多假索為之。”總之，我們要討論的三個字形均當楷定為“𡩋”,因經傳至今表示搜索、求索義時多用“索”字,故應再加圓括號注出通用字“索”。整理者直接認同為“索”字,沒有認識到“𡩋”曾被使用的事實。

認同的範圍過窄,即遇到與標準字形相比有所變化的字形就採用摹形的方法楷定,勢必會製造出許多不必要的字形,帶來解說上的麻煩。

早期的簡帛整理類書籍多採用摹形楷定的方法,例如羅振玉、王國維考釋的《流沙墜簡》。究其原因:《集韻》、《康熙字典》等字書收錄了許多篆書隸定字,類似的篆書隸定字書寫風氣在清代和民國人的作品中頗為盛行。直到70年代編寫的《武威漢代醫簡》,其中不必要的摹形楷定還時時出現。能夠較為正確地使用認同和摹形兩種方法考釋簡帛文字是近三四十年的事。但即便是最新出版的簡帛整理類書籍,其中依然存在不能正確使用兩種楷定方法的地方。例如:

例27:馬一69·1:[illegible]{𤊾豚一笥}。其後注釋:“𤊾,即熬之異體。竹笥木牌此字皆作熬(參看圖一0一;18-27;圖版二一三)。”

按,另有70·1,71·1,72·1,73·1,74·1,75·1,76·1,77·1,78·1,79·1,80·3都作此形。此字將“熬”字中的構件“攵”上移,在“攵”下加“力”。當“攵”向左下的撇的末筆寫到“[illegible]”的右邊很近甚至粘連時,此字左上部看上去就很像“米”了。採用筆程追溯法可以將雜亂的筆劃理清。總之,我們要討論的字形從勢從火,可以看作熬的異體字。馬三·圖30·133·1:[illegible]{熬豚一笥}。其後注釋:“一號漢墓69作‘𤊾豚一笥’。對應的一號漢墓簡69、78、75、72、71、73、77、79都作‘𤊾’。”按,注釋有誤,詳前。馬三·圖36·209·1:[illegible]{𤊾(熬)炙姑一器}。按,此字明顯是“熬”字,恐是受一號漢墓簡76的影響而釋為“𤊾”。“熬”的金文字形作:[illegible](兮熬壺),小篆字形作:[illegible](說文·火部);我們要討論的馬一和馬三的字形與“熬”的金文、小篆字形相比,左上稍有省簡,但不影響字形的認同,均可直接釋為“熬”。

例28:馬三·圖37·224·2:[illegible]{鰿[illegible]執一器}。其後註釋:“粐執,不可解。”按,整理者將之摹釋為“粐”,與原簡文字形不符。此字書寫草率,我們認為可直接認同為“縣”。

例29:馬三·圖50·392·2:{接[illegible](麤)一兩}。其後註釋:"麤,《方言》曰:'屝、屨、麤,履也。又《急就篇》:故接麤當指麻枲類草鞋。"按,整理者使用摹形的方法將之楷定為"[illegible]";實際上三個構件都不是"业",而是"鹿"簡省草率的寫法;整字可直接認同為"麤"。

"[illegible]"、"[illegible]"、"[illegible]"等均不見於字書,若做摹形楷定,均當看作訛錯字。可見嚴格科學地區分認同和摹形兩種楷定方法對於訛字的判定十分重要,因此,我們將對簡帛整理者在這方面的失誤作出適當的糾正。

總之,我們楷定的原則是對於造意未改變的字形在不會引起歧義的前提下儘量認同,不能認同的嚴格按照原簡帛文字的形體作摹形。

第二章

訛別字

訛字包括訛別字和訛錯字,訛別字是一種特殊的用字現象,訛錯字主要是書寫問題,兩者的性質和表現出的特徵均不相同,我們分作兩章探討。本章先討論訛別字。

第一節　訛別字的內涵及外延

在特定的語言環境中,本該使用 A 字,卻因受其他字形或上下文影響而臨時地寫作 B 字,B 稱為 A 的訛別字,A 稱為正字。

訛別字作為一種特殊的用字現象,在外延上與通假字存在交叉,與“簡帛文字形體混同”存在部分重合,與同形字界限模糊。

一、訛別字與通假字

從漢代至清代到現代,對於通假字的研究逐步深入,通假與假借的概念經歷了由合而分,再由分而合的過程。① 人們根據不同的研究目的,而採用不同的考察辦法。本書將两者分開考察,只分析其中屬於“用字通假”的部分,因為這一部分與訛別字研究相關。

---

① 參馮靚芸:《〈漢書〉通假研究》,吳金華指導,復旦大學博士學位論文,2005 年。

對此類通假字學術界有寬、嚴兩種界定：較為寬泛的概念，以周秉鈞、趙廣成等為代表，認為通假字包括通用和假借。較為嚴格的界定是指段玉裁和朱駿聲所提及的因音近而產生的"訛字"。① 王力先生也認為所謂假借或古音通假，說穿了就是古人寫別字。② 周祖謨也說："這種通假字，有些是因為古人字少，以一字代替兩個詞來用，有些是由於口授筆錄，倉卒無其字而寫為另一音同或音近的字，當然也不免有筆劃寫錯的字。所謂一字代表兩個詞的，在古代就是一種通行的寫法，無所謂假借；所謂倉卒不得其字的，才算為假借，即本有其字，而以此代彼。現在我們給一個統稱，名之曰通假字。"③本文採納後一種界定，即通假字是指古代漢語書面語言中共時的非同義的同音替代現象。

主張後一種界定的學者多認為通假字是古人寫的別字，這樣的說法是有一定道理的。通假字和訛別字作為兩種用字現象具有相似性：兩者都是對現存字形的暫時借用；都具有行文的不可釋性，即所使用的字的意義不切合文義，需要以意義為線索，分別通過語音上和形體上的聯繫，找到本字和正字，④以本字和正字的意義來理解文義，字義與文義才得以協調。

裘錫圭在《〈論衡〉劄記》中將"誤字"分為五類：（一）形近誤字，例如：緇訛作繒，日月二字互訛，且訛作旦，課訛作謀，等等。（二）音近誤字或通用字，例如：工訛作公，為謂通用，畏訛作為，饗訛作相，等等。（三）形音皆近之誤字或通用字，例如：遇讀為偶，丞讀為承，獨訛作觸，蹠訛作跡，等等。（四）涉上下文而誤（原例稍長，在此省引）。（五）涉常語而誤，例如：孰為訛作孰與。

裘先生從校勘的角度歸納條例，並以此統率所校正的誤字，可謂有條不紊。本書不把（二）、（三）兩類作為研究對象。原因如下：

第一，對於通用字和通假字的關係歷來存在爭議，我想裘先生此處的通用字應該是指兩字經常互換使用，彼此幾乎具備了記錄對方所代表的詞的職能的用字現象。這種情況顯然不在訛別字討論範圍之內。

---

① 參見馮靚芸：《〈漢書〉通假研究》，吳金華指導，復旦大學博士學位論文，2005 年。第 23 頁。

② 參見王力：《龍蟲並雕齋文集 · 關於古音通假》，中華書局，1980 年版。

③ 參周祖謨：《漢代竹書和帛書中的通假字與古音考訂》，《周祖謨語言文史論集》，浙江古籍出版社，1988 年。

④ 在本書中，與通假字對應的是本字，與訛字對應的是正字。

音近誤字和形音皆近之誤字基本上可以分別等同於無形體聯繫的通假字和有形體聯繫的通假字。趙平安師在《秦漢簡帛通假字的文字學研究》一文中指出"戰國秦漢時期,使用的通假字最多"。① 許威漢也認為通假字在先秦典籍中最為盛行,往後沿用下來,逐漸得到社會承認。② 整體而言,秦漢時期的通假字是能得到社會承認的,在某種程度上甚至具有"正字"的地位;③而訛別字從產生之時起,就是與正字相對的。就理論研究而言,通假字和訛別字不是一回事:1. 即便認為通假字是一種別字,兩者也不是同一層面上的概念;2. 通假字與本字以語音為紐帶,別字與正字以形體為線索;3. 通假屬於訓詁學範疇,訛別字是校勘問題,屬於文獻學範疇。因此學者們多將兩者分開來研究。

第二,秦漢簡帛中通假字的材料十分豐富,若作為別字的一種而納入本書的研究範圍,其內容將超出其他各類訛別字的總和,使其他類型訛別字的研究無法凸顯。

第三,秦漢簡帛中的通假字研究已經湧現出一大批研究成果。趙平安師《秦漢簡帛通假字的文字學研究》一文對上個世紀 90 年代以前的通假字研究做了總結。④ 九十年代以後,研究秦漢簡帛通假字的論著繼續湧現,還出現了一些

① 趙師指出"在這以前曾大量使用本無其字的假借,但真正的本有其字的通假很少。在經歷了戰國秦漢的高峰期以後,通假字又呈現驟減的局面",趙師通過深入研究闡明了"戰國秦漢時通假字劇增的原因是古文字的隸變和形聲字的增多"。

② 許威漢指出唐宋以後,不再另寫新的通假字,即便寫了,社會不再予以承認,而是一般的錯別字。通假的產生有其時代性和社會性,特定的社會歷史是通假字賴以產生和相沿使用的客觀條件。(許威漢:《漢語文字學概要》,上海大學出版社,1998 年。)

③ 對書寫準確度要求極高的法律類簡牘中經常出現通假字,卻很少出現訛字,就很好地說明了這一點。

④ 趙師文中提到的論文:王美宜的《〈睡虎地秦墓竹簡〉通假字初探》(寧波師專學報,1982,第 1 期),周祖謨的《漢代竹書與帛書中的通假字與古音的考訂》(《周祖謨語言文史論集》,浙江古籍出版社,1988 年),趙誠的《臨沂漢簡的通假字》(《音韻學研究》第二輯,中華書局,1986 年),張儒的《關於竹書、帛書通假字的考察》(《山西大學學報》),錢玄《秦漢帛書中的通假字》(《南京師範學院學報》1980 年第 3 期)、羅頤福的《臨沂漢簡通假字表》(《古文字研究》第十一輯,中華書局,1985 年),吳九龍《銀雀山漢簡中的古字、假借、俗省字》(《出土文獻研究續集》,文物出版社,1989 年)。(參見趙平安師《秦漢簡帛通假字的文字學研究》,收入《隸變研究》,第 136 頁。)

研究通假字的學位論文。① 理論方面,趙師的《秦漢簡帛通假字的文字學研究》探討得十分深入。若我們將音近誤字和形音皆近之誤字納入論文討論範圍勢必會與前人及时贤的研究有所重複。

第四,在秦漢簡帛的通假字中,形體上有聯繫的占很大比重,即聲旁相同的形聲字之間或聲旁字與形聲字之間存在通假關係。在文中不寫本字,而寫成與之讀音相同或相近、字形近似的另外一個字,這種情況的發生究竟是字形因素起了主要作用還是語音因素起了主要作用,有時難以確定,即使作出判斷也具有很強的主觀性。在這個問題上過多糾纏沒有太大意義;為了避免劃界不清而導致討論對象的外延不清,造成討論對象不明確;也為了避免強加判斷而使結論流於主觀;一般情況下,我們將此類用字現象統一劃入通假字,不放到訛別字中討論。

第五,形音皆近之誤字統一作通假字看待,不做訛字處理,還有心理學上的依據:對抄底本,視覺符號要先轉換成聽覺符號再被大腦處理,後將要抄寫的漢字轉換成語音再從大腦輸出,付諸於筆頭。因此,在其致誤過程中,語音因素具有先導性。

總之,凡是存在音同音近關係的,我們就將之從訛別字研究的外延中剔除。雖然有些形音皆近的通假字,其形體非常接近,字形無疑在很大程度上促成了寫別;但爲了標準統一,我們仍然將之歸入用字通假。

各批簡帛的整理者在釋文和註釋中對於通假字和訛別字是有所區別的,通常的體例是在通假字後加圓括號注出本字,在訛別字後加尖括號注出正字。但也有體例不夠完善或對體例貫徹不夠徹底的情況。我們在各批簡帛的釋文和註釋的基礎上,結合前人及時賢的研究成果,剔除語音相同或相近的字例,增加屬於訛別字的字例。

例1:2000ES9SF4:1·25:{縣丞〈承〉書從事}。

① 徐莉莉集中整理了馬王堆3號墓的《足臂十一脈灸經》、《五十二病方》等醫書部分的通假字,何麗敏的《帛書〈五十二病方〉通假字形體關係研究》(科教文匯2007.01上半月刊)針對通假字間形體上的聯繫展開討論。西南師範大學2000年余濤的碩士學位論文《〈銀雀山漢墓竹簡(壹)〉特殊用字研究》,2002年趙立偉的碩士學位論文《〈睡虎地秦墓竹簡〉通假字、俗字研究》,等等。

按,從字形看,原簡文是“丞”字。從文意看,正字當為“承”;《通典·卷七十一》:“司徒承書從事書到上。”恐是因“縣丞”常常連用,受前一字“縣”的影響而將“承”錯寫為“丞”。但是“丞”和“承”古音相同(都屬禪紐蒸部),所以將它們看作通假關係。按照凡例,釋文中的尖括號當改為圓括號。另外,2000ES9SF4:2 和 2000ES9SF4:4 也都將“承”錯寫為“丞”。

例 2:2000ES9SF4:7·14:{雖當校均受重當〈賞〉}。

按,從字形看,是“當”字;就文意而言,當用“賞”;兩字形體相近,且前文剛出現“當”字,所以將“賞”寫成“當”應該有字形上的原因。但兩者古音相近(當是端紐陽部,賞是書紐陽部,兩者韻部同、聲紐的發音部位相同),所以看作通假關係。按照凡例,釋文中的尖括號當改為圓括號。

例 3:99ES16ST1:4·5:{扁書胡虜講〈購〉賞二亭扁一毋令編幣絕}。

按,“講”和“購”讀音相同,都是見紐侯部;兩者應是通假關係;尖括號應改為圓括號。

例 4:馬壹·老甲 115·26:{女何〈可〉以寄天下}。

按,整理者將此字釋為“何”,讀為“可”,于形于義均可通。但“可”是歌部溪紐,“何”是歌部匣紐,兩者讀音相近,宜看作通假關係。釋文中的尖括號當改為圓括號。

例 5:馬肆·養 82·17:{汁盡,即取穀〈穀〉、椅桐汁}。

其後註釋:“穀,《說文》:‘楮也。’《名醫別錄》楮實條云‘皮間白汁療癬。’陶弘景《本草經集注》:‘此即今穀(音構)樹也。仙方採擣取汁,和丹用,亦乾服。”

按,原字從禾,當楷定為“穀”。從文意看,本字當為表示楮樹的“穀”。《說文·木部》:“穀,楮也。從木,㱿聲。”《說文·禾部》:“穀,續也,百穀之總名。從禾,㱿聲。”根據《說文》,兩字都從㱿得聲,讀音相同(都是見紐屋部);雖然兩字形體十分接近,我們還是把它們看作通假關係。釋文中的尖括號當改為圓括號。

例 6:張·律 38·10:{歐〈毆〉詈父母}。

按,從文義上看,與“詈”連用,表示毆打,正字應該是“毆”。從字形看,前後簡文中的毆字作：(律39・3)、(律35・6)，此字從“欠”是偶然失誤。雖然兩字在字形上十分接近，形體相近是其致誤的原因之一；但兩字都從“區”得聲，語音相同(都是影紐侯部)，我們根據兩者的語音關係，判定為通假字。釋文中的尖括號當改為圓括號。

例7：馬叁・戰133・19：{拔邯戰〈鄲〉}。馬叁・戰133・26：{趙氏不割而邯戰〈鄲〉復歸}。

按，“戰”和“鄲”形體接近，但同時它們都以“單”作聲符，“戰”元部章紐，“鄲”元部端紐，兩字韻部相同，聲母的發音部位相同，①“戰”和“鄲”讀音相近，應該看作通假關係。釋文中的尖括號當改為圓括號。

例8：張・脈3・28：{在齒，痛，為虫〈蟲〉禹(齲)}。

按，從字形看，將此字釋為“虫”是沒有異議的；從文意看，當讀為“蟲”。但兩者不是正訛關係，《說文・虫部》徐灝箋：“虫者動物之通名……戴氏侗曰：蟲或為䖵或為虫者，從省以便書。”應將尖括號改為圓括號。

例9：馬壹・老甲284・18：{而有〈又〉秋(愀)秋(愀)然而敬之者，禮氣[也]}。

按，“又”和“有”古書中常常通用，不是正訛關係；釋文中的尖括號應改為圓括號。

例10：張・律367・31：{卿侯〈後〉子為公乘}。

按，此字殘去一半，細察剩劃，辨識為“侯”字。從文意看，前文作“疾死置後者，徹侯後子為徹侯，……關內侯後子為關內侯”，後文為“五大夫後子為公大夫”，此字讀為“後”文義通暢。前文多次出現“侯”字，“卿”與“侯”屬於同一個語義場，“後”與“侯”字形相近，“後”與“侯”讀音相同，這些因素都可能成為寫誤的原因。整理者用尖括號標明兩者是正訛關係；但“侯”和“後”讀音相同，都是匣紐侯部，我們將之定為通假關係。

例11：張・律513・42：{為質〈致〉告居縣}。

① 參見《漢字古今音表・漢語語音發展史說略》第2頁，作者對於章組聲母和端組聲母的密切關係作了詳細考證。

按,從文意看,當用"致"字,上文為"郎中為致告買所縣道,縣道官聽",正作"致告"。"質"與"致"字形並不接近;而讀音相近,質是章紐質部,致是端紐質部,兩者韻同、聲母的發音部位相同(都是舌音),應該是通假關係。尖括號應改為圓括號。

例12:馬叄・春29・倒4:{曉朝熷〈贈〉之以[策]}。

馬叄・春30・2:{曰:"□□吾熷(贈)子,……"}。

按,"熷"與"贈"聲符同為"曾","熷"屬精紐蒸部,"贈"屬從紐蒸部,兩字韻同、聲母的發音部位相同;兩者讀音相近,是用字通假現象。按照此書凡例,春29的釋文中"贈"外的尖括號應當改為圓括號。

例13:孔・日461・6:{西方鲇(苦),北方齊(辛),中央甘}。

按,"齊"和"辛"語音並不相近(齊從紐脂部,辛心紐真部),不是通假關係;兩者形體接近,應該將"齊"看作"辛"的訛別字;圓括號當改為尖括號。

綜上所述,對於簡帛中的某個字形,不可輕言訛別字或通假字,確實文義不通,於是調查該字在古文字資料中的使用情況,考察該字與相應的契合文意的那個漢字之間的語音關係和形體關係,以求得出較為合理的結論。

二、訛別字與簡帛文字形體混同①

恩格斯說:"一切差異都在中間階段融合,一切對立都經過中間環節而互相過度。"②

簡帛文字中存在這樣一種現象:兩個或兩個以上形體相近、區別特徵細微的字,共用其中一個字的形體,或者经常性的互换使用,或者写为界於它们之間區別特徵模糊的一个形体。這都是形近字發生了混淆,需要依靠上下文文意區

---

① 趙平安:《隸變對漢字的影響——以實例闡析漢字重要轉變期之現象》,趙平安:《新出簡帛與古文字古文獻研究》,商務印書館2009年版。趙師文中的"混同"指"訛別字",趙師把"訛字"放到"隸變對字際關係的影響"的高度來闡釋,使用"混同"這個術語。本書中使用的"混同"概念與"訛字"概念不同且存在交叉。

② 《马克思恩格斯選集》第三卷,第535頁。

分使用的究竟是哪個字。對於簡帛文字中的這類現象,有的學者稱為混訛①,有的學者稱為訛混,有的學者稱為混同。我們對這種現象作細緻分析,將之細分為三種情況,根據它們的不同性質冠以不同的名稱:

(一)單向混同

兩個或兩個以上形體相近的字在同一批簡帛或同一時期的簡帛中,比較固定地將一個字寫為另一個字,即兩個字共用其中一個字形。

例14:馬肆·天67·7:{命曰天士}。按,整理者依據文意釋為"士";但從字形看,實為"土"。

EPT50·7A·10:{士吏}。EPT59·3·17:{士吏}。按,在《居延新簡》中"士"都做此形;"土"亦作此形,例如EPT51·390的"土"作:。"士"與"土"寫混。

武·甲少13·13:{士浣舉鼎}。甲少校記十三:"士,簡誤書為土。"

流·屯一8·14:{土吏}。其後註釋:"土吏者士吏之或作,漢碑士或作土,士吏主兵之官。"按,士與土形近易混。流沙簡的整理者嚴格區分"土"和"士",根據兩者字形上的差別,直接釋為"土"。同樣的情況還有流·屯一12·20:{土吏},流·屯二2·22:{土吏},流·屯六18·13:{土吏},等等。另,流·屯四6·2"士吏"的"士"作:,不誤。

"士"字和"土"字在漢字發展的各個階段都被區別地使用,這是主流。"士"的古文字字形作:(鳥吱尊)、(貉子卣)、(子璋鐘)、(說文·士部)、(馬叁·春42)、(熹·論語·里仁);"土"的古文字字形作:(前五·10·2)、(前七·36·1)、(盂鼎)、(古匋)、(三體石經·僖公)、(說文·土部)、(睡虎地簡一三·56)、(馬壹·老甲57)、(衡方碑)。兩字在篆書、隸書階段主要依靠兩橫的相對長短相區別;楚系文字中,"士"的兩橫基本

---

① 李天虹:《楚簡文字形體混同、混訛舉例》,《江漢考古》2005年第3期。她主要的觀點:在戰國文字中,一些形體原本相近的字,有時會發生混訛。如楚簡文字中的"兔"和"象"。這種現象類似於寫錯字。在戰國文字中,還存在另外一種現象,即由於省變的緣故,一些形體原本相近的字,有時會發生混同。如經過演變,"娩"字初文的寫法有時確實和"字"相混,而不是誤為"字"。

等長,例如:(郭店老子甲 8 號簡)、(郭店緇衣 23 號簡)、(上博緇衣 12 號簡)、(包山文書 12 號簡);"土"字保持著自己的區別特徵(下一横明顯長於上一横),例如:(郭店緇衣 13 號簡)、(郭店忠信之道 2 號簡)、(上博緇衣 8 號簡)、(包山卜筮祭禱 213 號簡);總體而言,楚系文字中,"士"和"土"可以區別。

在馬王堆漢墓帛書[肆]、居延新簡、武威漢簡、流沙墜簡中,常將"士"寫作"土"。

例 15:馬叁・戰 91・21:{臣以足下之所與臣約者告燕王}。馬叁・戰 137・25:{楚、趙怒而與王爭秦}。

這兩字與馬壹・老子甲 26・14 的"(兵)"和銀・孫 32 的"(兵)"字形相同。帛書《戰國縱横家書》中"與"和"兵"的字形混同。再如,馬叁・戰 147・28:,馬叁・戰 150・13:,馬叁・戰 152・2:,馬叁・戰 153・12:,馬叁・戰 153・20:,馬叁・戰 156・8:,馬叁・戰 156・26:,馬叁・戰 156・33:,馬叁・戰 166・倒 6:;馬叁・戰 176・28:,馬叁・戰 177・32:,馬叁・戰 226・28:,馬叁・戰 229・15:,馬叁・戰 257・8:,馬叁・戰 269・倒 6:;據文意,以上各例都當讀為"與"。馬叁・戰 156・10:,馬叁・戰 157・1:,馬叁・戰 164・4:,馬叁・戰 165・9:,馬叁・戰 177・23:,馬叁・戰 187・8:,馬叁・戰 200・19:,馬叁・戰 226・8:,馬叁・戰 259・11:,馬叁・戰 270・倒 5:;據文意,以上各例都可釋為"兵"。究竟該釋為"兵",還是該讀為"與",完全依據上下文文意確定,恐因該書寫者對"與"字的寫法盲目地省簡、錯誤地識記,導致他習慣性地將"與"寫作"兵"。

這種混同不利於清晰明確地表情達意,所以書寫者為使兩者有所區別而將"與"的形體進一步簡省:馬叁・戰 106・4"與國不先反而天下有功(攻)之者"的"與"作:;馬叁・戰 101・14 的"與"作:;馬叁・戰 102・14 的"與"作:,馬叁・戰 103・14 的"與"作:。"與"字的這種省體字形在《戰國縱横家書》中也是很常見的。

例 16:武・甲泰 17・33:{不拜酒,述卒爵,興}。甲泰校記十七:"述,今本作遂。”武・甲泰20・19：{述卒爵，興}。武・甲泰23・39：{遂進}。甲泰校記二十三：“遂進，今本作序進。……它簡作‘遂如此’之遂者，此篇皆作述。”

按，“遂”在《甲本泰射》中全部寫作類似的形體。另如：武・甲泰21・27，武・甲泰22・31，武・甲泰24・19，武・甲泰34・倒8，武・甲泰37・39，武・甲泰38・倒7，武・甲泰40・倒4，武・甲泰44・11，武・甲泰44・44，武・甲泰46・1，武・甲泰46・11，武・甲泰52・38，武・甲泰55・倒28，武・甲泰58・19，武・甲泰57・14，武・甲泰62・30，武・甲泰63・倒1，武・甲泰66・36，武・甲泰68・29。

《说文・辵部》：“述，循也。从辵，朮聲。”其古文字形作：(史述簋)、(說文・辵部)、(馬壹・老甲107)、(史晨碑)。《說文・辵部》：“遂，亡也。从辵，㒸聲。”其古文字形作：(說文・辵部)、(馬壹・老甲28)、(鄭固碑)。我們要討論的三個字形寫訛的程度不同，其中甲泰17・33寫訛的程度最高，字形與“述”的古文字字形最接近；推測這個形體產生的動因是簡省和草寫，即將構件“㒸”上面靠左的一點與下面的豎彎鉤連為一筆，將豎彎鉤左邊的三撇草寫為一豎，右邊的一撇一捺草寫為一豎；甲泰20・19和甲泰23・39的字形可見端倪(整理者將20・19和23・39分別釋為“述”和“遂”，但仔細觀察，兩者的寫法基本相同)。沒有考慮到“遂”和“述”字形上的區別，在將“遂”字簡寫的時候，不慎使簡省後的字形與另外一個形近的字混同。

例17：睡・日甲13正・貳・11：{寇〈冠〉、䡇車、折衣常(裳)、服帶吉}。其後註釋：“‘寇’，應為‘冠’字之誤。隸書‘寇’、‘冠’二字常不分。《隸釋・徐氏紀產碑》‘弱冠’寫作‘弱寇’，是其證。《隋書・經籍志》有《臨官冠帶書》一卷。”

這個字形在日書甲種中反復出現。睡・日甲14正・貳・24：{可以入人、始寇(冠)、乘車}。按，此處當用尖括號。睡・日甲91正・壹・14：{可以寇〈冠〉}。睡・日甲112正・貳・5：{毋以酉台(始)寇〈冠〉、帶劍}。

日書乙種中的“冠”都做此形。睡・日乙15・17：{裚(製)寇〈冠〉帶}。睡・日乙25・壹・9：{利以乘車、寇〈冠〉、帶劍}。睡・日乙38・壹・5：{利寇〈冠〉}。睡・日乙91・壹・12：{可始寇〈冠〉}。睡・日乙189・8：

{甲乙夢被黑裘衣寇〈冠〉,喜}。睡·日乙125·11:{甲子、乙丑,可以家(嫁)女,取婦、寇〈冠〉帶、祠}。睡·日乙130·2:、日乙130·5:、日乙130·17:{初寇〈冠〉:凡初寇〈冠〉,必以五月庚午,吉。凡製車及寇〈冠〉□□□□□申}。

孔·日395·32:{酉不可寇〈冠〉}。按,孔·日195·2"及冠必燔亡"的"冠"字作:,不誤。

EPT51·112·L3·2:{蘭冠各一完}。EPT65·39·11:{詣府東門免冠叩頭}。按,整理者直接釋為"冠"而無解說。從字形看,當爲"寇"字。此字與EPT68·17·8"備寇虜盜賊為職"的"(寇)"字形相同。

古文字中"宀"與"冖"作為構件,構意相近,常混用;"攴"與"寸"作為構件,構意近同,常混用;這可能就是將"冠"寫成"寇"的動因,日乙130·5和EPT65·39·11的"冠"字從"冖"、從"攴"可見端倪。

(二)雙向混同

雙向混同是指兩個形體相近的漢字,常將A寫作B,又常將B寫作A,即兩個字無規律性地互混。需要說明的是,完全地將A寫成B,又將B寫成A,即將兩個字的記詞職能互換,這種情況在我們已考察的秦漢簡帛中還沒有見到。雙向混同常是因為兩字形體接近,而抄手對兩字細微的區別特徵沒有清晰的認識,或沒有充分地辨析文意和分析字形,遂將兩字寫混。

例18:馬肆·十51·17:{如養赤子。赤子驕悍數起}。

按,整理者依據文意直接釋為"赤"。此字與馬肆·十54·9"亦傷(傷)悲戋(哉)"的"(亦)"和圖58·83·19的"(亦)"字形相同。

有時"赤"作為構件也會省寫成"亦",馬叁·戰40·29"而王以赦臣"的"赦"作:;馬壹·老甲297·倒1"有小罪而赦之"的"赦"作:;馬壹·老甲298"有小罪而弗赦"的"赦"作:;銀·孫173·1的"赦"作:;馬壹·甲老36·12的"螫"作:,都將構件"赤"省寫為"亦"。

有時"亦"會錯寫為"赤"。馬叁·戰317·17:{則使臣赤(亦)敢請其日以復於□君乎}。將"亦"錯寫成"赤"的情況較為少見,因為抄手追求書寫簡便快捷的心理是成批混寫出現的主要心理機制。

例19:馬叁·戰31·31:{王信田代〈伐〉繰去[疾]之言功(攻)齊}。按,將“伐”錯寫作“代”。

孔·日·325·12：{去室而代〈伐〉}。按,329·18“北去而伐”的“伐”作：,下文多次出現“去室而伐”,“去家而伐”等,都用“伐”字;325·12應是偶然失誤。

EPT53·30·7：{十月乙亥所留伐胡隊長衆九月錢六百八十長}。按,從字形看,這是“代”字,整理者直接釋為“伐”,不當。從文義看,當用“伐”,他簡亦作“伐胡”。“代”是“伐”的訛別字,當釋為“代”,後用尖括號注出“伐”。

武·甲有11·50：{代脇一}。甲司校記十一：“代,它簡皆作伐,今本皆作代。”按,從文意看,當以“伐”為正字。這裡的“代”是“伐”的訛別字。它簡作“伐”者,不誤。武·甲少9·35：{伐脅一}。武·甲少10·23：{伐脅一}。武·甲少17·3：{伐脅一}。武·甲有10·47：{伐脇一}。甲司校記十：“伐,今本作代,《少牢》篇亦作伐,今本作代者誤。”

睡·日甲68背·貳·3：{是遽鬼執人以自伐〈代〉也}。按,“自伐”於義難通,“伐”應當是“代”的形近訛字。

馬壹·老甲81·11：,81·17：,81·23：{夫伐〈代〉司殺者殺,是伐〈代〉大匠斲也。夫伐〈代〉大匠斲者,則[希]不傷其手矣}。按,“代”與“伐”字形相近,“伐”又與“殺”、“斲”意義相近,遂將“代”錯寫成“伐”。

戰國楚簡中已出現將“代”寫成“伐”的：包山文書61號簡“不行代昜(陽)○(厩)尹郙之人○○(戟)於長○(沙)公之軍”的“代”作：(從字形看,實為“伐”字)。而信陽長臺觀2號墓1組6號簡“民○(則)夜皆三代之子孫”的“代”作：,不誤。①

秦漢簡帛中時有將“代”錯寫成“伐”和將“伐”錯寫成“代”的情況,兩者字形相近是寫混的主要原因。

例20：張·律461·30：{和〈私〉府鹽(監)}。張·律464·30：{和〈私〉府長}。張·律467·26：{和〈私〉官長}。

武·甲有57·60：{遂及私人}。武·甲有58·38：{及羞庶羞于賓兄

① 此楚文字形及辭例引自香港大學中文系和武漢大學簡帛研究中心製作的楚系文字字形·辭例數據庫。

弟內賓及私人}。武·甲有76·11:{乃羞于賓兄弟內賓私人}。武·乙服8·61的"私"作:。

按,《説文·禾部》:"私,禾也。从禾,厶聲。"歷代的"私"都從"厶":(説文·禾部)、(馬壹·老甲後263)、(銀·臏317)、(馬叁·縱115)、(校官碑)。以上諸例,從字形看,都當為"和";就文意而言,正字當爲"私";即都將"私"錯寫為形近的"和"。張家山漢墓竹簡的整理者先釋為"和",再讀為"私",做法可取。武威漢簡的整理者依據文意直接釋為"私",做法可商。另,武·甲有60·32"皆遂及私人"的"私"作:,武·甲有75·55的"私"作:,皆不誤。

張·律405·18:{燔燓而次燓弗私〈和〉}。其後註釋:"和,響應。"

馬壹·老乙103下·5:{寺(待)其來[事]之遂刑(形)而私〈和〉焉}。

按,歷代的"和"都從"口":(史孔盉)、(陳賄簋)、(古鉢)、(説文·口部)、(馬肆·五235)、(馬壹·老甲後173)。上兩例都將"和"錯寫成"私"。

因"私"與"和"形體相近,書寫者常常寫混。

例21:武醫70·16:{甘逐二分}。其後註釋:"'甘逐'即'甘遂'。"武醫68·14:{思至足下,傷膿出逐服之}。其後註釋:"'逐'為'遂'之訛。"按,根據文意,這兩處都當用"遂"字。"逐"是"遂"的訛別字。

張·律338·35:{令毋敢遂(逐)夫父母及入贅}。按,"逐"和"遂"讀音不相近(逐屬定紐覺部,遂屬邪紐物部),不是通假關係;字形相近,應是正訛關係;圓括號當改為尖括號。

馬壹·老乙63下·5:{外內遂靜(爭)}。其後註釋:"遂,疑是逐字。帛書《周易》逐字常寫作遂。"按,當用尖括號註出正字"逐"。另外,原釋為"靜"的字本從"言"作:,當釋為"諍"。

銀·六683·11:{天下如遂〈逐〉野鹿}。其後註釋:"宋本作'取天下者若逐野獸。'簡本此句句首脫'取'字,'遂'為'逐'之誤字。"按,683號簡左部殘去,致使這隻簡上的字左邊的構件殘缺,從殘劃來看,原釋文的觀點可依。

武醫6·4:{治傷寒遂〈逐〉風方}。其後註釋:"簡文中,'遂'為'逐'之訛,謂驅風散寒之意。”按,“遂風”義不通,應為“逐風”。“遂”與“逐”形近而訛。

“豕”與“豙”意義相近,在做合體字構件時常常混用;但“遂”和“逐”依靠構件“豙”和“豕”相區別,若混用就引起歧義了。

以上諸例,例(18)將“赤”錯寫為“亦”,主要是由於簡寫導致,且“赤”作為合體字構件時也省寫作“亦”,因此可以稱為混同。例(19)、(20)、(21)就其中的單個字例而言,都是訛別字,因出現頻率較高,也可稱為訛混或混訛,這種寫訛情況的出現主要是受字形相近的影響。而下面這一例除了字形因素,還受上下文影響,更應看作訛別字。

例22:武・甲燕2・22:{尊出旅食于門西}。甲燕校記二:“出,今本作士,簡出字作,與士字形近易混。”武・甲燕3・25:{出立于西方,東面北上}。甲燕校記三:“出立,今本作士立;簡文出、士易混。”

武・甲燕45・37:{遂士卿大夫皆出}。甲燕校記四十五:“遂士,今本作遂出,簡文士、出二字形似易混。”

按,武・甲燕45・42“皆出”的“出”作:,上面的兩彎筆寫得稍平,與“士”的字形十分接近,甲燕45・37則進一步訛為“士”。“出”和“士”寫混的情況在武威漢簡中並不普遍,就上例而言,在書寫者的漢字體系和漢字認知中,“出”和“士”是有區別的,訛別字的出現具有偶然性,且很大程度上受了上下文其他詞語的影響。甲燕2・22和甲燕3・25將“士”錯寫為“出”恐是因為下文出現表示動作行為的“旅食”、“立”和表示方位的“于門西”、“于西方”,錯以為“旅食”、“立”前的這個字應是表示出來、出去的動詞“出”。甲燕45・37將“出”錯寫為“士”,恐是因為“士”與下文出現的詞語“卿大夫”同表官職且經常同時出現。除整理者分析的“簡文士、出二字形似易混”外,書寫者誤解文意是將字形寫錯的另一個動因。

總之,两个字字形不同,具有相区别的区别特征;但形体相近,字形差别细微,在书写过程中,因所据抄写的底本不清或抄手在抄写时忽略了字形与文义的匹配或抄手沒有注意到還有另外一个与此字形体相近的字,而常將兩字寫混。

下面這種情況应是偶然寫別,可稱為訛別字。

例23:馬壹・老甲80・11:{若民恒是〈畏〉死,則而為者吾將得而殺之}。

按,此字與馬壹·老甲83·16“是以輕死”的“(是)”字形相同,帛書書寫者將“畏”錯寫成“是”。在這批帛書中,“畏”和“是”的主要區別在於上面構件從“田”和從“日”的不同。馬壹·老甲81·2“若民[恒且]必畏死”的“畏”作:,馬壹·老甲124·18的“畏”作:,馬壹·老甲193·2的“畏”作:。而馬壹·老甲227·21:{是之胃(謂)蜀(獨)},馬壹·老甲371·15:{是故},則將“是”錯寫成“畏”。

混同和訛混及偶然寫別應該做出區分,混同是因書寫簡便或書寫草率而致,通常是書寫者有意為之;訛混是書寫者因錯誤的漢字認知或錯誤的理解文意而成批地將字寫錯。偶然寫別是書寫者認識到兩字字形上的差别,卻因誤解文意或不審字形而不經意間寫別。訛混和偶然寫別主要區別是出現的頻率不同,都應看作訛別字。

(三)中間混同

A和B是兩個原本有區別的形近的字,書寫者在書寫過程中沒有突顯兩者的區別特徵,寫成既似A又非A、既似B又非B的界於兩字之間的一個字形。這種情況多是受字形自身特徵、書寫速度、所據底本、書手水平(是否具有字形區別意識)等因素影響而產生的。

例24:睡·日甲32正·17:{既美且長}。睡·日甲34正·43:{美惡自成}。張·律459·33:{美陽}。馬壹·老甲95·7:{天下皆知美為美,惡已}。

按,《說文·羊部》:“美,甘也。從羊,從大。”其古文字形作:(前1·292)、(中山王壺)、(說文·羊部)、(馬壹·老乙前43下)。《說文·羊部》:“羔,羊子也。從羊,照省聲。”有學者認為“羔”是從羊、從火的會意字。其古文字形作:(昫伯簋)、(古鉢)、(說文·羊部)。我們要討論的字形下部構件“大”中的兩點與豎筆分離,有些像“火”字;但這兩點又與構件“羊”最下面的横筆相接,這又與“羔”字不同。所以整字是介於“美”和“羔”之間的過渡字形,可依據文意直接釋為“美”。

例25:武·甲燕4·31:{公曰:命東為賓}。甲燕校記四:“東,今本作某,簡文東、某形近,簡誤寫。"

按,武·甲少2·9"以其肥肥某是"的"某"作:,是"某"字在這批簡中較為標準的寫法;武·甲少1·58"主人曰孝孫某來"的"某"作:,與"東"形體相近;甲燕4·31則進一步寫訛。武·甲少1·30"主人朝服西面于門東"的"東"作:。將這四個字形作細緻比較可知,甲少1·58和甲燕4·31是介於"某"和"東"之間寫訛程度不同的過渡字形。甲燕4·31可依據文意直接釋為"某"。

例26:馬叁·春62·5:{[吳]人會諸侯,衔〈衞〉君[後]}。馬叁·春62·19:{語及衔〈衞〉故}。馬叁·春63·8:{衔〈衞〉君[之來]}。馬叁·春64·倒4:{且會諸[侯]而止衔〈衞〉君}。馬叁·戰146·17:{盡故宋,而衔〈衞〉效蠉(蟬)尤}。馬叁·戰192·2:{以衔〈衞〉王宮}。

按,《說文·行部》:"衛,將衞也(段玉裁改為"將衛也")。從行,率聲。"老子甲後459·4的"衔"作:,馬叁·戰202·15的"衔"作:。《說文·行部》:"衞,宿衞也。从韋、帀,从行。行,列衞也。"睡虎地簡·秦196·3的"衞"作:。《熹·春秋·僖廿六年》的"衞"作:。《正字通·行部》:"衛,同衞,俗省。"將我們要討論的六個字形與"衔"和"衞"的古文字形作比較可以看出,《春秋事語》中的四個字形中間構件的上部與"衔"字所從相同,中間構件的下部與熹平石經上的"衞"字所從相同,是介於"衔"和"衞"之間的一個字形;馬叁·戰146·17和馬叁·戰192·2中間構件的下部與"衔"所從相同,中間構件的上部既不似"衞"又不似"衔";這六個字形是非"衞"非"衔"的過渡字形,其中間的構件稍有變形,可依據文意直接認同為"衞"字。這種變化也發生在"韓"字上,例如,馬叁·戰261·13的"韓"作:。另,馬叁·戰169·7:{以衔〈衞〉大粱(梁)}。從字形看,該字是"衔"字,在這裡是"衞"的訛別字。

例27:銀·守845·4:{庫上帀}。其後註釋:"庫上帀,義不可通。戰國文字中,'工師'多作'工帀'。疑《庫法》為戰國時期作品,漢代人誤將'工帀',抄成'上帀'。庫工師為管理庫所屬工徒的官吏。"

按,此字與銀·守849·3"工必進"的"工":字形十分接近。"上"的古文字演進脈絡十分清晰:(甲1164)、(牆盤)、(蔡侯盤)、(三體石經·君奭)、(說文·上部古文)、(說文或體)、(熹·易·乾);"工"的古文字演進脈絡也十分清晰:(粹 137)、(虢季子白盤)、(中山王鼎)、(說文 · 工部)、(銀 · 孫 19)。篆、隸階段“上”和“工”的區別特徵十分明顯,但在書寫過程中,書寫“上”時豎筆向上未超過上面的橫劃,例如馬壹 · 老甲 81 · 倒 4 的“上”:、馬壹 · 老甲 1 · 倒 3 的“上”:;書寫“工”時第一橫筆向左未超過豎劃,比如我們要討論的字形(守 845 · 4);這樣“上”和“工”的區別特徵就模糊了。將守 845 · 4 釋為“上”亦不甚準確(其豎筆未超過第一橫筆),可依據文意直接認同為“工”。

例 28:武 · 甲特 13 · 2:{先入}。武 · 甲特 13 · 4:{主人從西南于戶內}。甲特校記 · 十三:“入,寫作人,簡文人、入相混。”按,就這兩個字來說,“入”字向右的筆劃平拖;“人”字向右的筆劃為捺;兩者似乎在筆勢上存在不同;但甲本特牲第 14 號簡“宗人執樿先入”的“人”作:(武 · 甲特 14 · 8),“入”作:(武 · 甲特 14 · 12),就很難找到兩者的不同了。連細微的區別特徵都沒有得到體現,兩字就混而無別了。這對於書寫者來說是想寫正字,對於識別者來說,依靠文意可以識讀,所以整理者依據文意直接釋為相應正字的做法是可取的。

武 · 甲燕 30 · 18:、19:{主人立于縣中}。甲燕校記三十:“主人,今本作笙入;簡文笙作生,人、入不分,形近而譌。”按,此句今本的上下文作:“卒,笙入,立於縣中。奏《南陔》、《白華》、《華黍》。”可見從文意講,當用“笙入”二字。甲燕 30 · 18 的字形原不清晰,可能本來就是“笙”字,這裡姑且依從原釋文及註釋的說法。在這批簡中“人”和“入”混而難分,甲燕 30 · 19 可依文意直接釋為正字“入”。

趙師指出“隸變階段中通假字的急劇增多和單字的大量混同,使人們閱讀時常常容易碰到疑點和難點,造成閱讀上的停頓,影響了閱讀的速度。”①正因為如此,就簡帛用字來說,混同是短暫的、個別的現象,即便是在同一時期的簡帛中區別特徵模糊的字形也只是少數,多數字形是能體現自己的區別特徵的。

例如《睡虎地秦墓竹簡》、《張家山漢墓竹簡》、《馬王堆漢墓帛書[叁]》和

---

① 趙平安:《隸變對漢字的影響——以實例闡析漢字重要轉變期之現象》,載《新出簡帛與古文字古文獻研究》,商務印書館 2009 年版,第 224 頁。

《馬王堆漢墓帛書[肆]》的整理者就試圖將“人”和“入”做出區分。

睡・日乙189・10:{人〈入〉水中及谷,得也}。張・律518・27:{任徒治園者出人(入)扜〈扞〉關}。馬叁・春90・6:{今[召]而公子侑俱人〈入〉}。馬肆・十81・14:{亓(其)人〈入〉中散溜,(其)人〈入〉理也徹而周}。馬肆・十83・1:{夫春賍寫人人以韭者}。其後註釋:“此句疑應讀為‘夫春沃瀉人入以韭者’。”馬肆・十91・13:{夫食氣譖(潛)人〈入〉而黟〈默〉移}。

從兩字發展演變源流上看,“人”的古文字字形:(後上17・7)、(鐵191・1)、(令簋)、(散盤)、(說文・人部);“入”的古文字字形:(前4・29・5)、(拾4・15)、(古伯尊)、(盂鼎)、(侯馬盟書)、(說文・入部);可見古文字階段的“人”是個象形字,像側立的人形;“入”字左右筆劃基本對稱;篆隸之交的“人”和“入”區別特徵也很明顯,例如放・甲日20・20、21“入人奴妾”的“入”和“人”分別作:、。現代漢字中“人”和“入”的區別是在隸書成熟時漸漸定型的:(《禮器碑側》中的“人”)、(《熹・春秋・僖廿八年》中的“入”)。

在《張家山漢墓竹簡》中兩字的主要區別是:“入”左右的筆劃基本等長、對稱,張・律429・27“輒入錢缿中”的“入”作:,張・律429・47“入錢縣道官”的“入”作:,張・律434・15“皆入以為隸臣妾”的“入”作:,都是“入”字在當時通行的寫法;“人”字向左的撇筆短而彎,張・律430・51“不智(知)何人”的“人”作:,這是“人”字當時通行的寫法。所以張・律433・34:{入死、傷縣官,賈(價)以減償}。從字形分析,當為“人”字;就文意而言,正字當爲“入”;按照此書體例,應先楷定為“人”,後用尖括號注出“入”。張・律429・20:{封以令、丞印而入,與參辨券之}。按,從字形分析,當為“人”字;就文意而言,原釋為“入”,於文義難通,當釋為“人”,在“而”前斷句,即該句釋文當爲“封以令、丞印,而人與參辨券之”。

利用這個標準重新檢查上面整理者的判定,春90・6、十81・14、十91・13的處理方式恰當;張・律518・27、十83・1的待考字介於“入”和“人”之間,似“入”又似“人”,可依據文意直接釋為“入”。

睡・日乙189・10的區別特徵模糊,但與“夫共中(仲)鄢(圉)人驟旅其扶〈抶〉以犯尚民之衆”的“(人)”相比較,似也可直接釋為“入”。另,這批竹簡中“人”和“入”作為構件不相混淆,睡・律14・6的“冗”作:,睡・律50・37的“冗”作:,睡・律54・9的“冗”作:,冗從人。睡・律20・30的“內”作:,內從入。

對於形體十分接近的兩個(或幾個)漢字,要將它們放到各自的演進序列中,仔細推勘它們在同一批簡帛或同一時期不同簡帛中的區別特徵,以求得出較為可信的結論。

張・律483・34:{史、人〈卜〉屬郡者,亦以從事}。張・律481・16:{史、人〈卜〉不足,乃除佐}。《校讀記》①提出:“‘史、人〈卜〉不足’之‘人’可直接釋為‘卜’”。

按,張・律481・10“太卜官之”的“卜”作:,張・律481・12的“卜”作:,這兩個字形代表了“卜”字這一時期的標準寫法。張・律474・2“史、卜子年十七歲學”的“卜”作:,雖然此字左邊的豎筆稍彎,但向右的橫筆較平,所以整理者直接楷定為“卜”的做法可取。律481・16與此相比,右邊的横筆稍稍向下傾斜,而律483・34左邊的豎筆更彎,右邊的横筆更加下傾。張・律481・16和張・律483・34是介於“卜”和“人”之間的訛誤程度不同的過渡字形(律481・16更接近“卜”的寫法,律483・34較接近“人”的寫法)。

“卜”、“人”、“入”自古以來就是形近字,但它們在各個時期都是不同的字,他們的形體本身具有各自的區別特徵,偶爾將它們寫混並不是因為它們可以混用,而是因為它們的區別特徵比較細微;若抄寫者沒有特別留意形近字之間的差別,因不留神而寫得不夠標準,就產生了過渡字形;若抄寫者不審文義,而有傾向性地將A錯寫成B,則產生了訛別字。

總之,幾個字形之間存在區別特徵,但區別甚微,容易相混,中間有似A又似B難以分辨的過渡字形。對於中間區別性特徵模糊的字形,不能利用筆程追溯法做出判斷的,依據辭例和语境做出考釋,也是一種不得已而為之的行之有效的方法。

---

① 張家山漢簡研讀班:《張家山漢簡〈二年律令〉校讀記》,文物出版社,第224頁。

對於處於中間過渡階段的字形,我們主要依據文意作出楷定;對於處於兩端區別特徵明顯的字形,我們應該忠實于原簡帛字形作出考釋。例如:

例29:馬壹·老甲136·4:{曲則金(全)}。按,此字與馬壹·老乙237下·22的"(全)"字形相近,與馬叁·春83·19的"(全)"字形基本相同。

《說文·入部》:"仝,完也。從入,從工。全,篆文仝從玉。""全"的古文字形作:(說文古文)、(說文·入部)、(說文或體)、(定縣竹簡87);"金"的古文字形作:(矢令彝)、(師寰簋)、(鄂君舟節)、(說文·金部)。兩字在古文字階段區別特徵明顯;秦漢簡帛文字中兩字主要依靠"𠆢"下橫劃的數量和形態相區別。上面三個字與"全"和"金"的通行字形相比較,很難說究竟是"全"字還是"金"字,我們主張不看作訛字,而依據文意直接認同為"全"。

睡·日乙58·7:{歲善而柀不全}。馬壹·老甲138·4:{誠金(全)歸之}。孔·日369·10:{[不]全於中}。按,以上三個字形"𠆢"下的構件有五個橫劃,都當為"金"字。其中老甲138·4與《說文》所收"金"的小篆字形相同;從文義看,都當讀為"全";"全"和"金"的讀音不相近,不是通假關係,而是正訛關係;馬壹·老甲138·4釋文中的圓括號當改為尖括號。日乙58·7和日369·10都當先釋為"金",後加尖括號,注出正字"全"。

馬壹·老乙120下·6:{上拴之天,下施之四海}。其後註釋:"拴,疑讀為纘,繼也。"按,從字形看,此字右邊的構件為"金",不為"全","金"與"全"小篆以後在字形上的主要區別是"金"字上從"今"聲,而我們要討論的老子乙本第120行下第6字右邊構件的上部明顯是"今",整字當為"捡"。《說文·手部》:"捡,急持衣裣也。從手,金聲。""捡"後來寫作"擒",它表急持、捉拿的意義正合文義。第120行下的這句話應釋為:"上捡之天,下施之四海。"即上持之天,下施之四海。意為:向上適用于上天,向下通行於天下。《漢語大字典》在"捡"的字頭下收錄了老乙120下·6的這個字形,是正確的。總之,原字當釋為"捡","捡"即為正字。

我們以錯別字為研究對象,字形是我們研究的本體,應仔細審查字形,認真區別形近字。對於形近的字,如果存在區別特徵,即使很細微,我們也要儘量將之區别開而不能一概以“混同”論之。

（四）小結

我們按照文字在簡帛中實際行用的情況，將混同分為三類。還有的字例比較複雜，既相互寫混，又存在中間的過渡字形，而在大多數情況下則用為正字。

例30：睡·日乙22·壹·9：{利以小然〈祭〉，吉}。按，從文例看，上下文多次出現“祭”字，表示某日可不可以祭祀，此處也當以“祭”读之。睡·日乙20·壹·8的“祭”作：；而日乙22·壹·9的這個字顯然是“然”字。

武·甲燕42·49：{公卒爵祭后飲}。甲燕校記四十二：“祭后，今本作然後，祭或是誤寫。”按，此處將“然”錯寫成形近的“祭”。

馬壹·老甲33·7：{子孫以祭祀[不絕]}。其後註釋：“祭字上部誤從肰，與然字形近相混，帛書中或作然字用，以下按文意分釋，不再註明。”按，註釋的觀點可依馬壹·老甲28·14“夫莫之时（爵）而恒自然也”的“然”作：，與上讀為“祭”的字形相同，從肰（與然字所從相同）從示（與祭字所從相同），是將“然”和“祭”雜糅之後的寫法。

將一個字形訛混成另一個字形常常有一個過程，我們按照從正到訛的順序排出一個序列，兩字何以相混便一目了然。

例31：武·甲燕31·59：、61：{告于樂正曰正}。甲燕校記三十一：“簡文‘正’字形似‘乏’，故《説文》乏下引《春秋傳》曰：‘反正為乏’。下簡樂正之正作乏，司正之正作正。”校記所説的“下簡”，即武·甲燕32·4：{樂正}，武·甲燕35·25：{司正}。

《居延新簡》中的“正”字也寫得與“乏”字字形接近，我們可以將兩書中出現的“正”字按照由正到訛排成一個序列，從而窺見其寫訛過程。

A. {武·甲燕32·29：司正}，B. {武·甲燕32·37：司正}，C. （EPT43·119B），D.  （EPT8·1A·24：謹移正月盡三月吏奉賦名籍一編敢言之），E. （武·甲燕35·25），F. （武·甲燕31·61），G. （武·甲燕31·59），H. （武·甲燕32·4）。

前兩個字形（A、B）是“正”字比較標準的寫法；第三、四個字形（C、D）的下部與“乏”字下部相似，但上部第一筆還是從左向右的一横筆，是爲了書寫迅速而將“正”的下部連筆，是草寫的“正”；第五、六個字形（E、F）的第一筆已經與

“乏”沒有區別,寫作從右向左的一撇筆,這時主要以中間的短豎與“乏”相區別(“乏”的中間是一點);第七、八個字形(G、H)已與 EPT20・31・L2・7 的“(乏)”字形相同,錯寫成“乏”字。

趙師指出:“古漢字中的某些形近字,在隸變中形體發生變化,導致了字形混同。寫字的人於是對混同的某一方進行處理,使其具有明顯的個性特徵。”① 因此形體相近的兩個字在不同的時代或不同的簡帛或不同的抄手那裡會有不同的區別特徵。

例 32:馬壹・老甲 225・7 的“與”作:。馬肆・十 45・6 的“興”作:。“與”和“興”以兩字上部中間的構件相區別。

馬壹・老甲 287・18:(下有重文符號),287・25:{有德而國家與〈興〉。國家與〈興〉者,言天下之與〈興〉仁義也}。按,此兩字的區別特徵稍模糊(尤其是 287・25),整理者將此兩字釋為“與”,讀為“興”,可從。

武威漢簡的抄寫者將“與”字寫作:(武・甲燕 18・9);在這種字形的下面加“口”,寫作:(武・甲泰 97・37),作為“興”的文字符號。兩者具有了新的明顯的區別特徵。

例 33:武・甲少 3・35:{吉,則史櫝筮,史兼執筮與卦以告于主人}。甲少校記三:“簡文吉、告不分。”

按,“吉”的古文字字形作:(前 5・16・2)、(𢿱簋)、(毛公鼎)、(說文・口部)、(馬壹・老乙 247 上・6);“告”的古文字字形作:(前 4・29・5)、(五祀衛鼎)、(三體石經多士)、(說文・告部)、(馬叁・縱 16・19)。兩者主要以上部構件的不同特徵相區別:第一,字形最上邊的横筆,“吉”一筆寫成,“告”一左一右兩筆寫成;第二,“吉”的豎筆與第二横筆相接,“告”的豎筆與第二横筆相交。《武威漢簡》中“吉”和“告”的第一個區別特徵模糊,主要依靠第二個區別特徵相區別,武・甲少 3・47“告于主人”的“告”作:,豎筆穿過第二道横筆;而武・甲少 3・35 的“吉”豎筆向下不出頭,再如武・甲少 4・

① 趙平安:《隸變對漢字的影響——以實例闡析漢字重要轉變期之現象》,《新出簡帛與古文字古文獻研究》,商務印書館 2009 年,第 224 頁。

5的“吉”作:,武·甲少5·5的“吉”作:,武·甲服8·6的“吉”作:,武·甲服60·6的“吉”作:,武·甲服60·11的“吉”作:。《居延新簡》中的“吉”也是如此:(EPT59·9A·12:詔有驪欣嘉詳吉事)。總之《武威漢簡》中的“吉”和“告”區別特徵有了變化,但并沒有混而不分。

總之,我們將要討論的字形放到漢字演進序列中作具體分析。形體相近的兩個或多個字在不同時代或不同文字資料或不同抄手筆下會以不同的區別特徵相區別。

還有一些字例不曾相混,只是區別特徵細微,需要我們詳細梳理兩字的發展脈絡,仔細分析待考字形,做出判斷。

例34:張·引23·19:{屈前厀(膝),倍〈信〉後}。

按,整理者將此字楷定為“倍”,然後注出正字“信”。細察原簡文字形,本當為“信”字,不是訛別字。《說文·言部》:“信,誠也。從人從言,會意。”“信”的古文字形作:(辟大夫虎符)、(說文·言部)、(睡·為7·7)、(滿城漢墓玉印)、(銀·孫84)。《說文·人部》:“倍,反也。从人,咅聲。”“倍”的古文字形作:(詛楚文)、(說文·人部)、(銀·孫65)、(馬壹·老乙前64下)。“信”和“倍”的不同表現在它們的構件“言”和“咅”上,“言”的古文字形作:(京津3561)、(伯矩鼎)、(說文·言部)、(睡·封10);“咅”的古文字形作:(說文·丶部)、(睡虎地簡50·91);兩者的區別特徵是:“咅”字中間豎筆兩側的撇和捺筆勢向下;“言”字中間豎筆兩側的橫划向上彎,隸變後變作一橫。這一區別特徵被張家山漢墓竹簡的抄手嚴格遵從,張·引21·18“参倍者”的“倍”作:,右邊構件中“口”上的筆劃是一撇一捺,筆勢向下;張·算64·35“計”作:,其構件“言”中“口”上為一橫筆;張·引39·5“信(伸)左足股”的“信”作:,張·引47·22“信(伸)右足”的“信”作:,張·引7·23“臥信(伸)必有跖(正)也”的“信”作:,張·引80·19的“信”作:,其右邊構件中“口”上都是一橫筆;我們要討論的字形(張·引23·19)與上四個“信”字形相同,故可直接釋為“信”。

另外,張·引100·35:{信(伸)倍以利肩綸(錦)}。其前一字(引100·

34)為:，整理者將此兩字釋為“信(伸)倍”，誤。應該釋為“引信(伸)”。

在張家山漢簡中“倍”和“信”並未混同，抄手賦予了它們符合漢字演進規律的區別特徵，需要我們仔細辨別。

例 35:關・周・T38・315・18:、27:{取東〈柬〉灰一升，漬之。沶(和)稾(藁)本東〈柬〉灰中}。

其後註釋:“‘東’，為‘柬’之訛字，三七五號簡上有‘柬灰一斗’。‘柬’，讀作‘欄’，《考工記・㡉氏》‘湅帛以欄為灰，渥淳其帛’，注:‘渥以欄木之灰，漸釋其帛也。’”

按，註釋中提到的 375 號簡“取柬灰一斗”的“柬”作:；我們要討論的字形(315・18 和 315・27)與此字形體相同，不是“東”字。《說文・東部》:“東，動也。從木。官溥說，從日在木中。”《漢語大字典》認為:“甲骨文象實物囊中括其兩端之形，為‘橐’的初文。後世借為‘東西’、‘東方’之東。”兩本字書對“東”的本義的認識有所不同。考察“東”的古文字字形:(前七・四〇・二)、(𢾊鐘)、(說文・東部)、(馬肆・陰甲 8)、(熹・儀禮・有司)，其中間的“口”內為一橫筆。考察“柬”的古文字字形:(王來奠新邑鼎)、(令狐君壺)、(江陵楚簡)、(說文・東部)，《說文・東部》:“柬，分別簡之也。從東，從八。八，分別也。”其字形中間的“口”內為一小撇一小捺兩筆。細察我們要討論的字形，其中間的“口”內也是兩筆，所以應直接釋為“柬”而不應看作訛字。總之，我們需要在弄清兩者區別特徵的基礎上，仔細分析待考字形，做出判斷。

總而言之，就混同的性質而言，前兩種混同(單向混同、雙向混同)的性質接近訛別字，後一種混同(中間混同)的性質接近訛錯字。就混同出現的範圍而言，有的是在不同時期的多種簡帛資料中混用，有的是在同一時期的多種簡帛資料中混用，有的是在一種簡帛資料中混用，有的是在某一抄手筆下混用。就混同的程度而言，有全部混同，即在一定範圍內所有字例都發生混同；有部分混同，即有時寫混，有時寫正字。

三、訛別字與同形字①

同形字又叫異字同形,指兩個字共用一個字形。有的是在造字之初構件相同、結構方式相同、所取造意不同,從而造成兩字(或多字)同形;有的是同源分化,新詞已經產生卻還使用舊有字形記錄,造成兩字(或多字)同形;有的是因漢字發展演變過程中發生了簡化、繁化、訛變、書體改變等,造成兩字(或多字)同形。異字同形具有普遍性,即在某個時期或某個地域任何場合都這麼用,且只能這麼用;具有合法性,即为社會公眾所認可,這個字形對於這兩個词來說都是正字;具有分化性,即常通過增加區別性筆劃或改變筆劃結構創造新的字形來記錄其中一個詞,從而使異字同形變為異字異形。

俗寫會造成同形。

例 36:YM6・D22 反・2:[illegible]{叩頭叩頭}。

按,整理者依據語境和語義,將之直接釋為"叩"。"卩"的甲骨文字形作:[illegible](乙 9077)、[illegible](甲 2491),是跪坐著的人形,叩頭的叩以"卩"作義符,是個會意字。而我們要討論的字形由"口"和"阝"兩個構件構成,居右的"阝"即"邑"字,《說文・邑部》:"邑,國也。"從"邑"的字,其字義常常與城邑有關。《說文・邑部》:"邜,京兆藍田鄉。從邑,口聲。"段玉裁注:"邜者,鄉名。今人叩擊字從卩,不當作邜。"王筠句讀:"《百石卒史碑》:叩頭字屢見,知初本借邜,後乃作叩耳。"《漢語大字典》認為從卩者(叩),音扣;從阝者(邜),音口。《漢語大字典》在"叩"的字頭下列了三個古文字字形:[illegible](居延簡甲 132)、[illegible](孔龢碑)、[illegible](曹操宗族墓碑);其中後兩個即從"阝"。YM6・D22 反・2 可以看作"叩"的俗體字,因為:第一,此枚木牘屬於"名謁"類(木牘 14 ~ 23 都屬此類),此類木牘用工整的隸書書寫②,極少見訛字。第二,碑刻上也用此字形,說明它在一定範圍內得

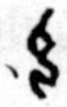

① 本書僅就訛別字與文字混同和同形字存在的交叉現象略作舉例,而對文字混同和同形字之間在外延上的重合不作闡述。大體上講,混同本質上說是一種不標準不合法的用字現象,雖然它在一定範圍內具有一定的普遍性。而同形字是一個字形承擔了兩個字的記錄職能,它所具有的這兩種職能是得到社會認可的、合法的。

② 也說明隸書是當時社會認可的正規字體,用於嚴肅場合。

到了社會的認可。① 第三，隸書中，“邑”作為合體字的構件寫作“阝”的情況尚不穩定，人們把“阝”和“卩”作為兩個構件在合體字中使用時，並不考慮他們的本義和字源，因為兩者在形體上只有細微的差別，所以常互混使用。② 第四，信末“頓首”、“叩頭”等客套話，古人常常草寫、俗寫，當書寫者將“𨚫”字寫上木牘的時候，書寫者和看書人都不覺得“叩”字這麼寫不妥當，既然當時人不把它看作錯別字，我們也就不把它當做訛字處理。總之，“叩”的俗體字(𨚫)與表鄉名的“(隸變後的寫法作:𨚫)”構成同形關係。

簡帛文字中的同形現象多數是由簡寫造成的，即在書寫過程中省去部分筆劃或構件，簡省之後的字形恰與另一漢字形體相同。例如：

例37：銀・孫35c・2：、孫35d・7：{勝兵如以洫(鎰)稱朱(銖)，敗兵如以朱(銖)稱洫(鎰)}。其後註釋[二一]：“勝兵如以洫稱朱，十一家本作‘故勝兵若以鎰稱銖’。漢代文字多以‘洫’為‘鎰’(馬王堆帛書、武威簡本《儀禮》皆如此)。疑此字本從‘皿’從‘水’，乃‘益’字之異體，因與溝洫之‘洫’字形近，遂至混而不分。《莊子・齊物論》：‘以言其老洫也’，《釋文》：‘老洫本亦作溢，同。音逸。’簡文‘洫’(溢)借為‘鎰’。《唐太宗李衛公問對》卷中引此，‘勝兵’上無‘故’字，與簡本合。”註釋[二二]：“敗兵如以朱稱洫，十一家本作‘敗兵若以銖稱鎰’。”

按，此為甲本，乙本的情況與此相同，銀・孫45b・2：，銀・孫45b・11：，其中的“洫”也都是“溢”的簡體，當讀為“鎰”。《馬王堆漢墓帛書・明君》：“今操百洫之璧以居中野。”整理者注：“溢(洫)讀為鎰。”表示二十四兩的鎰的通假字“溢”簡省後的寫法恰與表示“水溝”義的“洫”同形。之所以看作同形關係而不是正訛關係，主要因為：第一，簡寫是該字形產生的動因；第二，該簡體在不同簡帛中多次出現；第三，這種簡省符合漢字筆劃省簡的規律：“溢”字有兩個相同的部件“水”，遂將皿上面的“水”省為一橫；第四，依靠語境可以確定使用的是哪個字，一般不會引起歧義。

---

① 我們推測“叩”在產生不久，用字的人已經不明白其中的造字意圖，而將字寫訛成“𨚫”，後以訛傳訛，這個錯誤的字形於是流傳開來，承擔交際功能，得到社會認可，而符合造字意圖的字形“叩”最終顯示出生命力，傳承下來。

② 義近義通偏旁混用，古人論之甚詳；形近偏旁亦可混用，再如“疒”和“广”等。

例38:馬壹·老甲126·14:{邦家閶(昏)亂}。馬壹·老乙13下·倒3:{黨別者亂}。馬肆·天38·1:{為之槝(喘)息中亂,曰煩}。銀·臏273·31:{罰者,所以正亂}。

按,我們認為上面的字形是“亂”的省體,可以採用認同的楷定方式直接釋為“亂”。理由如下:第一,這個形體在多種簡帛資料中反復出現,《馬王堆一號漢墓·老子乙本及卷前古佚書》中的“亂”字幾乎都作此形,另如:第14行、第20行、第21行、第24行、第26行、第36行、第46行、第55行、第65行、第67行、第72行、第76行、第87行、第90行、第106行、第117行、第120行、第144行、第158行、第220行,等等。《銀雀山漢墓竹簡》中的“亂”也作此形,銀·臏340·13“適(敵)弱以亂”的“亂”作:;銀·六688·18“敗法亂刑”的“亂”作:;銀·守852b·3“故[□]誅暴亂”的“亂”作:;另如銀·守853·15,銀·守914·9,銀·守914·21,銀·守965·24,等等。第二,有簡省程度不同的其他“亂”字可供參照。銀·孫6b·6“亂而取之”的“亂”作:,ESC·2A·9“逆亂者”的“亂”作:,比我們要討論的字形更繁;馬叁·春75·14的“亂”作:,比我們要討論的字形更簡;這兩種字形不存在與其他漢字同形的問題,看作“亂”的省體沒有爭議,而我們要討論的字形介於這兩種字形之間,自然也應該看作“亂”簡省後的寫法。第三,這些字形與馬肆·天54·7“乳堅鼻汗”的“(乳)”形體相同;“亂”的省體與“乳”構成同形關係,同形的兩個字在意義上毫無聯繫,可以依據文意來區別使用的是哪個漢字,記錄的是哪個詞。將上面的字形放到具體語境中,一般不會產生歧義,因此都可以看做“亂”的省體,可直接釋為“亂”。

例39:武醫10·7:{兔糸實滑石各七分}。其後註釋:“‘兔糸實’即‘兔絲子’,漢人多以‘糸’為‘絲’字簡體。”

按,《說文·糸部》:“糸,細絲也。象束絲之形。”《集韻·之韻》:“絲,《說文》:‘蠶所吐也。’或省。”《漢語大字典》指出:“甲骨文‘絲’、‘糸’、‘幺’,原是一字。”後來“絲”和“糸”記錄詞的職能有了分工,但兩者的構意相近,且將“絲”寫作“糸”符合漢字的省簡規律(字中有相同的構件,常將其中一個省掉),因此武醫10·7作為“絲”的簡體與“糸”同形;不將之看作訛別字。

例40:馬壹·老甲121·9:{女〈安〉以重(動)之,余(徐)生}。馬壹·老乙231上·26：■{女〈安〉以重(動)之,徐生}。馬壹·老乙228下·8：■{愛以身為天下,女可以寄天下矣}。其後註釋:"《淮南子·道應》引作'愛以身為天下,焉可以寄天下矣',似女當作安,義猶乃。"

按,《説文·宀部》:"安,静也。从女在宀下。"其古文字形作:■(甲288)、■(睘尊)、■(晉·古幣)、■(説文·宀部)。"安"的古文字還有一種字形於構件"女"下加一點或一豎:■(乙4251反)、■(睘卣)、■(國差繪)、■(晉·古幣)、■(楚·郭·老甲25)、■(西漢·長安銅);有時將構件宀省掉(主要在楚國古文中):■(楚·郭·老甲22)、■(楚·郭·魯4)、■(楚·郭·性38);我們要討論的三個字形很可能是在楚文字形基礎上,進一步省掉"女"下的筆劃而形成的。是因簡寫而造成的與另外一字同形的現象。

簡寫過甚,恰與另一字形相混,是看作訛別字,還是看作簡寫的俗字?要看此種簡寫是否符合漢字簡省的規律;要看此簡寫字形是否與正規字形之間有線索可尋;要看該字形是偶然出現,還是另有他例;要看該字形的社會認同程度;要看該字形給釋讀帶來多大干擾;要將該字放到整個漢字應用的大背景下,全面考察這種字形在整批簡帛、整個時代乃至整個漢語史上的使用情況。

例41:銀·晏563·14:■{以毋伓(偪)川睪(澤)}。其後註釋:"簡文'睪'字形似'貝'字,其實是'睪'之簡寫,借為'澤'。"

按,整理者將此字看作"睪"的簡寫。但是將"睪"簡寫成"貝"不合簡省規律;離開上下文,單獨看晏563·14這個字形,很難將它和"睪"字聯繫在一起;同號簡及前後各簡上的文字均書寫規整,唯獨此字簡省過甚又無草書筆意,不合情理;將"睪"簡寫為"貝"未見他例。"川貝"作為一種中藥藥材,與人們的日常生活聯繫密切,抄寫者恐是受上一字"川"影響而將"睪"錯寫成"貝"。總之,晏563·14當釋為"貝",後用尖括號注出"睪(澤)"。

若只是偶然地省去某個或某幾個構件而造成與它字相混則不應看作同形字。

例42:馬叁·戰284·13:■{對曰}。

按,原考釋者直接釋為"對";實際上,此字從"言",從"寸",是"討"字。馬叁·戰289·倒5的"對"字作:■,兩者明顯不同。戰284·13當楷定為"討",

後用尖括號注出正字“對”。

文字是記録語言的工具,可以被反復使用,字形作為文字的本體應該具有一定的獨立性,而不能過分依賴語境。對於書面文字資料我們通過字形分析其所代表的詞并進一步理解文意,而不能反過來忽略字形只依據文意來判斷使用的是哪個字。所以確定同形字依據必須充分。

四、其他不屬於訛别字的情況

通假字、簡帛文字形體混同、同形字在外延上都與訛别字存在交叉,對具體字例需做具體分析。除此之外,下面四種情況當在研究訛别字時首先剔除。

(一)計算錯誤

文字是記録語言的,語言是表達思想意識的。計算錯誤發生在思維意識層面,而不是將語言外化為文字這一步出了問題,即不是用字或書寫錯誤,不做訛字處理,也不宜使用尖括號註明;在考釋古文字過程中需要加以説明的,應當後加注釋。

《張家山漢墓竹簡·算數書》中,幾乎每段文字都有數字方面的錯誤,如果説都是抄手疏忽抄錯,不太可能。在字形上有聯繫的,比如“七”和“十”、“七”和“一”、“卌”和“卅”等,因形近抄錯的可能性比較大;而有些很可能就是計算失誤,不是單純的書寫問題。

例43:張·算4·7:{乘半,卅〈八〉分尺一也}。其後註釋:“卅,簡文殘損右部,從全字所占位置來看,應是‘卅’,而不當是‘廿’或‘卌’。從上下文判斷,‘卅分尺一也’應是‘八分一也’。”

按,前文是“四分而乘一也,四分一也”,此處“乘半”,正應當是“八分尺一也”。釋文及注釋的説法可從。

例44:張·算26·42:{其术(術)曰:下有少半,以一為六,以半為一〈三〉,以少半為二,並之為廿三,即值(置)一數}。

按,簡文説“一為六”,六的一半是三,而不是一。釋文將“一”改為“三”,可從。

另外,“即值(置)一數”,釋為“一”的字,原簡文字形作:(張·算27·

8）,此字與26・42的“一”不類,而且釋為“一”於義難通。細察字形,當為“人”字(左邊的撇磨滅,但依稀可辨);人指每人;“值”無需讀為“置”。原簡文可釋為“並之為廿三,即值人數”;句意為:合起來為二十三,就是每人應得的數。

例45:張・算48・15:｛曰:二斗三〈五〉升十一分升八〈七〉｝。

按,此字原不清晰,細察圖版,發現其中間原先就有一貫通的豎筆,此豎筆下部模糊且傾斜;右下的豎筆依稀可辨;整字當直接楷定為“五”。該段釋文應為:“曰:二斗五升十一分升八〈七〉。”另,整理者原釋為“八”、讀為“七”的字形作:(張・算48・21),釋文可從。

例46:張・算57・15:｛羽二唉(猴)五錢。今有五十七分矦(猴)卌〈卅〉七,問得幾何? 曰:得一錢百一十四分錢七十一。术(術)曰:二乘五十七為法,以五乘卅七為實,實如法一錢｝。

按,字形右部模糊,據筆劃的分佈和所占的位置看,原釋為“卌”是可信的,據下文“以五乘卅七為實”,確定“卅”為正字。

例47:張・算68・33:｛得曰:七步卅七〈一〉分步廿三而一斗｝。

按,致誤原因難考,可能是計算錯誤;也可能是受“七步”的“七”影響,且“一”與“七”形體相近,遂將“一”錯寫為“七”。

例48:張・算76・40:｛百三錢四百卅[六]分錢九十五〈二〉｝。

例49:張・算84・22:、23:｛減田十〈卅〉一〈五〉步有(又)[一百]九十七分步七十九步而一斗｝。其後註釋:“由題意可知,原計量有誤,現重新計算。”

例50:張・算127・14:｛日得炭四斗十一〈七〉分升二｝。按,下文說“即取十日與七日並為法”,十加七當為十七。

例51:張・算155・8:｛因而四〈三〉之以為實｝。

例52:張・算155・14:｛令五〈四〉而成一[為法]｝。

例53:張・算153・35:｛曰:方七〈十〉寸[一百]五分寸三〈十四〉｝。

例54:張・算154・26:｛四韋(圍)二〈三〉寸廿五分[寸]十四｝。

例55:張・算154・31:、32:｛十四｝。其後註釋:“‘十四’應是‘八’之誤。”

例56:張・算104・21:｛毁(毇)米四分升之一為粟卌八分升之廿五,廿五〈四〉母,五十子｝。

按，此恐是涉前文"廿五"，而將"廿四"訛為"廿五"。依上文計算應為廿四母，五十子。下文另有"粟求糳(毇)廿四之，五十而一"(張・算111)，即粟與毇之比為五十比二十四。

例57：張・算173・4：{步五〈一〉百卌〈廿〉一}。

按，從字形看，為"卌"；從文意看，當用"廿"。該字右邊部分模糊，也可能是"卌"字未寫完，書寫者意識到錯誤，而將右邊涂掉。另，原釋為"五"的字實為"之"字，詳見第一章"緒論"第四節"研究方法"的例3。

（二）義近文通

書寫者所使用的字和釋讀者理想中該用的字是同義或近義關係的，屬於義近換用，不是用字訛誤。也就是說只要以本字本義理解，文意通暢，就不應看作訛別字；有時仔細分析還會發現書寫者所用的字比整理者理想中該用的字更加契合文意。

例58：馬壹・老甲133・21：{中有請(精)吔〈呵〉}。

按，整理者將之楷定為"吔"，在其後用尖括弧注出"呵"，依據此書凡例，表示該字從字形看是"吔"字，但從文意分析，正字當為"呵"，即此處"吔"是"呵"的別字。帛書整理者認為正字當為"呵"，恐是受帛書《老子》乙本的影響，《老子》乙本相應的字句句末使用語氣詞"呵"。

那麼《老子》甲本"中有請(精)吔"，其句末語氣詞"吔"必須讀為"呵"嗎？我們認為"中有請(精)吔"是整個句群的末句①，使用語氣詞"吔"，應該是有意為之，不是疏忽寫錯，書寫者想通過換用語氣詞表示整個句群的終止。"也"作為語氣詞常用在句末表示判斷、陳述等語氣。這裏受"呵"字影響(呵，從口，可聲)，而在"也"字上加"口"。"吔"是為表示肯定且帶感歎的句末語氣詞造的一個專字。帛書《老子》甲本的這段話，句中語氣詞用"呵"，前兩句句末用"呵"，最後一句的句末用"吔"；與之相對應的傳世本《老子》第二十一章句中使用語氣詞"兮"，句末沒有使用語氣詞。帛書《老子》甲本與乙本、通行本相比較，句末使用語氣詞"吔"表達出帶有確認、肯定意味的感歎語氣。

① 該句出現的上下文作："孔德之容，唯道是從。道之物，唯望(恍)唯忽。[忽呵恍]呵，中有象呵。望(恍)呵忽呵，中有物呵。[illegible](幽)呵鳴(冥)呵，中有請(精)吔〈呵〉。其請(精)甚真，其中[有信]。"

"吔"在現代漢語中,主要表示感歎語氣,不再表達句意結束或肯定等語氣意義。例如:哎呀！我的媽吔！剛剛他碰上我們的劉隊長。(《洪湖赤衛隊》第三場)"吔"以它樸實原始的虛靈性表達著說話者的強烈情感。同樣的語境,普通話使用語氣詞"呀":哎呀！我的媽呀！膠州話使用語氣詞"唻":哎呀！我的媽唻！洪湖位於湖北省南部,西南隔長江與湖南省臨湘縣相鄰;帛書《老子》出土于湖南長沙;據此我們推測《洪湖赤衛隊》中語氣詞"吔"的用法當是從漢代口語中的語氣詞"吔"傳承下來的,但其所表達的語氣意義有所虛化。

總之,《老子》甲本原來使用的"吔"即是正字,不是"呵"的訛別字。"吔"字雖然只出現一次,但其用法很具有典型性。馬王堆漢墓出土的帛書《老子》甲本抄寫年代大概在漢高帝時期,即西元前 206 年至西元前 195 年之間,其中出現的語氣詞"吔"未見於字典辭書,反映了漢代口語面貌,是漢代文人為適應當時口語而造的一個俗字。

例 59:馬肆・五 380・31:{以履下靡(磨)抵之}。其後註釋:"抵,疑為抵字之誤。抵,《說文》:'側擊也。'"

按,從字形看,當楷定為"抵"。從文意講,《說文・手部》:"抵,擠也。"《廣雅・釋詁三》:"抵,推也。"因此,"以履下靡(磨)抵之"指用鞋底摩擦擠壓,文意可通,不必讀為"抵"。抵,《說文》:"側擊也。從手,氏聲。"段玉裁注:"'抵'字今多譌作'抵',其音、義皆殊。"《集韻・紙韻》:"抵,《說文》:'側擊也。'或作抵。"則認為"抵"和"抵"形近通用。用鞋底側擊,不甚合事理,"抵"的側擊義實不如"抵"的擠壓義順合文意,故不看作訛別字。

例 60:張・算 62・23:{以廣從〈衺〉相乘為實}。

按,整理者釋為"從",與原簡文字形相符;讀為"衺",有道理可講:廣指寬度,衺指長度,上下文均以"衺"與"廣"相對成文;而縱指豎長,橫指橫長,"縱"一般與"橫"搭配使用。但是,"從"可讀為"縱",縱指南北長度,《集韻・鐘韻》:"從,東西曰橫,南北曰縱。或从糸。"宋陳亮《中興論》:"一縱一橫,或長或短。"廣縱相乘指寬與長相乘,文意可通;從義近換用的角度,我們認為"從"不是訛別字,原文釋為"從",讀為"縱"即可。

例 61:馬肆・天 64・15:{齡(齧)者,身振寒}。其後註釋:"振寒,應為振動之誤。"

按,整理者釋為"寒",與原字形相符;寒指感到冷,《左傳·宣公十二年》:"師人多寒。"《論衡·寒溫》:"人中於寒,飲藥行解。"振寒指寒顫,是因寒冷而發抖的意思,與振動之意相近,不必看作訛別字。

例62:馬肆·陰乙4·36:{揗〈循〉骭骨而上}。

按,就字形而言,整理者楷定為"揗"是正確的;此字與馬壹·老乙前155下·1的"(揗)"字形相同。就字義而言,《說文·彳部》:"循,行順也。從彳,盾聲。"桂馥義證:"行順也者,當為順行。"《字彙·彳部》:"循,順也。沿也。"循的順著、沿著義契合文意。而揗的本義是撫摩,《說文·手部》:"揗,摩也。從手,盾聲。"引申為順著、沿著等意義,《廣雅·釋詁一》:"揗,順也。"《馬王堆漢墓帛書·經法·稱》:"虎狼為孟(猛)可揗,昆弟相居,不能相順。"正用此意。所以陰乙4·36可直接釋為"揗",不必讀為"循",更不能認為"揗"是"循"的訛別字。

例63:YM6簡129·17:{憂皂(懣)嘑〈唬〉呼,毋所告愬(訴)}。

按,整理者楷定為"嘑",後用尖括號注出"唬",表示"嘑"為"唬"的訛別字。《說文·口部》:"嘑,唬也。"《說文·号部》:"號,呼也。或作唬。"據《說文》"嘑"和"唬"可以通用,不应看作正訛关系。實際上,仔細觀察原簡牘字形,我們要討論的YM6簡129·17左邊從"口",右邊從"虎",當爲"唬"字。此句釋文當爲:"憂皂(懣)唬呼,毋所告愬(訴)。"

例64:馬壹·老甲100·3:{潚(淵)呵始(似)萬物之宗}。其後註釋:"潚是淵之異體字,春秋時《王孫遺者鐘》'肅哲聖武',《齊鎛》及《叔夷鐘》'肅肅義政'肅皆讀為淵。"

按,《說文·水部》:"潚,深清也。從水,肅聲。"《說文·水部》:"淵,回水也。"顯然"潚"和"淵"是記錄不同詞的兩個完全不同的字,注釋中"潚是淵之異體字"的說法不準確。若認為此處的"潚"當讀為"淵",那麼兩者應該是正訛關係。實際上,"潚"指水深而清澈,形容祖源的清深幽遠,其意義正合文義。

這句話出現在帛書《老子》甲本第100行,整理者釋為:"道沖而用之,有弗盈也;潚(淵)呵始(似)萬物之宗。銼其兌,解其紛,和其光,同其塵。湛呵,似或存。吾不知誰子也,象帝之先。"帛書《老子》乙本與通行本同,亦作"淵"。"淵"指水的深遠,于文意亦可通。但下文作:"湛兮似或存。"《增修互注禮部韻略·豏韻》:"湛,澄也。"湛有清澈、透明的意思。"潚"的深清義與下文表示清澈的“湛”正相呼應,因此文中用“潚”比用“淵”更加貼切。疑因“潚”字不如“淵”字常用,所以通行本在流傳過程中,誤將“潚”錯寫為形近的“淵”。另,《老子》甲本第106行有“心善潚”的句子,其中的“潚”字作:[illegible],“潚”也用為本字。

另,此句第三個字,通行本作“似”,帛書甲本用“始”(整理者依據通行本將帛書的“始”讀為“似”)。[漢]河上公曰:“道淵深不可知也,似為萬物之宗祖。”而奚侗則認為:“道固‘萬物之宗’,與‘萬物之母’、‘眾妙之門’同語,不得云‘似’。”他進一步指出“似”當作“以”,“以”是“為”的意思,即理解為“淵兮為萬物之宗”①。奚侗的意見很值得重視;但其說過於迂曲。熊春錦先生將此句標點為:“潚呵!始萬物之宗。”將“始”看作及物動詞,認為整句可理解為:她清純的源流,開創了萬物的宗根。② 按,開創宗根,於文義仍有隔礙。我認為此句第三個字當依帛書作“始”,但此句應標點為“潚呵始!萬物之宗。”從語法上看,前一句作“道沖而用之或不盈”,此句承前省略了主語“道”;就詞義文意而言,始有開始、起始的意思③,整句意為:(道是)多麼深邃清澈的始端啊,是萬物的宗祖。這樣理解正符合老子對於道一貫的詮釋和讚歎。

總之,帛書《老子》中的“潚”和“始”就是正字,不應該分別讀為“淵”和“似”。依據帛書《老子》校正通行本《老子》,其字句應為:“道沖而用之或不盈。潚呵始!萬物之宗。”④

例65”睡・日甲72背・9:[illegible]{卯,兔也,盜者大面,頭顡〈颡〉}。其後註釋:“顡,《說文繫傳》:‘頭惡也。’”施謝捷認為“頭顡”可讀為“脰短”。⑤ 陳偉武認為颡、顡是聲符相替代的異體字。《日書》“頭顡”即指禿頂。⑥ 王子今認為“顡”

---

① 参見《老子・奚侗集解》,方勇導讀,方勇標點整理,上海古籍出版社,2007年。漢河上公的觀點亦引自此書。

② 参見《老子・德道經》,熊春錦校注,中央編譯出版社,2006年10月版,第129頁。

③ 《說文解字・女部》:“始,女之初也。從女,台聲。”《說文解字・刀部》:“初,始也。從刀從衣,裁衣之始也。”

④ 通行本句中使用語氣詞“兮”,帛書本句中使用語氣詞“呵”。老子是楚國人,語氣詞“兮”應當更符合老子的用語實際,帛書用“呵”恐是漢代抄手受當時口語影響而改,但都是語氣詞,意義和用法相似,沒有必要依據通行本將帛書本中的語氣詞“呵”改讀為“兮”。

⑤ 施謝捷:《簡帛文字考釋劄記》,《簡帛研究(第三輯)》,廣西教育出版社1998年,第169頁。

⑥ 陳偉武:《睡虎地秦簡核詁》,《胡厚宣先生紀念文集》,科學出版社1998年,第211頁。

不煩改讀，簡文"頭纇"就是禿頂。①

孔·日370·9：{盜者大面，短豙}。其後註釋："短豙，睡虎地秦簡《日書》甲種作'頭纇'。整理小組認為'纇'是'頪'的誤字。頪，《說文繫傳》：'頭惡也'。又疑'纇'讀作本字，《玉篇》：'纇，纇[illegible]，禿。'本簡'短豙'可能當從睡虎地秦簡，讀作'頭纇'。"按，睡·日甲72背·9用本字"纇"講得通，就不看作訛字。

有時整理者錯解文意，而將沒有訛誤的字形看作訛別字。

例66：馬壹·老乙60下·13：{所伐當罪，其禍五之；所伐不當，其禍什之}。其後註釋："《說苑·談叢》：'所伐而當，其福五之。所伐不當，其禍什之。'疑本文'其禍五之'之禍，為福字之誤。"

按，這段話出自《老子乙本卷前古佚書·亡論》，該篇第一句就說"凡犯禁絕理，天誅必至"，整篇都在闡述什麼樣的行為會導致身死國亡，其中提到"大殺服民，僇（戮）降人，刑无罪，過（禍）皆反自及也。所伐當罪，其禍五之。所伐不當，其禍什之。"意思是說，殺害已經順服的百姓，殺戮已經投降的敵人，處罰沒有罪過的人，禍患都會反過來降到自己身上。如果所殺伐的人本來有罪，反過來降到自己身上的禍患是五倍；如果所討伐的人本來無罪，反過來降到自己身上的禍患是十倍。這與前文"興兵失理，所伐不當，天降二央（殃）"正相照應。整理者在註釋中提到的《說苑·談叢》裏面的句子是在講"道"，其上下文作："萬物得其本者生，百事得其道者成；道之所在，天下歸之；德之所在，天下貴之；仁之所在，天下愛之；義之所在，天下畏之。屋漏者民去之，水淺者魚逃之，樹高者鳥宿之，德厚者士趨之，有禮者民畏之，忠信者士死之。衣雖弊，行必修；頭雖亂，言必治。時在應之，為在因之；所伐而當其福五之；所伐不當其禍十之。"從正反兩面說明道理。而老子乙本卷前古佚書《亡論》整篇都在談"禍"，未曾提及"福"。所以註釋中說的"其禍五之"的"禍"是"福"之誤字的說法不正確，原文的正字就應當是"禍"。

（三）筆劃粘連

受書寫工具和書寫材料的限制，絲帛昂貴，竹木簡狹窄，空間有限；沾墨太多，墨蹟過濃，造成寫就的字筆劃粘連。我們觀察筆勢，分析筆程，可以將粘連

① 王子今：《睡虎地秦簡〈日書〉甲種疏證》，湖北教育出版社2003年2月，第453頁。

的筆劃離析開來。

例67:流・小五3・12:[illegible]{正月大時在東方害卯小時丑在東方害寅子朔巳反支辰解律}。

按,整理者將此字釋為"丑",不當。流・小四15・4的"丑"作:[illegible],流・小四1・6的"丑"作:[illegible],流・小四2・10的"丑"作:[illegible];我們要討論的字形與以上"丑"字明顯不類;而與張・二328・36"并封"的"[illegible](并)"字形相近,流・小五3・12上面的兩撇劃粘連,致使原字難以辨認。總之,從字形看,流・小五3・12是"并"字。就文意而言,釋為"丑",於義難通;釋為"并",表示範圍,相當於"也、都"①;前文說"大時在東方害卯",此處接著說"小時""在東方害寅",都是"在東方",所以加一個義為"也"的副詞"并",文意通暢。

東6・H3・4:[illegible]{☐文楳雄弗力精人兵詣[覺]所□捕何人}。按,此字原釋為"弗","弗力"不通。細察字形,也是"并"字,"并力"指合力。

例68:龍119・11:[illegible]{祧〈逃〉}。② 其後註釋:"祧,左旁從衣疑為從辵之誤,即'逃'。"

按,祧字未見於歷代字書,細審原字形,左邊的構件應該是彳,而不是衣(若認定為衣,則剩下的右邊的構件就不是兆了),整字當楷定為"徘"。在古文字中構件辵和彳常常通用,因此,徘可以看作逃的異體字。原簡牘字形右邊構件"兆"最左邊的筆劃與左邊的構件"彳"相粘連,致使原考釋不正確。

例69:武・甲燕48・28:[illegible]{則公使之于秦門內}。甲燕校記四十八:"秦門,是泰門之誤,今本作大門。"

按,將簡文字形使用圖片工具沖蝕并增加對比度後作:[illegible],當為"泰"字;原字下面的構件"水"右邊的兩點與豎筆粘連,致使整理者錯釋為"秦"。

例70:馬叁・春24・倒2:[illegible]{今禍滿矣}。其後註釋:"滿疑是滿字。"③

---

① 參見《漢語大字典(縮印本)》,第172頁。例如,《戰國策・燕策二》:"兩者不肯相舍,漁者得而并禽之。"

② 這是因筆劃粘連而將正字誤看作訛錯字的例子,下面的"滿"例也是這種情況,為節省篇幅,我們放到訛別字這章一併討論,訛錯字的章節中省去對該問題的討論。

③ 《馬王堆漢墓帛書[叁]》第6頁,註釋[七]。簡帛整理類著作都是圖版之後是釋文,釋文之後是註釋,其具體位置都不難查找,為節省篇幅,其他註釋都不注明出自哪頁哪條。

按,此字右邊的構件稍不清晰;整理者根據字形表面所呈現的姿態摹寫為滿。細察字形,原摹寫為"口"的部分實際上是兩横,因寫下面一横的時候稍向上彎曲,致使兩横粘連;此字實際上就是"滿"字,與流·屯4·11·9的"▇(滿)"相比較,我們要討論的字形的右下部有所簡省;與2000ES9SF3:5·L1·9的"▇(滿)"形體相近。從詞義文意上講,釋為"滿",指充盈、沒有餘地的意思,文意通暢。

例71:張·脈63·19:▇{右手直踝而簞之}。其後注釋:"簞,疑為'箄'字之訛,讀作'彈'。《素問·三部九候論》:'以左手足上,去踝五寸接之,庶右手足當踝而彈之。'與此相合。"

按,整理者楷定為"簞",又在註釋中說明當是"箄"的別字。原字形右邊稍殘,但依據殘留筆劃可以識讀:此字上面的構件為"竹"是毫無疑問的;中間的兩"口"粘連在一起,下面"甲"中間的豎上部殘泐,兩者組合為構件"單";整字當為"簞"。

不存在粘連現象的字形誤以為筆劃粘連,也會造成判斷失誤。

例72:馬壹·老乙97下·9:▇{人有其中,物又(有)其刑(形)}。其後註釋:"《淮南子·主術》:'是故有大略者,不可責以捷巧;有小智者,不可任以大功。人有其才,物有其形,有任一而太重,或任百而尚輕。'語與此近。……'人有其中'之'中'字,疑是'才'之誤字。"

按,整理者將此字釋為"中",在註釋中說明正字當爲"才"。"中"的古文字形作:▇(前1·6·1)、▇(甲398)、▇(兮仲簋)、▇(三體石經·無逸)、▇(說文·丨部)、▇(馬肆·五247)、▇(定縣竹簡139);"才"的古文字形作:▇(續1·3·6)、▇(乙7191反)、▇(旂鼎)、▇(中山王壺)、▇(說文·才部)、▇(馬壹·老甲後268)、▇(魏王基殘碑)。"中"字從"口",而我們要討論的字形的上部是一粗横,這正與"才"的古文字形相符。所以原帛書字形就是"才",不是訛別字。整理者誤以為粗横是粘連的構件"口",致使釋讀錯誤。

放·乙日72·14:▇{禹中廄臧芻稾中}。按,整理者將此字釋為"中"而無解說。細察字形,當爲"才"字;從文意看,"才"當讀為"在",第73號簡即為"禹在牢圈中",第74號簡為"禹在山谷"。"才"和"在"古音相同(都屬從紐之部),

是通假關係。此句釋文應作:"爯才(在)廄臧芻稾中。"

總之,馬王堆漢墓帛書和放馬灘秦簡的整理者都將"才"錯釋為"中"。

另外,放·甲日70·20:{利衣良日}。按,整理者釋為"利"。從字形看,此字右邊的構件為"才",不為"刀",當楷定為"材"。就文意而言,"利衣"表義模糊不清,這裡"材"當讀為"裁"(材和裁古音都屬從紐之部),"裁衣良日"指剪裁衣服的好日子。整理者將構件"才"錯釋為"刀"。

(四)模糊殘泐

對於模糊或殘泐的字形,我們應在認讀時儘量將其還原,而不應僅依據尚存的殘筆剩畫作楷定,并進而錯誤地判定為訛字。

例73:張·算41·29:{次一〈二〉尺五寸六十二分寸五十}。

按,整理者將此字楷定為"一",後用尖括號註明正字"二",不當;此字上一橫模糊不清,實際本來就是"二"字。

例74:張·算162·9:{求田一〈七〉分[步]之四}。

按,此字中間模糊,但依稀可辨中間有一短豎,本當為"七"字。整理者原釋為"一",不當。

例75:張·算83·22:{得田〈曰〉}。

按,此字磨滅不清,仔細觀察,它與張·算83·30的"(曰)"字形相同,當為"曰"字,不是"田"字。原簡文書寫正確,不是訛別字。

例76:張·算71·36:{曰:為三百廿〈卌〉三[簡]八分簡一}。

按,從此字的寬度來看,本來即為"卌"字。整理者釋為"廿",不當。

例77:張·算176·25:{三分為八百卅〈卌〉}。

按,原簡文字形模糊,清晰可見的是三道豎劃;但從豎筆在橫劃上的分佈來看,此字當爲"卌";不為訛別字。

例78:武·甲有12·4:{在肩左肫}。甲有校記十二:"在肩,今本作左肩,簡文左、在互混。"

按,此字的構件"工"與竹簡的豎紋重合,使之看上去像"土";實際上此字與甲有12·6的"(左)"形體相同,不同於甲有16·4"司馬在羊鼎之東"的"(在)"。總之,甲有12·4不是訛別字,可直接釋為"左"。

例79:馬叁·戰147·29:{秦與式〈戎〉翟同俗}。

按,整理者釋為“式”,讀為“戎”。此字與馬叁・戰150・倒8的“(試)”所從的“式”明顯不同,而與馬叁・戰141・18“以戎〈成〉大粱(梁)”的“(戎)”字形相同,應該就是“戎”字,不是訛字,原考釋不正確;此字中部模糊致使整理者釋錯。

例80:武醫18・12:{煎之五沸,浚去宰,有病者取大如羊矢,溫酒飲之,日三四,與宰擣之,丸大如赤豆,心寒氣脅下恿,吞五丸,日三吞}。其後註釋:“‘與’字,從文義看應是‘其’字之訛。”

按,這個字與武醫68・30“㯕(嘶)敗”的“(㯕)”所從的構件“其”形體相近,與武醫86甲・27“(斯)”的部件“其”字形相同;因此我們認為18・12右上不清晰,但實際就是“其”字;可直接釋為“其”,不是“與”字,不是訛別字。

例81:武・甲燕45・23:{以降秦胲所執脯以賜鍾人}。甲燕校記四十五:“秦胲,今本作奏陔。”按,原簡文字形模糊,使用圖片工具沖蝕并增加對比度後作:,應為“奏”字。

武・甲燕49・42:{則賓及庭,秦《肆夏》;賓拜酒}。甲燕校記四十九:“秦,今本作奏,下簡同。”按,將原字形使用圖片工具沖蝕增加對比度後作:,應為“奏”字。

武・甲燕50・1:{秦《肆夏》}。按,釋文直接釋為“秦”,沒有註釋。從原字形看,當爲“奏”字。從文意看,釋為“奏”,文意暢通。

武・甲燕50・46:{臣敢秦爵以聽命}。按,释文直接释为“秦”,这段话今本作:“臣敢奏爵以聽命。”此字模糊,怀疑原来即为“奏”字。

武・甲泰95・25:{樂正命大師,曰:秦《貍首》,閒若一}。甲泰校記九十五:“秦,今本作奏,簡文奏字多誤作秦,但此簡下奏字又不誤。”按,此字原不清晰,恐原即为“奏”字。註釋中提到的“此簡下奏字”是指武・甲泰95・41“奏《貍首》以射,三偶卒射”的“奏”,其字作:,是正字。

《說文・夲部》所收“奏”的小篆字形作:,睡虎地8・13的“奏”作:,馬王堆三號墓木牘的“奏”作:。我們要討論的字形的下部並不從“禾”而與此三字字形相似;應當都是“奏”字,不是別字“秦”。

例82:張・算44・14:{直(置)禾三步,吏〈麥〉四步,荅五步}。

按,此字右半部分磨滅不清。整理者依據殘剩的筆劃楷定為“吏”,不當。此字中間的構件不為“口”,且下面的構件為“夊”(右下的折撇不清而稍稍可辨)。與張·算 43·8 的“(麥)”相比較,44·14 的形體中間斜向兩邊的筆劃稍平,右下的筆劃磨滅;但與 43·8 應為同一個字。總之,算 44·14 可直接釋為“麥”,不是訛別字。

例 83:銀·六 660·5:{六遡〈懷〉无常}。

按,原簡文字形模糊,且書寫草率。細察字形,與銀·六 659·7 的“(懷)”和銀·六 661·3 的“(懷)”字形相似,可直接楷定為“懷”,不是訛字。

例 84:馬叁·戰 126·36:{徲〈御〉事者必曰:“三晉相豎〈堅〉也而傷秦……”}。

按,此字中間的部件模糊,疑本來就是“御”字。

例 85:馬肆·五 190·6:{以衣中衽(紝)緇〈繢〉約左手大指一}。

按,將此字與同時期的其他地方出土的簡帛字形作比較,武·服 2 的“緇”作:;馬一·簡 246 的“繢”作:。我們要討論的五 190·6 字形右下部的撇和點磨滅不清,整字當是“繢”草率簡省的寫法,可直接隸定為“繢”。“繢”表“系物及飾物”的含義正合文義。

例 86:張·算 174·53、54:{同之[二]于〈千〉二百八十三以為法}。其後註釋:“據文意,‘之’下脫‘二’字。”

按,整理者釋為“于”、讀為“千”的字實際上是“二千”兩字;從字符所占的面積來看,一個字符不會寫得那麼長;細察圖版,上面的兩橫筆即構成“二”字;下面的“千”字稍模糊,但一撇一豎一橫的筆劃依稀可辨。總之,簡文中原有“二”字,無需補“二”;“千”字不誤。此句當釋為:“同之二千二百八十三以為法。”原簡文殘泐模糊,致使整理者考釋錯誤。

例 87:武·甲泰 42·21:{衆弓矢弗挾總弓矢福皆適次}。① 甲泰校記四十二:“挾,是挾之誤書。”

---

① 這是因字形模糊而誤看作錯字的例子,這樣的例子較少,錯字一章中不再闡述舉例。

按,原釋文及註釋的說法不正確,此字就是"挾"字。武・甲泰46・9的"挾"作:,武・甲泰48・23的"挾"作:,武・甲泰60・5的"挾"作:,武・甲泰60・24"挾"作:。我們要討論的字形與這幾個"挾"字字形相同。原簡文字形模糊,致使整理者考釋錯誤。

五、小結

對秦漢簡帛訛字的研究無論在理論上還是在實踐上對現代漢字規範都具有啓發意義,但我們不是在規範古人的用字,所以我們一般不從社會規範這個角度判定訛字,我們做判定主要從兩個角度:書寫者的角度和釋讀者的角度,就書寫者而言,會因一時疏忽或受錯誤思維影響而寫訛字;就釋讀者而言,某字形會不會給釋讀帶來困難,會不會引起歧義,可以作為判斷該字形是不是訛字的輔助標準。

單字在各種古文字資料中的客觀使用情況體現出的社會認可程度可以作為一個衡量標準。訛別字、混同、同形得到社會認可的程度不同。訛別字是指在一定的語言環境中將一個字誤寫為另一個字,是臨時的,偶然的,隨機的;不會被社會認可,不可能取代正字的地位。書寫者對於混同的字形是認可的;卻給釋讀帶來困難,哪怕出現的頻率很高,也只能是特定時期或一定範圍內的現象。同形字基本上得到社會認可,是記錄某個詞的合法字形。

我們判定訛別字的主要原則有五個:第一,別字產生在用字和書寫層面,不包括書寫之前語言層面的錯誤和書寫之後保存過程中產生的壞字;第二,別字與正字在秦漢時期不是通用字關係,也不是記錄同義詞的各字,用別字本身的意義理解文意會出現矛盾或歧義;第三,別字與正字在秦漢時期必須共存;抄寫者因種種原因舍正字而用別字;第四,別字具有偶然性和隨機性,若一對字(別字和與之對應的正字)出現的頻率過高,我們就該予以足夠的重視,要全面考察、綜合分析,以求得出較為合理的結論;第五,訛字與正字不存在音同或音近的關係①。

在這五個原則指導下,我們盡可能地搜集了所能見到的秦漢簡帛中的所有別字,對之加以分析闡釋。②

第二節　訛別字的類別

根據訛別字與正字在字形、字義上的關係,訛別字與上下文中其他字在字形、字義上的關係,將訛別字分為以下幾種。

一、訛別字與正字字形相近(簡稱形近)

(一)整體面貌相似

例1:武・甲少33・43:{眉壽萬年,勿瑟引之}。

按,從字形看,此字與"乃"的古文字字形相同:(前八・12・1)、(睡虎地簡二五・三九)、(馬壹・老甲後224)、(定縣竹簡二五)、(史晨碑),應是"乃"字。秦漢簡中的"引"字字形作:(睡虎地簡28・8)、(孫子188)。我們要討論的字形(甲少33・43)將"引"錯寫成"乃"。整理者直接釋為"引"與原字形不符。別字"乃"和正字"引"形體相近。

例2:睡・日乙52・壹・5:{寅午熨}。

按,仔細觀察簡文字形,原字與睡・日乙54・13"毋小大吉"的"(大)"字形相同;而與睡・日乙30・壹・4"五月建午"的"(午)"形體有別。因此,日

① 這條原則只是為了幫助我們把音同音近的誤字和形音皆近的誤字排除本文的研究範圍。需要說明的是:音近誤字,多數是可以作為通假字處理的,除了極少的情況中兩字讀音相近而在文獻中不可通用,我們將它看作訛字。形音皆近之誤字,我們傾向于作為通假字處理,確實排除其為通假字的可能性後或者其致誤明顯是字形上的原因,我們才做訛字分析。總之,要將訛字的判定放在整個用字實際中考察,以期得出比較可信的結論。

② 這本書是在我的博士畢業論文《秦漢簡帛訛字研究》的基礎上修改而成的,原論文後面有附錄4《秦漢簡帛訛別字表》,是秦漢簡帛中訛別字的總匯,考慮到書稿的體例和篇幅等問題,今刪。另,原論文後面有附錄5《秦漢簡帛訛錯字表》,亦刪。

乙 52·壹·5 應楷定為"大",後用尖括號注出正字"午"。整理者直接釋為"午",與原字形不符。"大"和"午"形體相近。

例 3:武·甲燕 46·22:{使某以請寫君之私也}。武·甲燕 46·49:{使某固以請寫君之私也}。

按,整理者直接將這兩個字釋為"也",但這兩個字與武·甲燕 48·9"其生狗也"的"(也)"字形不類;而與武·甲燕 51·44 的"(巾)"字形相同;當為"巾"字。從文意看,正字當用"也"。武·甲燕 49·32 的"也"作:,省掉了下面的橫彎鉤,46·22 和 46·49 恐是在此形基礎上進一步訛為"巾"。

例 4:東·114·H2·倒 1:{莫當歸四分}。

按,從字形看,此字由一撇、一橫撇、一捺三筆構成,明顯是"久"字;整理者釋為"分",與原字形不符。就文意而言,釋為"久"文意難通,我們認為此處"久"是"斗"的形近訛字,即正字當為"斗"。"斗"的古文字字形作:(秦公簋)、(睡虎地簡 23·5)、(石門頌);"久"的古文字字形作:(說文·久部)、(睡虎地簡 25·40)、(孫臏 46);兩者字形相近("斗"比"久"僅多出一筆),故致寫錯。另,整理者釋為"莫"的字,原簡牘字形作:(該行倒數第 5 字),圖版不甚清晰,下面的構件"貝"依稀可辨,其上勉強可識是構件"罒",整字當為"買"。總之,第 114 號簡牘第 2 行應釋為:"買當歸四久〈斗〉。"意為:買了四斗當歸。這樣釋讀,文從義順。

例 5:馬壹·老甲 182·4:{[不]憂則王色}。其後註釋:"王字是玉字誤寫。《禮記·玉藻》有'玉色',又《尚書大傳》:'在內者皆玉色,在外者皆金聲。'"馬壹·老甲 183·32:{聞君子道則王言,王言則□}。其後註釋:"'王言'是'玉音'之誤寫,下文二一九行作玉音不誤。《尚書大傳》:'千七百七十三諸侯皆莫不磬折玉音金聲玉色。"

按,在這批帛書中"玉"和"王"是有區別的,"玉"字三橫劃之間距離相當,例如,馬壹·老甲 187·9"金聲而玉振之"的"玉"作:。老甲 182·4 和老甲 183·32 的字形下兩橫的距離明顯大於上兩橫,可見是"王"字,原註釋的說法可信。釋文應在"王"後加尖括號注出"玉"字,方合原書體例。

馬壹·老甲 187·20:{王言,聖也}。按,整理者直接釋為"王言",而沒有註釋,實際上此處的“王言”也應該讀為“玉音”。馬壹・老甲 219・倒 2“玉音則[聖]”的“玉”作:,不誤。

馬肆・天 19・7:{審操玉閉}。馬肆・天 21・11:{蹱(踵)以玉泉}。馬肆・天 22・11:{蹱(踵)以玉閉}。按,整理者直接釋為“玉”;實際上也都將“玉”錯寫成“王”。應先楷定為“王”,後用尖括號注出“玉”。

例 6:馬壹・老乙 138 上・17:{卑約生柔}。

按,整理者直接釋為“生”;此字與馬壹・老乙 231 上・31 的“(生)”形體不同;從原字形看,實為“主”字。“主”的字形發展脈絡:(三體石經・多方)、(說文・丶部)、(睡虎地簡 23・17)、(銀・孫 119)、(曹全碑)。“生”的字形發展脈絡:(甲 380)、(頌簋)、(楚帛書)、(說文・生部)、(睡虎地簡 10・1)、(熹・書・盤庚)。“主”和“生”形體接近,主要以字上部的不同特徵相區別。按照此書凡例,釋文應作:“卑約主〈生〉柔。”

例 7:EPT59・3・8:{九月戊戌朔}。

按,整理者直接釋為“戌”;從字形看,原簡文為“成”字;“戌”的字形發展脈絡:(京津 4158)、(頌鼎)、(說文・戌部)、(睡・語 1・6)、(曹全碑);“成”的字形發展脈絡:(鐵 6・13・7)、(牆盤)、(沇兒鐘)、(說文・戊部)、(馬壹・老甲後 177)、(熹・易・說卦)。從文意看,當用“戌”;書寫者將“戌”字誤寫為形近的“成”字。按照此書凡例,釋文應作:“九月戊成〈戌〉朔。”

例 8:EPT56・10・6:{戍卒東郡聊成昌國里}。

按,從字形看是“戌”字,釋文直接釋為“成”而沒有解說,不當。從文意看,正字當用“成”,讀為“城”。這裡書寫者將“成”錯寫為形近的“戌”,“戌”是“成”的訛別字。按照此書凡例,釋文應為:“戍卒東郡聊戌〈成(城)〉昌國里。”

例 9:里・J1⑧134 正・H3・6:{今寫校券一牒上謁}。

按,整理者直接釋為“校”,細察此形,左邊的構件是“手”而不是“木”,右邊的構件是“攴”而不是“交”,所以此字當楷定為“技”。《玉篇・手部》:“技,打也。”“技”字所記錄的詞義於文義難通,正字當為“校”。“技”是“校”的訛別字。按照此書凡例,釋文應為:“今寫技〈校〉券一牒上謁。”

例10:睡·日甲80背·11:■{馬脊}。

按,整理者釋為"馬",而無解說。從字形看,此字是"長"字。"長"的字形發展脈絡:■(林2·26·7)、■(牆盤)、■(楚帛書)、■(說文古文)、■(說文·長部)、■(睡·效37·9)、■(馬壹·老甲103·24)、■(定縣竹簡33)、■(西狹頌)。"馬"的字形發展脈絡:■(京津1686)、■(公貿鼎)、■(虢季子白盤)、■(石鼓)、■(說文·馬部)、■(睡·效44)、■(馬肆·五·目錄)、■(馬壹·老甲52)、■(史晨碑)。因"馬"與"長"形近而將"馬"錯寫成"長"。

例11:里·J1⑨10正·H1·19:■{陽陵戚作士五(伍)勝日有貲錢千三百卌四}。其後註釋:"戚作,陽陵縣鄉邑。"

按,依照原註釋的說法,此字讀為"戚"于義可通。但牘文字形不作"戚"。《說文·戉部》:"戚,戉也。從戉,赤聲。"其古文字字形有形聲和象形兩個發展脈絡:■(戚姬簋)、■(詛楚文)、■(說文·戉部)、■(馬壹·老甲後188·倒11)。我們要討論的字形右邊的構件不為"戈",而與馬壹·老甲後431·13的"■(叔)"形體相近,可楷定為"叔"。這裡"叔"是"戚"的訛別字。

例12:睡·律86·19:■{有久識者靡蚩之}。其後註釋:"靡,即磨。蚩(音產),讀為徹,磨徹,意為磨壞,磨除。"

按,《漢語大字典》在"蚩"的字頭下收錄了睡虎地秦簡中的這個字形,可見是認同這種說法的。但註釋的說法頗迂曲,我認為這個字形是"去"的訛別字。睡·效19·13"官嗇夫必與去者效代者"的"去"作:■,兩者形近。正字為"去","靡去"指磨掉,文義可通。另有睡·律104·33:■{靡蚩其久}。其"蚩"也是"去"的訛別字。

例13:武·甲燕36·48:■{執幕二人}。甲燕校記三十六:"'執幕二人',今本作'執幂二人立';幕字,摹本稍誤。"

按,武·甲燕5·24的"幕"作:■,將兩者比較發現,兩個字形只是面貌上大體相似。疑是抄手所據抄寫的本子不甚清晰,抄手不明句意,遂將原字照形誤摹為上從"興"、下從凵的一個字,與武·甲燕43·4"受賜爵者興"的"■(興)"形體相近。即將"幕"錯寫為別字"興"。按照此書凡例,該句釋文當爲:

“執興〈幕〉二人。”

（二）部分構件相同

例14：武·甲少14·2：■（沖蝕并增加對比度後作：■）{雍正執一枇以從}。甲少校記十四：“枇，今本作匕，鄭注：古文枇作匕。”

按，整理者直接釋為“枇”，細察字形實為“杜”字。“枇”字標準的寫法應作：■（武·甲少14·倒12），上下文的“枇”字多作此形。若是“匕”的一撇寫得稍平且與“木”的橫筆粘連，“匕”下部的橫彎鉤與“木”的捺筆粘連，就容易誤認成“杜”字，例如：■（武·甲司16·43，粘連的“枇”）；要做出正確判斷需要我們利用筆程追溯法仔細分析。甲少14·2的字形，左邊的構件：第一筆橫收筆時有一個頓筆，最後一筆捺收筆時也有一個頓筆；右邊的構件：第一筆起筆稍細與“木”的橫筆粘連，接下來不是豎彎鉤一筆而是一豎一橫兩筆，下橫與“木”的捺筆粘連；這個字應該楷定為“杜”。從文義看，正字當用“枇”，“杜”是“枇”的形近訛字，恐是因所據抄寫的本子不夠清晰而抄手又不辨文意，故而抄錯。

例15：YM6簡129·12：■（右邊部件上的豎筆不是筆劃而是裂紋，將裂紋擦除之後字形作：■）{涕泣從（縱）横，長炊（？）泰（太）息}。

按，整理者將此字釋為“炊”，其後加問號，表示不確定。“炊”於文義難通，此字當讀為“歎”。“歎”同“嘆”，《集韻·寒韻》：“歎，太息也，或從口。”歎表歎息的意義正合文義。因“歎”與“炊”形體相近而寫訛。另有一種可能，此字左邊不是“火”，而是“莫”的草寫簡寫。

例16：馬肆·脈88·9：■{五者扁（徧）有，則不沽〈活〉矣}。按，“活”的小篆字形作：■（《說文·水部》）；《集韻·末韻》：“湉，隸作活。”流沙簡·補遺2·23的“活”作：■。脈88·9從“氵”從“古”，是“沽”字。“活”與“沽”字形相近，即左邊構件都為“氵”，右邊構件“舌”和“古”形體相似。

張·脉52·18：■{凡徵五，一徵見（現），先〈無〉活人}。按，整理者直接釋為“活”，與簡文字形不符。從字形看，此字右邊的構件為“古”，整字當為“沽”；從文意看，正字當用“活”。按照此書凡例，釋文應作：“先〈无〉沽〈活〉人。”

例17：武·甲少3·14：■，3·19：■{封者在左坐，封以木。卒筮，乃書卦於木，示主人，乃退占}。甲少校記三：“‘封者’、‘封以木’‘卦于木’，今本俱作卦，而簡分別之為封與卦。卦字削改。”按，疑原三個字都是“封”，後一“卦”字為研習者所改。武・甲少3・26經削改的“卦”字作:。從上下文看,“卦”契合文意,“封”是“卦”的訛別字。

武・甲少5・1:{筮、封占如初}。按,整理者釋為“封”而無解說;此處的“封”今本《儀禮》也為“卦”。從文意看當爲“卦”字,“封”是“卦”的訛別字。

“卦”的字形發展脈絡:(說文・卜部)、(相馬經69上)、(禮器碑)、(熹・易・說卦)。“封”的字形發展脈絡:(說文・刀部)、(銀・臏158)、(居延簡甲509)、(武・少牢3・14)。兩字主要是以右邊的構件相區別。

例18:馬叁・戰252・21:{對曰:“請令魏王可。”}。

按,原考釋者直接釋為“對”,從文意看當爲“對”;但就字形而言,此字與前文反復出現的“封”字同形,例如,馬叁・戰249・10“為君慮封”的“(封)”,馬叁・戰250・13“封近故也”的“(封)”。“對”在這篇帛書中的標準字形作:(馬叁・戰289・倒5)。戰252・21將“對”字形上的區別性筆劃簡省掉,使之與“封”難以區別,故宜看作訛別字。按照此書凡例,釋文應作:封〈對〉曰:“請令魏王可。”

例19:張・律506・23:{武關及諸河塞津關}。

按,整理者直接釋為“津”。從文義看,“津”於義可通。從字形看,張・律504・48的“津”作:,張・律508・40的“津”作:,我們要討論的律506・23左邊構件顯然不是“水”,而是“彳”,應該是“律”字。律和津讀音不相近(律是來紐物部,津是精紐眞部),所以“律”是“津”的訛別字。

例20:睡・日甲・七正・貳・6:{利以行帥〈師〉出正(征)}。其後註釋:“帥,應為師字之誤。《左傳・成公二年》‘輿師’,唐石經作‘輿帥’,也是‘師’字誤為‘帥’字。”

睡・日乙19・壹・8:{利以行師徒,見人,入邦}。按,從字形看,此字是“帥”字,此處也將“師”誤寫為“帥”;釋文應作:利以行帥〈師〉徒。

例21:YM2D1反・L3・9:{五采絹一橐}。YM2D1反・L2・6:{五采糸一橐}。YM6D6正・L2・12:{乘與五采羽三萬一千六百五十八□}。YM6D13反・L4・4:{五采糸一具}。

按,原釋文直接釋讀為“采”,沒有解說或註釋。《說文・禾部》:“采,禾成秀也。人所以收,從爪、禾。"《廣雅・釋草》:"粢、黍、稻,其采謂之禾。"王念孫疏證:"俗作穗。"而我們要討論的字形總是與"五"連用,構成"五～"加一個名詞的結構,作為"穗"異體字的"采"不會有這種用法,而"采"表示彩色(後作"彩")常常與"五"連用,《尚書・益稷》:"以五采彰施于五色,作服、汝明。"蔡沈《集傳》:"采者,青、黃、赤、白、黑也。"《荀子・正論》:"衣被則服五色。"《禮記・月令》:"命婦官染采。"鄭玄注:"采,五色。"可見,"采"在古書中指五種顏色,它與"五"連用也就不足為奇了。總之,我們要討論的四個字形同屬於一種情況:都應該用"采",卻寫作"采",應該看作訛別字。"禾"與"木"意義相近,作為構件經常混用;但在"采"和"采"兩字中它們是區別性構件,寫混則寫別字。

銀・臏403正・22:{賤令以采章}。按,整理者直接釋為"采";但此字下從"禾",當為"采"字;從文意看,當用"采";這裡"采"也是"采"的訛別字。

例22:張・引111・30:{闔五藏(臟),逢(?)九竅}。

按,整理者將之釋為"逢",後加問號,表示不確定。從字形看,此字與馬王堆漢墓帛書老子甲本第36行的"(逢)"和《說文・辵部》的"(逢)"字形相近;從辵、從夆,當為"逢"字。但就文意而言,釋為"逢"於義難通,我們認為這裏的"逢"是訛別字,正字當為"達",達是通的意思,《說文・辵部》:"達,行不相遇也。從辵、羍聲。《詩》曰:'挑兮達兮。'""達九竅"指通九竅。達的古文字形作:(保子達簋)、(說文・辵部)、(泰山刻石)、(馬壹・老甲後207・19);"達"與"逢"字形相近,引書第111號簡的書寫者將"達"錯寫成"逢"。該句釋文應為:"闔五藏(臟),逢〈達〉九竅。"意為:順和五臟,暢通九竅。

例23:馬肆・十94・21:{寡人聞客食陰以為動強,翕氣以為精明}。

按,整理者直接釋為"翕"。《長沙馬王堆二、三號漢墓》一書也將此字釋為"翕"(馬三・圖59・94・21:"翕氣以為精明")。從文意看,當用"翕"。從字形觀察,此字上部所從為"公",與馬肆・十96・2的"(松)"字右部所從基本相同,整字當為"翁";同篇其他"翕"字不作此形,例如馬肆・十95・22"必朝日月而翕其精光"的"翕"作:;馬肆・十98・19"翕其神霧"的"翕"作:。十94・21將"翕"錯寫成形近的"翁"。

例24:馬肆・足19・27:{足帣(厥)阴温(脉):循大指间,以上出胻内兼

(廉),上八寸,交泰(太)阴温(脉),□股内,上入脞間}。

按,從字形看,此字右邊從“坐”,整字為“脞”;從文意講,應讀為“胜”,“胜”指股上接腰的部位,契合文意。“脞”是“胜”的訛別字。按照此書凡例,釋文應作:“上入脞〈胜〉間。”

馬肆・足12・4:{脞瘦}。其後註釋:“脞,應係胜字之誤。……均與股上接腰的部位相合。”按,將此字楷定為“脞”是正確的;但註釋不當,“脞”不是“胜”的別字;“脞”指小、細碎;“脞瘦”指又小又瘦。其上下文是“其病:病足中指废,胻痛,膝中穜(肿),腹穜(肿),乳内兼(廉)痛,□外穜(肿),頯痛,𪓧(鼽)洇(衄),数热汗出,脞瘦,颜寒”。正字為“脞”,正合文義。

另有馬肆・足20・4:{其病:病脞瘦,多弱(溺),耆(嗜)饮,足柎(跗)穜(肿),疾畀(痹)}。按,此字與第12行的“脞”字形相同,這兩例都是講病症的,“脞瘦”都指瘦小。

例25:EPF22・32・12:{器物幣敗}。

按,從字形看,此字從“反”,是“販”字,與EPF22・39・35“販賣”的“(販)”和武・有64的“(販)”形體相同。從文意看,“敗”的破舊義契合文意,正字當為“敗”;這裡“販”是“敗”的訛別字,因形體相近而寫訛。

例26:張・律200・2:{為偽金者,黥為城旦舂}。

按,整理者釋為“偽”,而無解說。細察字形,此字不是“偽”字,其右邊部件與上字“(為,張・律200・1)”不類,應是“昜”;整字當為“傷”。從句義上講,當以“偽”為正字。按照此書凡例,釋文應為:“為傷〈偽〉金者”。

例27:馬三・圖64・29・20:{九激(竅)不通}。

按,整理者將此字釋為“通”;而此字與馬叁・戰46・34的“(道)”和馬肆・五252・倒16的“(道)”字形相同,《說文・辵部》:“道,所行道也。從辵,從𩠐。”《說文・辵部》:“通,達也。從辵,甬聲。”甲骨文“通”或從“用”:(京津3136),金文“通”或從“彳”:(九年衛鼎),從小篆開始基本上固定為從辵從甬:(說文・辵部)、(縱橫家書12)、(武醫27・18)。通過比較可知,我們要討論的字形是“道”字,這裡是“通”的訛別字。恐是因“道”比“通”常用,故將“通”錯寫為形近的“道”。

另,馬三・圖64・28・8:{疾使内,不能道,產病出汗檣(喘)息,中煩氣亂。}馬三・圖64・29・8:{強用之,不能道,產痤穜(腫)橐。}按,整理者將這兩字釋為"道"是符合原簡文字形的;但就文意而言,正字應為"通"。

這三個句子中的"通"都是通暢、順暢的意思。《爾雅・釋天》:"四時和為通正。"郭璞注:"通,平暢也。"邢昺疏:"言上四時之功和,是為通暢平正也。"上三句中的"通"都指身體上的順暢。

例28:武・甲特48・59:{飽㸑在西辟}。甲特校記四十八:"飽,飢之誤,參第十簡,今本作饎。"武・甲特51・27:{飽㸑雍㸑賓從尸俎出廟門}。甲特校記:"飽,亦飢之誤。"

按,《儀禮・特牲饋食禮》:"饎爨在西壁。"鄭玄注:"饎,炊也。"字書無飢字,《說文・食部》所收饎字或體作,可楷定為:䭣。甲特48・59和甲特51・27的"飽"都應該是"䭣"的訛別字。㸑當讀為爨,簡文原作:(甲特48・60),是爨的簡寫。按照此書凡例,甲特48當釋為:"飽〈䭣(饎)〉㸑(爨)在西辟。"甲特51當釋為:"飽〈䭣(饎)〉㸑(爨)雍㸑(爨)賓從尸俎出廟門。"

例29:孔・日106・13:{操土,北,裹以布}。

按,原釋為"裹",細察字形實為"裹"字;從文意看,正字當用"裹",此處"裹"是"裹"的訛別字。

武醫69・28:{以絮裹藥塞鼻}。其中的"裹"字因書寫草率而稍有變形,其形有些像"裹",反映了由"裹"訛為"裹"的過程。

例30:關・周・T39・320・15:(靠右貫穿全字的豎線是裂紋,不是原字的筆劃){即以酒賁(噴),以羽潰}。

按,原釋為"酒",從文意上看可通;但原簡字形明顯從"氵"從"昷",是"溫"字,這裡"溫"是"酒"的形近訛別字,應先楷定為"溫",後用尖括號注出"酒"。

例31:EPS4T2・6・12:{往者多羸瘦}。

按,從字形看,原字下部從"貝"不從"羊",是"贏"字。從文意看,正字當為"羸"。這裡"贏"是"羸"的別字,因形近而致誤。

例32:馬肆・十63・22:{翕氣以充腦}。該句後整理者註釋:"腦,讀為腦。《春秋元命苞》:'人精在腦'。"

按,釋文和注釋的說法正確。"腦"同"瘤",《集韻・尤韻》:"瘤,《說文》:'腫也。'或從肉。""腦(瘤)"字於義難通;正字當為"腦",《說文》所收的"腦"字從“匕”作:㛴。《玉篇・匕部》:“㛴,或作腦。”《左傳・僖公二十八年》:“晉侯夢與楚子搏,楚子伏己而鹽其腦,是以懼。”書寫者將“腦”右邊構件“㐫”寫成與之形近、筆頭常見的“留”,遂將整字寫別。該句釋文當為:“翕氣以充膪〈腦〉”。

馬肆・十69・15:{於膪也施,於味也移,道(導)之以志,動之以事}。

按,整理者將此字釋為“膪”而未加說明。從文意看,也當讀為“腦”。此句的下文作:“非味也,無以充亓(其)中而長其節;非志也,無以智(知)其中虛興〈與〉實;非事也,無以動亓(其)四支(肢)而移去其疾。”這三個分句分別與前面的“味”、“志”、“事”相對應,顯然“非味也”前面省掉了與“腦”相對應的句子。總之,此處的“膪”也是“腦”的訛別字;這段話當釋為:“於膪〈腦〉也施,於味也移,道(導)之以志,動之以事”。

(三)正字是別字的一個部件(多寫了)

例33:馬肆・五329・14:{皆以甘〈口〉沮(咀)而封之}。

其後註釋為:“口咀,義即㕮咀,把藥物咬成小顆。”

例34:睡・日乙117・9:{正月、七月朔日,以出母〈女〉、取婦,夫妻必有死者}。

按,從文義看,此處當用“女”,“出女”即嫁女的意思。從字形看,原簡文為“母”字。睡・日乙118・9“取婦嫁女”的“女”作:,不誤。

例35:馬肆・十90・9:{辟(譬)如鳴〈鳥〉獸,蚤(早)臥蚤(早)起}。

按,從文意講,“鳥”當爲正字。原帛書多寫了構件“口”,遂將“鳥”錯寫成“鳴”。

(四)別字是正字的一個部件(少寫了)

例36:馬叁・戰10・19:{故臣使辛謁大之}。其後註釋:“大字疑去字之誤,所以下文說:‘臣為此無敢去之。’”

按,從文意講,此處當用“去”;從字形看,“大”下有一模糊的豎彎鉤,或許本來就是“去”字;馬叁・戰33・26的“去”字作:,下面的構件“凵”清晰可辨。對於戰10・19,我們姑且依從整理者的說法,釋為“大”,讀為“去”。

例37:YM6簡131・7:{烏獸且相慢(憂)}。

按,整理者直接釋為“烏”;從字形看,當是“烏”字;從辭例看,“鳥獸”常常連言,正字當用“鳥”;此處的“烏”是“鳥”的訛別字。尹灣漢墓簡牘《神烏傅

(賦)》中“烏”字寫作:(YM6簡132·2)、(YM6簡114·21);而其“鳥”字作:(YM6簡114·10),YM6簡117·5的“(雄)”右部所從的“鳥”為:。比較尹灣簡中“烏”和“鳥”的字形可知,“烏”和“鳥”在當時是有區別的;而我們要討論的字形當爲“烏”字。依照此書凡例,該句釋文當爲:“烏〈鳥〉獸且相慢(憂)。”

將“鳥”字錯寫成“烏”字的還有:YM6簡130·8:{衆烏〈鳥〉麗於羅罔(網),鳳皇孤而高羊(翔)}。YM6簡131·34:{烏〈鳥〉之將死,其唯〈鳴〉哀}。

例38:馬壹·老甲113·4:{故去罷(彼)耳〈取〉此}。

按,從字形看,為“耳”字;從文義看,當用“取”。“耳”是“取”的一個構件,恐是因字未寫完而寫別。

例39:孔·日99·32:{東北執辰〈辱〉}。

按,97號簡“西南執辱”的“辱”作:,98號簡“西北執辱”的“辱”作:,100號簡“東南執辱”的“辱”作:,都不誤。99號簡是偶然失誤。

二、訛別字與正字字義相關(關係的關,簡稱義關)

兩字所代表的詞在意義上存在聯繫,因此導致想寫甲字時錯寫作乙字。別字與相對應的正字屬於同一個語義場①,可細分為以下兩種情況②:

(一)訛別字與正字字義相反

例40:馬壹·老乙75下·倒2:{聲實調合,禍材(災)廢立}。其後註釋:“此句意不可解,疑本作‘禍福廢立’,為錯字。”

按,整理者的楷定符合原帛書字形,這個從示、才聲的形聲字是“災”的異體字。從文意看,註釋認為正字當為“福”的說法可從,前句“聲實”對舉,此句“禍福”對舉,正好對稱。該句釋文當在“材”後用尖括號注出“福”字。

---

① 語義場:漢字個體以其所代表的詞義與相關的漢字聯繫在一起,構成某種範疇,形成類屬關係。

② 正字和所謂的“別字”字義相近,那麼這個“別字”應該也是適合文意的。這種情況我們一般不看作文字訛誤,對此前文已有論述,此處不再贅言。

（二）訛別字與正字字義相關（關聯的關）

例41：關・周・T3・26・肆・2：｛辛丑〈酉〉｝。其後註釋："'辛丑'為'辛酉'之筆誤。以下二七號簡伍欄中'辛丑'，二八號簡陸欄中'辛丑'同。"

按，我們先把註釋中提到的27號簡和28號簡列出，關・周・T3・27・伍・2：｛辛丑〈酉〉｝。關・周・T3・28・陸・2：｛辛丑〈酉〉｝。從原簡文字形和上下文文意看，原釋文及註釋的說法可依。這三例出現於竹簡的不同位置，分別屬於第肆欄、第伍欄和第陸欄，其辭例都是按順序排列的六十甲子，其前文是：己未、庚申，其後文是：壬戌、癸亥，所以"辛丑"當爲"辛酉"。"丑"和"酉"同屬於地支這個意義類聚場。

例42：YM6D9正・L1・H9：｛直前右足者難得為陳氏名安正〈西〉南｝。

按，這一欄是神鬼占的說明文字，從第二列起每列的最後兩字表示方位，依次是"正西"（第二列）、"西北"、"正北"、"東北"、"正東"、"東南"、"正南"、"正南"（第九列）。即從"正西"按順時針方向排列，第九列的"正南"顯然是"西南"之誤。"正"是"西"的別字，兩字屬於同一個意義類聚場。

三、訛別字與上下文其他的字字形相同（簡稱字同）

例43：馬壹・老乙216上・12：｛水之朕（勝）剛也，弱之朕（勝）強也｝。其後註釋："水，通行本作柔，《淮南子・道應》引同，此誤。"

按，前文有"天下莫柔弱於水，[而攻堅強者莫之能先]，以其無以易之也"的句子，此處恐是承前將陳述對象錯寫成"水"。實際應該用"柔"，與"剛"相對。

有時訛別字的構件與前一字同形。

例44：馬叁・戰267・14：｛天下必芯〈笑〉王｝。

按，整理者將此字楷定為"芯"，不當，原字下面的構件為"必"，當楷定為"苾"，恐是涉上"（必，戰267・13）"字而誤。馬叁・戰271・3的"笑"字作：，是"笑"的標準字形，我們要討論的戰267・14與此不類。該句釋文當爲："天下必苾〈笑〉王。"

四、訛別字與上下文其他的字字義相繫（簡稱義繫）

例 45：張・算 145・21：{皆並，乘之〈高〉，六成一}。

按，前文出現"上廣"、"上袤"、"下廣"、"下袤"等，若正字為代詞"之"，則其指代對象不明。正字為"高"，文意暢通明確。恐是因為"乘之"在前後簡文中經常出現，例如：簡 142"以其廣、袤乘之，即定。"簡 148"有（又）以高乘之，卅六成一。"受前一字"乘"的影響而將"高"錯寫成"之"。

例 46：馬壹・老甲 319・14：{有天下之美聲色於此，不義則不聽弗視也}。

按，此字稍殘，細審字形，當為"自"字。從文義講，當用"於"。"自此"經常連用，書寫者受下字"此"的影響而將"於"錯寫成"自"。按照此書凡例，釋文應作："有天下之美聲色自〈於〉此。"

五、同時兼有幾種關係

（一）形近義關（與正字字形相近，同時與正字字義相關）

例 47：馬肆・養 151・20：{食以二〈三〉指最（撮）}。按，典籍中多次出現"三指撮"，沒有作"二指撮"的。此處"三"和"二"形近而誤。"三"和"二"同屬於數字這個意義類聚場。

馬一 263・4：{右方履二兩姦一兩}。其後註釋："案本組簡文，應為履三兩。"按，前面 259"素履一兩"、260"絲履一兩"和 261"青絲履一兩"，三支簡共計有履三兩。發掘報告記載"墓中隨葬絲履三雙（另有一雙穿在屍體足上除外）"。所以註釋的說法正確，這裡"二"是"三"的訛別字。

張・算 52・6：{傳馬日二〈三〉匹共芻稾二石}。按，下文說"直（置）芻三稾二並之，以三馬乘之為法。"據下文定正字為"三"，"二"為訛字。

例 48：張・律 502・4：{相國下〈上〉內史書言}。

按，496 有"相國上內史書言"的句子，且 502 和 496 號簡的下文都有"制曰：可"的字句。另 504 號簡有"相國上中大夫書，……制曰：可"的句子。據此我們贊同原整理者的觀點,將“下”看作“上”的別字。

(二)形近字同(與正字字形相近,同時與前後文其他字同形)

例49:武醫52·31:{方寸寸〈匕〉}。其後註釋:“‘方寸寸’應是‘方寸匕’之誤。”

按,“方寸匕”簡文屢見,此處恐是因“寸”和“匕”字形相近又受前一“寸”字影響而將“匕”也錯寫為“寸”。

例50:馬壹·老乙45上·13:{處狂惑之立(位)處不吾(悟)}。其後註釋:“不上處字疑是而之誤字。”

按,從文義看,當用“而”字。因“而”與“処”形體接近而“處狂惑”剛出現了“(馬壹·老乙45上·8:處)”字,遂將“而”錯寫成“処”。《說文·几部》:“処,止也,得几而止。从几,从夂。處,処或从虍聲。”処的小篆字形作:(說文·几部),45上·13和45上·8的“処”稍稍寫訛。從虍的處出現得也很早:(井人鐘)、(說文或體),作為“處”字構件的“処”也有發生訛變的:(馬壹·老甲158)、(史晨碑)。45上·13和45上·8是因追求書寫快捷和書寫個性而形成的俗寫,可採用認同的方式直接楷定為“処(處)”。

孔·日·397·11:{春心,夏輿鬼,秋婁,冬虛,不可出血若傷}。

按,從字形分析,此當為“處”字。從文義分析,當用“虛”。這裡將“虛”錯寫成形近的“處”。釋文應作:“冬處〈虛〉”。

(三)形近義繫(與正字字形相近,與上下文其他的字字義相繫)

例51:EPT56·103·7:{張掖大守府}。

按,從字形看,是“官”字;從文意看,“大官府”不通,當用“守”字,作“太守府”。整理者直接釋為“守”,與原簡文字形不符;這裡“官”是“守”的別字。“官”和“守”形體相近,又受下一字“府”的影響(“官府”經常連用①),而將“守”錯寫為“官”。

例52:張·奏105·26:{它如前}。

按,整理者將此字直接釋為“如”,不符合原字字形;細察簡文當爲“始”字,

---

① 說明“官府”比“太守”作為一個詞,粘連得更加緊密,人們對之更加熟悉。這反映了訛字研究對詞彙研究的意義。

張・奏 111・35 的“如”作:,兩者不類;而與睡・日乙 91・12 的“(始)”字形相同。從文意看,前文說:“毛改曰”指當事人重新做陳述,此句“它如前”指其他的和前面講的一樣;可見讀為“如”,文意通暢;第 111 號簡正作“它如前”。奏 105・26 錯將“如”寫為“始”。恐是因“始”與“如”字形相近,而“始”與“前”意義相關而致誤。

例 53:馬壹・老乙 201 上・8:{百千之高,始於足下}。其後註釋:“千,甲本作仁,讀為仞。《說文》古文仁從千、心作,此千即仁之誤。嚴遵本此句作‘百仞之高’,與帛書合,通行本作‘千里之行’。”

按,“仁”的古文字形作:(中山王鼎)、(說文古文)、(說文古文)、(說文・人部)、(馬壹・老甲 1);“千”的古文字形作:(甲 3115)、(盂鼎)、(說文・十部)、(睡 32・8)、(馬叁・春 86)。兩者的古文字形相近,註釋的說法可信;另一方面恐是受前一字“百”的影響,由“百”聯想到“千”,遂將“仁”錯寫成“千”。

例 54:流・補一 12・7:{日言被都官從軍苻此牒胡與繫者辤連胡}。其後註釋:“都官從軍疑都官從事之筆誤,軍與事字形相近,又從軍本一成語,遂書從事為從軍矣。都官從事者《續漢書・百官志》司隸校尉下從事史十二人,本注曰都官從事主察舉……”

按,此字與銀・孫 116・15 的“(軍)”字形相同。“宀”和“冖”作為形近構件常常混用無別,因此流・補一 12・7 可直接釋為“軍”。原註釋對將“事”錯寫成“軍”的原因做了剖析,其觀點可從。

(四)字同義關(與上下文其他的字同形,與正字字義相關)

例 55:武醫 23・22:{人生六歲毋灸手,二日死;人生七日毋灸脛卅日而死}。其後註釋:“‘七日’為七歲之誤。”

按,此字可楷定為“日”。從文義看,前文有“人生一歲毋灸心”,“人生二歲毋灸腹”,“人生三歲毋灸背”,“人生四歲毋灸頭”,“人生五歲毋灸足”;後文有“人生八歲毋灸肩”。此處正字應為“歲”是毫無疑問的。“日”和“歲”屬於同一個語義場,又涉上文“二日死”的“日”而致誤。

例 56:武・甲服 2・6:{大功之經資衰之經也去五分一以為帶}。甲服校記・二:"第二經字,今本作帶,乙本亦作帶,此簡筆誤。"

按,下文即有"小功之經大功之帶也去五分一以為帶,緦麻之經小功之帶也去五分一以為帶……"據上下文文例,此處應該是"大功之經資衰之帶"。"帶"和"經"屬於同一個語義場,前文剛出現"經"字,此處將"帶"錯寫成"經"。

(五)義關義繫(與正字字義相關,與上下文其他的字字義相繫)

例 57:馬壹・老甲 111・21:{五色使人目明〈盲〉}。

按,依據文意當用"盲"字,"盲"與"明"意義相關(關係的關),"目"與"明"經常連用,遂將"盲"錯寫成自己的反義詞"明"。

(六)形近字同義關(與正字字形相近,與前後文其他字同形,與正字字義相關)

例 58:孔・日・388 貳・2:{[酉生子],九月〈日〉,二月不死,狂}。

按,本篇內容是講解十二支生子的吉凶情況。上下文的文例都是某干支日生子,某日、某月不死,如何如何。例如,387 貳:"申生子,七日、三月不死,史。"故依文例,此處的"月"字當爲"日"字之誤。推究其致誤原因:"日"和"月"字形相近且屬於同一個語義場,又受下文"二月"的"月"字影響。

(七)形近字同義繫(與正字字形相近,與前後文其他字同形,同時與上下文其他的字字義相繫)

例 59:武・甲服 31・43:{丈人婦人爲宗=子=之母妻}。甲服校記三十一:"丈人,今本作丈夫,乙本同于今本。"

按,"丈人"為一雙音節詞,"人"與"夫"字形接近,又涉下文"婦人"的"人"字而將"夫"錯寫成"人"。按照此書凡例,該句釋文應為:"丈人〈夫〉婦人爲宗=子=之母妻。"

第三節　訛別字的整體特徵

我們考察了出土并已整理出版的秦漢簡帛資料 21 種,共收集到訛別字 311 例(部分字例在一種或多種簡帛資料中反復出現,重複的字例不計入總數),每一對正訛字都有自己的個性;每一類中的訛別字都具有與它類相區別的特性;然而綜觀 311 例訛別字,我們發現它們存在一些共性,稱之為訛別字的整體特徵。概括為以下五點:

一、偶然性

訛別字是在文中將 A 字錯寫成 B 字,B 字與文意不相契合,需要我們順著文意指示的方向,沿著字形的線索找到正字 A,以 A 字所代表的字義來理解文意,文意才能暢通。在任何時候,訛別字都是閱讀、交流的一大障礙,所以書寫者總是盡力寫正字,避免寫別字,偶爾疏忽大意才導致別字出現。因此在任何時期任何文本中,訛別字都只是個別現象,是臨時的,偶然的。這是訛別字的本質屬性,是訛別字與其他字際關係相區別的屬性,是所有訛別字都具備的屬性。

二、本體性

字形是文字的本體。311 例訛別字中,訛別字和正字字形相近的占絕大多數。前文對訛別字的類別作了舉例闡述,現將每類訛別字的字例數統計如下表:

形近	246
義關	11
字同	13
義繫	9
形近義關	12
形近字同	6
形近義繫	7
字同義關	4
義關義繫	1
形近字同義關	1
形近字同義繫	1

與正字字形相近的訛别字共有 273 例，占總數的 88%；其中單純地與正字字形存在關係的訛别字有 246 例，占總數的 79%。與正字字形不相近的訛别字共有 38 例，占總數的 13%；其中與上下文其他字字形相同（不包括同時與正字字形相近）的訛别字有 17 例，占總數的 6%。完全與字形沒有關係的訛别字共有 21 例，占總數的 7%。我們統計的數字是正訛字的對數，不計每對字重複出現的字例；而幾乎所有重複出現的字例都屬於正訛字字形相近這一類。

可見，研究訛别字，字形是關鍵。我們從字形入手發掘訛别字和通過比對正訛字形辨析訛别字的做法，是能抓住主要矛盾的。

三、時代性

漢字是發展演變的，兩個或幾個形近的字常常在不同時期以不同的區别特徵相區别，我們辨析訛别字應注意它們的時代性。

例 1：睡・雜 8・18：■{中卒所載傳〈傳〉到軍，縣勿奪}。

按，此字不甚清晰，將之沖蝕并增加對比度後作：■。此字與睡・雜 8・27“奪中卒傳”的“■（傳）”字形不類，與睡・雜 33・19“傅律”的“■（傅）”字形相近，應為“傅”字。

《説文・人部》：“傳，遽也。從人，專聲。”將“傳”字的發展脈絡整理如下：■（後下七・一三）、■（傳尊）、■（龍節）、■（説文・人部）、■（馬壹・老乙前 58 下・倒 4）、■（夏承碑）。“傳”是個形聲字，金文出現從辵的傳，是符合構字理據的，因為傳達義與行走有關；隸變之後，構件“專”中間的“口”發生訛變。《説文・人部》：“傅，相也。從人，尃聲。”將“傅”字的發展脈絡整理如下：■（中山王鼎）、■（説文・人部）、■（睡 12・53）、■（天文雜占一）、■（武威醫簡 78 甲）、■（孔宙碑）。小篆之前的“傅”從人、尃聲，到了隸書時，構件“尃”中間的部分與“傳”字所從無别，兩字的區别在於“傅”右邊構件上面的豎筆起頭部分彎曲。

理清專和尃的發展脈絡，有助於弄清傳和傅的區别。專：■（前五・一二・

一)、(粹四五八)、(說文·寸部)、(武威簡·服傳二二)。專:(戩三六一·五)、(毛公鼎)、(信陽楚簡)、(三體石經·君奭)、(說文·寸部)。甲骨金文中尃和專的區別在於“”下“寸”上有沒有“”形;小篆時期“專”發生訛變,遂使兩字之間的差別拉大。到了篆隸之間作為構件以最上面豎筆彎曲與否相區別。

雜8·18的字形原不清晰,但細察右邊構件上面的豎筆彎曲,故認為是“傅”字。整理者的觀點可從。

例2:馬肆·十5·15:{至之五臧(藏),刑(形)乃極退}。

按,“之”的字形演進脈絡:(前7·33·1)、(甲180)、(毛公鼎)、(散盤)、(侯馬盟書)、(三體石經·僖公)、(說文·之部)、(馬叁·戰5)、(馬壹·老甲4)、(銀·孫2)、(武醫88甲)。“出”的字形演進脈絡:(後上29·10)、(頌壺)、(侯馬盟書)、(三體石經·君奭)、(說文·出部)、(睡24·29)、(銀·臏53)、(武醫85乙·27)。古文字階段“之”和“出”的主要區別是:“之”字下面為一橫,“出”字從“凵”;篆隸之間“之”向左的一撇與下面的橫連為一筆。《十問》這批簡中,“出”和“之”在字形上存在細微差別。例如第3號簡的“若弗能出楃,食之貴靜而神風”,其中“出”和“之”的字形分別是:和,顯然“出”由四筆構成,即一豎一點一撇一橫;而“之”由三筆構成,即豎、點、撇折捺(連為一筆);“出”字下部橫劃平而且末筆向上翹起,“之”字最後是稍向下傾斜的一捺,再如馬肆·十2·12的“之”字作:。因此,我們要討論的字形(馬肆·十5·15)應該是“出”;但從文意看,當用“之”,此處“出”是“之”的形近訛別字。

爲了區別詞義,準確表達,形近字在同一批竹簡中常常存在區別特徵,我們應根據文中出現的多個字形總結形近字存在的細微差別,并利用它們的細微差別考釋文字。而不應該忽視字形上的差別,僅僅從文意出發隨文釋字。

像“傅”和“傳”、“之”和“出”這樣,在不同時期的抄手筆下,某一區別特徵得到凸顯,我們根據這一區別特徵判斷訛別字,使判定出的訛別字具有明顯的時代性特徵。

四、反復性

所謂反復性是指同一對正訛字在同一種簡帛或多種簡帛資料中反復出現。別字的出現常常是偶然的、隨機的,因筆誤將一個字臨時寫為另一個字,有時一個字寫訛為另一個字在同一批簡帛中幾次出現,或在幾批簡帛中多次出現。這種情況的出現並不奇怪,因為漢字中存在大量形似字,而且人們的思維具有共同性,對於漢字具有相似的認知習得。

在同一批簡帛中反復出現的訛別字比較常見。

例3:武·甲特30·28:{卒降賓爵于匪人復位}。甲特校記三十:"賓爵,今本作實爵,簡文賓、實不分。"武·甲特33·22:{降賓爵于匪}。甲特校記三三:"賓爵,即實爵。"武·甲特44·47:{兩選皆降賓爵于匪上}。甲特校記四四:"賓爵應作實爵。"武·甲特45·31:{受爵降賓于匪}。甲特校記四五:"賓應是實。"武·甲少9·53:{賓于鼎}。甲少校記九:"賓為實之誤,下簡不誤。"武·甲燕19·7:{升賓之}。甲燕校記十九:"'升賓之',今本作'升實之';簡文實與賓形近易混,故此處唐石經等俱作實,而毛本作賓。"武·甲燕43·42:{乃飲賓爵}。甲燕校記四十三:"賓爵,今本作實爵。"武·甲泰97·51:{司射命執豊,執豊、賓觶如初}。甲泰校記九十七:"賓,今本作實。"武·甲有40·39:{主人實觶州尸}。甲有校記四十:"簡寫'實'為'賓',下亦有之。"武·甲有58·23:{賓觶于匪}。甲有校記五十八:"賓觶,今本作實爵,簡文實字常寫作賓。"另外,武·甲有41·29:{主人實觶}。整理者直接釋為"實",校記中沒有註明;實際上此處的"實"也錯寫成"賓"。上面諸例因"賓"和"實"字形相近,抄寫者沒有細審文意而書寫錯誤。

在《武威漢簡》中"實"多次錯寫成"賓"。另一方面,"實"字在多數情況下不誤,例如,武·甲特35·50"卒降實爵于匪"的"實"作:,武·甲特40·40"實觶于匪"的"實"作:。"賓"在多數情況下使用正字,例如武·甲特41·1"賓弟子及兄弟"的"賓"作:。

例4:睡·日甲69背·32:{多〈名〉鼠鼷孔午郢}。睡·日甲70背·26:{多〈名〉徐善趫以未}。睡·日甲71背·38:{多〈名〉虎豻貙豹申}。睡·

日甲 72 背・23：{多〈名〉兔竈陘突垣義西}。睡・日甲 73 背・28：{多〈名〉獿不圖射亥戌}。

按，69 背到 73 背都將“名”錯寫成“多”。74 背至 82 背都寫為正字“名”，例如睡・日甲 74 背・21“名西茝亥旦”的“名”作：，不誤。恐是所據抄寫的底本不清，抄寫者沒有審察詞義文意而抄寫錯誤。

總之，同一種訛別字在同一批簡帛資料中反復出現，應與所據抄寫的底本的清晰度有關，或與某一書寫者的書寫習慣有關。

在多種簡帛資料中反復出現的訛別字並不罕見。

例 5：張・引 81・20：{在右頰，引之如左}。

按，整理者直接釋為“在”。從文意看，前文說“在[左]頰”，此處說“在右頰”，正可對應。從字形看，此字與張・引 81・3 的“（在）”字形不類，與張・引 81・26 的“（左）”字形相同；應是“左”字，此處“左”是“在”的訛別字；按照此書凡例，釋文當爲：“左〈在〉右頰”。

武・甲有 30・11：，武・甲有 30・15：{梟在賁西脩在白西}。武・甲有 43・23：{主人在其右北面}。武・甲有 65・40：{監在右}。甲有校記六十五：“在右之在作‘左’，簡文在、左相混不分。”武・甲有 75・17：{內羞在右庶羞在左}。

按，除 30・11 不清晰外，其他四例從字形看都是“左”，與武・甲有 75・22 的“（左）”形體相同，與武・甲有 75・21 的“（在）”形體不同；從文義分析，正字都當為“在”；“左”是“在”的訛別字。

例 6：張・脈 9・6：{在腸，左右不化，為塞〈寒〉中}。其後註釋：“《靈樞・禁服》：‘盛則脹滿，寒中，食不化。’《諸病源候論》：‘故痢色白，色不消，謂之寒中。’”

按，恐是不懂醫學的抄手誤解文義而致誤，即以為“在腸，左右不化”就阻塞了，於是抄為“塞中”。實際上，此處是從病源上推尋，故當為“寒中”。“寒”與“塞”字形相近：兩字上部的構件相同，只是下部從“仌”和從“土”的不同。張・引 97・8“寒水”的“寒”作：，此“寒”字下面的兩點，起筆粗大，粘連，不仔細觀察以為是“土”，若抄手不理解文義又不仔細分辨字形就會錯將“寒”抄為“塞”。

再如:張・脈 21・35:{晨(振)塞〈寒〉}。張・引 40・15:{兩胻善塞〈寒〉}。張・引 33・36:{濆産(顔)以塞〈寒〉水如粲(餐)頃}。張・脈 24・1:{灑灑病塞〈寒〉}。

同樣的訛誤在馬王堆出土的漢簡中也出現了,馬肆・十 30・17:{塞〈寒〉温安生}。原字形為"塞";從文意看當用"寒","寒"和"溫"詞義相對,此處連用表示冷熱。

有些訛別字經常出現在某一抄手筆頭,被這個人錯誤地認可而不被社會認可。有些訛別字,不同書寫者都會偶然寫訛;這正是因為某些漢字字形相近易混,而人們長期形成的思維習慣和書寫習慣有某些共性。

五、複雜性

前文對訛別字與"簡帛文字形體混同"、與同形字之間的錯綜關係作了闡述,這是訛別字複雜性的一個表現。除此之外,其複雜性還有多種表現。

某字在這對正訛關係中作正字,在另一對正訛關係中作別字。例如將"八"錯寫成"入",將"入"錯寫成"人";將"高"、"王"、"也"錯寫成"之",將"之"錯寫成"土"、"上";將"步"錯寫成"斗",將"斗"錯寫成"升";將"君"錯寫成"右",將"右"錯寫成"左";等等。

某一正字對應幾個訛別字。例如將"及"和"取"都錯寫成"反";將"亓"和"下"都錯寫成"大";將"大"和"夫"都錯寫成"天";將"目"和"日"都錯寫成"曰";將"不"、"兩"和"天"都錯寫成"而";將"冬"和"多"都錯寫成"各";將"幕"和"與"都錯寫成"興";等等。

有時由正字到別字中間經歷了一個把字寫得不成字的錯字階段,即先將字寫錯,後進一步寫別。

例 7:馬叁・春 38・27:{是以同立(位)之人鮮〈解〉邦惡也}。

按,"解"與"鮮"形體相近,在由"解"到"鮮"的致訛過程中,"解"字左邊的構件"角"先訛為"魚",如馬叁・春 3・2 的"解"作:;又將右邊的部件"𢆶"訛為形近的"羊",最終將"解"字訛為"鮮"字。

例8:武·甲泰45·33:{詩射。射三矦}。甲泰校記四十五:"詩,今本作誘,下第六十一簡作誌。"武·甲泰61·8:{後者取誌射之矢}。甲泰校記六十一:"誌,今本作誘,上第四十五簡作詩。"

按,甲泰45·33可楷定為"詩",讀為"誘"。甲泰61·8不應楷定為"誌",其右邊構件的上部為"禾",因稍有變形而有些像"士",下部不為"心",整個構件不為"志",而是將"秀"寫訛後的字形。從這個形體可以窺見由"誘"訛為"詩"的過程:甲泰61·8將"誘"寫訛,頗不成字,遂被不明真相的抄手誤抄為與之形近的"詩"。

例9:關·周·T41·340·9:{以左手衺〈牽〉繘}。

按,《說文·牛部》:"牽,引而前也。從牛,冂象引牛之縻也,玄聲。""牽"的小篆字形作:(說文·牛部)。關·周·T16·139·壹·1"牽牛"的"牽"作:(另有關·周·T23·203·1和關·周·T23·203·5都作此形),將字上面的構件寫訛:構件"冂"訛為形近的"衣"字的下部。在古文字資料中,"牽"字的上部常常有所變形,例如睡·法29·27的"牽"作:,汝陰侯墓二十八宿圓盤上的"牽"作:。我們要討論的字形在關·周·T16·139·壹·1這個不規範字形的基礎上進一步寫訛,并錯將構件"牛"省去,遂將"牽"錯寫成"衺"。

有時將兩個俗體字寫混。

例10:馬壹·老甲126·13:{邦家悶(昏)亂,案有貞臣}。

按,與"昏"構成通用關係的字從"月"。老子甲本第131行:"鬻(俗)[人昭昭,我獨若]閲(昏)呵。"其中的"閲"字原帛書字形作:,即從"月",讀為"昏"。以"月"為義符,取義於月亮被遮蓋起來了所以昏暗,"閲"表示昏暗義,可以看作"昏"的異體字。字若從"心",當讀為"悶",老子甲本第131行:"鬻(俗)人蔡(察)蔡(察),我獨悶(悶)悶(悶)呵",其中第9字整理者釋為"悶",讀為"悶",其原帛書字形作:。今本《老子》第二十章作"悶悶"。悶從心、門聲,悶從心、問聲,而問又從門得聲,"悶"當是"悶"的異體字。我們要討論的老子甲本第126行第13字從"心"、"問"聲,當為"悶"字。"昏"是曉紐文部,"悶"是明紐文部,兩者韻同,聲紐一個牙音一個脣音相隔殊遠,"閲(昏)"和"悶(悶)"讀音不相近,

不是通假關係,字形相近,當是正訛關係。總之,老子甲本第 126 行第 13 字從字形看當釋為"悶(悶)";從文意看,正字當為"閽(昏)",即帛書抄寫者將構件"月"錯寫成"心",當看作訛別字。該句釋文應為:"邦家悶〈閽(昏)〉亂,案有貞臣。"意為:國家混亂的時候,才顯得出誰是忠臣。

第四節　訛別字的致誤原因及心理學闡釋

書寫過程可能受到各種因素的影響,致誤原因錯綜複雜,而時間不能倒流,書寫場景無法再現,對於將正字錯寫成別字的原因,我們只能依據訛別字所屬的類別、訛別字呈現的特徵等略作分析推測。其中有言之合理的地方,也難免有失之臆測的地方。

訛別字是由主、客觀原因共同促成的。客觀原因是潛在的基本條件,是導致寫訛的誘因;而書寫是一種主觀性行為,客觀原因要內化為主觀因素發揮作用。每個字寫訛都是有多種因素共同促成的,爲了敘述方便,下面分條剖析。

一、客觀原因

每個字寫訛都能找到客觀原因。通過對訛別字的梳理,我們將導致寫訛的客觀原因總結為以下幾點:

(一)字形本體的原因

1. 字形結構自身的未完形感

漢字產生之初為實現某種造意或在發展演變過程中受書體變化、訛變、隸變、簡省、增繁等因素影響而產生了結構變化,使部分漢字的形體在某些人眼裡不夠勻稱、不盡美觀,在"完形壓強"作用下,書寫者在書寫時會不自覺地增加筆劃或變換結構,而意識不到被改變後的字形已與另一個字產生混淆。

例如對"齋"字十分熟悉的書寫者在寫"齊"字的時候,會感覺"齊"的中下部很空，總感覺字未寫完，習慣順勢加上三點，於是將“齊”錯寫成“齋”。① 這對正訛字在《武威漢簡》和《居延新簡》中多次出現。

例1：武・甲服2・57：｛長各齋其心皆下本｝。甲服校記二：“長，今本作杖。齋，今本作齊。”武・乙服1・倒1：｛長各齋其心皆下本｝。乙服校記一：“齊作齋，同于甲本。”武・丙服32・13：｛若齋，常內｝。丙服校記三十二：“齋，今本作齊。”武・甲有62・2：｛齋之｝。甲有校記六十二：“齋，今本作嚌，簡多作嚌偶亦作嚌。”武・甲有70・2 ｛齋之｝。武・甲燕9・4：｛齋之｝。甲燕校記九：“齋，今本作嚌。”武・甲泰14・36：｛齋之｝。甲泰校記十四：“齋，今本作嚌。”按，以上各字從字形看，與武・丙服34・8“齊衰四升”的“（齊）”字形不類；都是“齋”字。“齊”做構件時也會寫作“齋”，例如武・甲有38・34：｛絕祭嚌之｝；武・甲有73・53：｛絕祭嚌之｝。

《居延新簡》中的“齊”字也常寫作“齋”。EPT52・228・8：｛☐西卒夏同予藥二齋少俞｝。按，整理者釋為“齋”而無解說；從字形看，當楷定為“齋”；從文意看，當讀為“齊（劑）”。EPT59・269・8：｛頭痛寒熱飲藥五齊｝。按，整理者釋為“齊”，與原字形不符，當楷定為“齋”，讀為“齊（劑）”。EPT50・135・L2・5的“齊”作：；EPT53・69・18的“齊”作：；EPT56・10・12的“齊”作：；EPT59・343・7的“齊”：；EPT59・343・24“火齊必得”的“齊”作：；都在“齊”字下增加筆劃而將字寫誤。在這批簡中，“齊”作構件時也會錯寫成“齋”，EPT40・187・4：｛庭卒濟陰壽貴里牟賓｝。EPT59・575・10：｛假濟南劍一｝。這些字或字的構件與《居延新簡》中的“齋”字同形，比如EPF22・154・4：｛侍祠者齋戒｝；EPF22・155・8：｛八月二十四日丁卯齋｝；EPF22・159・18：｛齋戒｝。

2. 字形相近

歷代漢字的數量很大，已發現的甲骨文中的單字有五千多個；東漢許慎編寫的《說文解字》正文收字9353個，重文1163個；《漢語大字典》收錄54678字。古文字階段的漢字由或直或彎的線條組合而成；今文字階段的漢字由横、豎、撇、點、捺等筆劃構成；這麼多的漢字主要依靠筆劃（或線條）的種類和多少或筆

① 這類似我們現在寫“乖”，總感覺字未寫完，常常順勢寫為“乘”。

劃(或線條)的組合方式和組合關係相區別,許多漢字形體相近不足為怪。

兩個字的形體十分接近,人們在抄寫或書寫的時候,常常不慎寫混。例如"力"和"刀"的區別是長撇出頭和不出頭,有時書寫者想寫"力"卻因笔画写不到位而錯寫成"刀";有時書寫者想寫"刀"卻因用筆稍過而寫成"力"。例如,包山文書137號簡"斷"的異體本當從"刀",卻寫作"力":。包山文書146號簡的"刖"本從"刀"也不慎寫作"力":。武·甲少7·12:{司馬劫羊司土擊豕}。甲少校記七:"劫,今本作刲,簡誤從力。司土,今本作司士,簡文土、士往往混而不分。"按,《集韻·佳韻》:"劫,逼也。"《說文·刀部》:"刲,刺也。"從文意看正字當爲"刲","刲羊"與"擊豕"相對應。武·甲少3·14的"刲"作:,是"刲"較標準的寫法。甲少7·12將構件"刀"誤寫為形近的"力",遂將整字寫別。

再如"七"和"十"的形體十分接近。"七"的古文字字形作:(後下9·1)、(矢簋)、(此鼎丙)、(大梁鼎)、(信陽楚簡)、(三體石經·僖公)、(說文·七部)、(睡10·5)、(老乙前15上)、(武醫85甲)、(華山廟碑)、(熹·易·震);"十"的古文字字形:(甲870)、(我鼎)、(守簋)、(鄂君舟節)、(詛楚文)、(三體石經·無逸)、(說文·十部)、(睡23·3)、(居延簡甲713)、(熹·春秋·昭十九年)。① 于省吾《甲骨文字釋林》:"'十'字初形本為直畫,繼而中間加肥,後則加點為飾,又由點孳化為小橫。"當"七"和"十"都有橫和豎兩筆構成時,兩者主要依靠構成這兩個字的橫劃和豎劃的相對長短來區別:"七"的橫長豎短,"十"的豎長橫短。兩者區別細微,战国楚文字中"七"和"十"讹混的情况较为严重,上博孔子詩論27號簡的"七"作:,上博性情論34號簡的"七"作:,包山喪葬269號簡的"七"作:,望山2號墓48號簡的"七"作:;或將"七"写作"十",或将横和竖写得基本等长,使"七"和"十"难以分辨。信陽長臺觀2號墓2組15號簡的"十"作:,郭店六德45號簡的"十"作:;若不依赖上下文语境也较难分辨。所以早在信陽楚簡和

① 參《漢語大字典(縮印本)》,第2頁和第25頁。

三體石經中就出現將“七”的豎筆寫作豎彎的字形。整體而言，“七”和“十”在各個歷史時期都是具有區別特徵的，在秦漢簡帛中兩字的使用井然有別，所以我們將下面的兩例看作訛別字現象。

睡・日甲 64 正・貳・9：{十月楚冬夕，日六夕七〈十〉}。按，下文另有“十一月楚屈夕，日五夕十一。”“十二月楚援夕，日六夕十。”“正月楚刑夷，日七夕九”等，晝夜相加都是十六。因此這里“七”是“十”的訛別字。

張・算 153・30：{曰：方七〈十〉寸[一百]五分寸三〈十四〉}。按，從字形看，為“七”；據文意這裡的正字當爲“十”；也將“十”錯寫為“七”。

兩個字的形體十分接近，在不同時期的書寫者筆下都可能寫別。因形體相近而將 A 錯寫成 B 的情況，前文已有較多論述，不多舉例。

（二）所據底本的原因

所據底本是爛文（缺筆）或殘泐模糊，抄寫者依照殘剩或模糊的筆劃摹寫導致錯誤；或者底本原有訛誤，抄寫者不明文意、不審字形繼續或進一步寫訛。

例 2：放・甲日 72・倒 1：{犬忌癸未酉庚申戌己燔園中犬矢犬弗居}。

按，整理者將之釋為“居”，而無解說。從字形看，此字與放・甲 71・倒 1“鼠弗居”的“（居）”形體明顯不同，當爲“尼”字；從文意看，當用“居”；此處“尼”是“居”的訛別字。

放・乙日 307・倒 1：{犬弗居}。整理者依據甲種《日書》和乙種《日書》的字體推測①，甲種《日書》是一種較早的本子，而乙種《日書》是墓主人抄於甲種後形成的一種抄本。甲本錯將“居”寫為形體相近的“尼”，乙本沿襲了甲本的錯誤，乙日 307 中的“尼”也是“居”的訛別字。

二、主觀原因及心理學闡釋

記錄是將表達思想的語言外化成文字。抄寫是將原有的文字符號轉化成

① 甲種《日書》的字體以圓曲弧線的筆劃為主，更多地帶有小篆之勢，部分字體仍保留戰國古文遺風，是介於篆隸之間的一種字體。乙種《日書》的字體與睡虎地相似。

思維,再將思維外化成文字。因此書寫①過程受到各種思維的影響和支配。

(一)書寫者的心理狀態

1. 疏忽大意

書寫者的書寫水平和書寫態度會影響到訛字的產生。"漂亮的書法並不一定意味著文獻抄寫得準確。如馬王堆帛書《周易》中包括了一些基本的錯誤,原因在於抄手粗心大意或缺乏責任心。"②

注意是心理(意識)活動對一定對象的指向和集中。③ 注意分無意注意和有意注意。有意注意是一種自覺的、有目的的、在必要時還需要一定意志努力的注意,它的基本功能是對各種心理過程進行積極的調節,是實現活動目的的保證。注意的穩定性是隨著客體複雜性的增大而提高的,單調的東西會使注意力降低,而抄寫對多數主體來說都是一種單調的、相對簡單的活動,不能引起主體積極的思維活動,注意力容易分散,這種形式的分心常常使主體將 A 字寫成 B 字,從而導致訛字的產生。注意的穩定性主要與人的積極性有關,若抄手對所抄對象十分重視從而時時提醒自己集中精神,抄寫的正確率就會提高。④

抄寫者因粗心大意或不審字義文意而將 A 字抄成上下文中的另一個字 B 字,從而導致寫別字。

例 3:馬壹 · 老甲 410 · 19:{外非有弓有之備也}。其後註釋:"'弓有'疑當作'弓弩',抄寫者涉上文'有'字誤書。"

某些動作行為起初可能受到意識的調節,但在長時間持續進行或多次反復後,便可能轉化為自動化的、無意識現象。抄寫者有時候並不清楚自己所抄寫的內容,所以受前文"有"字影響,把經常運用的"弓弩"錯抄成"弓有"。

2. 缺少區別意識

抄寫者缺少區別意識,或有區別意識但書寫隨意,寫出的字區別特徵模糊,使讀者難以辨別。

---

① 在本文中,書寫泛指用筆寫字,包括抄寫和記錄。

② 李學勤:《帛書〈系辭〉上篇析論》,《江漢考古》,1993 年第 1 期,第 81 頁。

③ 參章志光:《心理學》,人民教育出版社 2000 年,第 85 頁。

④ 疏忽大意也會導致訛錯字的產生,為避免重複,"訛錯字"一章中,不再對這一原因舉例闡述。

例4:馬壹・老乙27上・24:{凡觀國,有大〈六〉順}。

按,從文義來看,下文有"六順六逆□存亡[興壞]之分也"的句子,可見此處應該用"六"這個字。但此字寫得與"大"難以分辨。觀察"六"歷代的字形:(林1・18・10)、(前七・39・1)、(師奎父鼎)、(石鼓)、(說文・六部)、(睡虎地23・3)、(馬壹・老乙28上・22)、(武醫86乙)。"大"歷代的字形:(後上4・17)、(頌鼎)、(說文・大部)、(馬叁・春14)。它們的區別特徵表現在:"六"由四筆構成,隸書的"六"作:一點、一橫、一小撇、一點,其中上面的點和下面的撇一定是兩筆,而不是一筆,下面的撇和點分離不相接;早期的"大"由四筆構成,隸變以後作三筆,其中向左的撇筆向上貫穿橫筆成為一筆,下面的撇和捺相接。所以,老乙27上・24就字形所呈現的形態看,當釋為"大",從文意看,當讀為"六";整理者先楷定為"大",後用尖括號注出"六"的做法是嚴謹的、正確的。

書寫者區別意識不強,會將"六"上面的點和左邊的撇連起來寫,例如馬壹・老乙142上・31"十六經"的"六"作:。若書寫者沒有區別意識,將末筆與長撇相接,就與"大"字混而不分了,例如馬壹・老乙35下・16"六分"的"六"作:(整理者直接釋為"六",不當;從字形和文意分析,當釋為"大",讀為"六")。有時書寫者會用心地將兩者加以區分,例如馬壹・老乙52下・倒5的"六"作:。

3. 錯誤的識記①

錯誤的識記或不正確的書寫習慣導致將不同語境中出現的某字全部寫訛。這個訛別字的出現頻率很高,但得不到社會認可。

例5:武・甲士15・35:{非以君命使則不稱寫大夫則曰寡君之恭}。甲士校記・十五:"'寫大夫'即'寡大夫',《燕禮》第四十五簡寡君亦作寫君。……寡君之寡,削改。"按,從字形看,此字與15・40的"(寡)"不類,實為"寫"字;從文義分析,當用"寡"。"寡"字在這隻簡上出現兩次,15・35的字形為"寫",15・40削改之後字形為"寡",此削改顯然是墓主在研習時為之。

① 缺少區別意識和錯誤的識記都與抄手的水平有關。裘錫圭指出郭店簡中所見的錯誤是因為抄手的水平不夠,並非粗心大意。

武·甲燕45·51:{公與客燕。曰:寫君有不腆之酒}。甲燕校記四十五:"寫,今本作寡,《士相見》第十五簡'寡大夫'作'寫大夫',與此同。"另外,武·甲燕46·7,武·甲燕46·16,武·甲燕46·33,武·甲燕46·44,武·甲燕46·60,武·甲燕47·18,武·甲燕47·31,武·甲燕47·38,都將"寡"錯寫成"寫"。這一訛別字的出現恐與該抄手的書寫習慣或錯誤的識記有關,該抄手沒有仔細分析字形而主觀上認為"寡"字可以這樣寫。

這種出現在特定抄手筆下的訛別字给予我們書寫規範漢字的啟示:為避免寫別字,在日常學習和使用漢字時對有細微差別的字形要仔細分辨,正確識記。

(二)書寫者的思維習慣

將字寫訛的過程直接受到各種思維方式的影響,比如聯想思維、習慣性思維、趨簡心理等都會成為將字寫訛的主觀性因素。

1. 聯想思維

聯想是人腦對客觀事物複雜而有系統的聯繫的反映。联想思维是指在人脑内记忆表象系统中由于某种诱因使不同表象发生联系的一种思维活动。

客觀事物彼此相連,人的認識同樣有著複雜而系統的聯繫。因A字與B字意義上有聯繫,在看到A字時連帶想到B字,遂不慎將A字錯寫成B字。

例6:武·甲少34·52:{祝再于席上}。甲少校記三十四:"'祝再于席',今本作'祝拜于席',書手筆誤。"

按,因"拜"常與"再"連用,作"再拜",由"拜"聯想到"再",遂將"拜"誤寫為形近的"再"。

例7:武·乙服35·1:{爲妻之從父昆弟之妻,何以緦也?相與同室則生緦之親焉}。乙服校記三十五:"'為妻之從父',甲本、丙本與今本俱作'夫之從夫',此當是誤寫。"

按,從文意看,應為"夫"字,註釋的說法可從。"夫"與"妻"意義相關、常常連用,書寫者在寫"夫"時聯想到"妻",遂將"夫"錯寫成"妻",在意識流中先出現"夫"後出現"妻","妻"隨之流諸筆端。

例8:孔·日·413·20:{青雲麥為,黃帝禾為}。其後註釋:"'帝'可能係'雲'字之訛。"

按,註釋的說法正確,413·17的"雲"作:。這裡因為"黃帝"作為一個專有名詞經常連用,由“黃”聯想到“帝”,遂將“雲”錯寫成“帝”。

受上下文中另外一個字的偏旁的影響,錯誤地添加或者改寫成與之相同的偏旁,遂將 A 字錯寫成 B 字。我們把這種情況稱之為聯想思維影響下的錯誤類推。

例 9:張・奏 114・11:{血下汙池〈地〉}。

按,從字形看,此字從“氵”,當爲“池”字;從文意看,當用“地”。這裡恐是受上字“汙”的影響而將“地”的構件“土”錯誤地類化成構件“氵”,遂將“地”錯寫為“池”。

部分構件具有相同或相似的構意,作為義符可以換用,但受同類字偏旁影響,錯誤地類推和換用,會導致將字寫訛。

例 10:YM6 簡 131・39:{烏〈鳥〉之將死,其唯〈鳴〉哀}。

按,從上下文文意看,“鳥之將死,其鳴哀”,是說鳥兒快要死了,它的叫聲很悲傷;故正字當爲“鳴”。從字形看,在古文字里,常見构件“隹”和构件“鳥”互換使用構成異體字的例子;在《神烏傅(賦)》中,抄寫者每每將作為構件的“隹”和“鳥”混用,例如多次出現的“雌”和“雄”兩字分別寫作“䲰”和“䧺”。但從“口”、“隹”聲的合體字“唯”與從“口”、從“鳥”的合體字“鳴”是兩個不同的字,分別代表了兩個不同的詞。我們要討論的 YM6 簡 131・39 將“鳴”的構件“鳥”換成“隹”,實際上就寫成了別字“唯”。意義相近的兩個單字作構件時,在某些合體字中可以換用,換用產生異體字;在某些合體字中不能混用,混用導致寫別字。

聯想可分為接近聯想、類似聯想、對立聯想和因果聯想等。不同類型的聯想導致了不同類型的訛別字的產生,對此我們在“訛別字的類別”一節中已經做了較多闡述,這裡不再舉例。

2. 習慣性思維

習慣性思維(也是一種認知方式)指習慣相沿成習之後,就會內化為一種思維模式,從而對書寫過程產生影響。從發生學的角度看,這種現象可以是不自覺的。

因 C 和 B 作為常語经常放在一起使用,當在特定語境中这种搭配关系被改變,在思維定勢的作用下,常會受 C 的影響而將 A 錯寫成 B。

例 11：馬叁·戰 51·31：{然則仁義不可為與}。其後註釋："仁義疑當作信義。前面說，'信不與仁俱徹，義不與王皆立'，後面又說，'人無信則不徹，國無義則不王'，都講信義可證。"按，此字左邊稍殘，據殘剩筆劃判斷當為"仁"字。馬叁·戰 52·14：{仁義所以自為也}。其後註釋："仁義疑也應作信義。《燕策》蘇秦章作：'信行者所以自為也。'"按，"仁義"經常連用，"信"當是涉下文"義"字而訛作"仁"。

從心理學角度看，習慣思維定勢是指以一種特定的方式進行感知或思維的心理活動的準備狀態。由於過去經驗的影響而使心理活動帶有一定的傾向性。思維定勢在處理問題上的表現是以同樣的方式持續做某事的傾向。一旦主體頭腦中形成了某種假設，他常常就會看不到其他可能。在日常生活中有的人往往把聽到的內容變成了他想要聽到的東西，把看到的對象變成了他想要看到的樣子。① 就上例而言，抄寫者受"仁義連用"這種思維定勢的影響，將看到的"信義"二字變成他想要看到的"仁義"，并付諸筆端。

長期受社會文化生活的影響，抄寫者對某些字較為熟悉，寫來順手，習慣於去"生"就"熟"，即將不常用的字写为一个形体相近的常用字。

例 12：武醫 59·10：{先取雞子中黃者置梧〈桮〉中撓之}。其後註釋："'梧'字疑是'桮(杯)'字之訛。"武醫 80 乙·22 的"桮"作：，其構件"否"與"吾"形體相近，而"吾"的使用频率較高，遂將"桮"的構件"否"錯寫為更為常用的"吾"；終將整字"桮"錯寫成"梧"。

3. 趨簡心理

(1)受舍難求易思維的影響，將一個筆劃多、構件繁的複雜的字寫為一個與之形近的相對簡單的字。

例 13：睡·日甲 103 正·貳·6：{毋以寅祭祀鑿井}。

按，人們在寫鑿的構件"𣫞"時，很容易聯想到與之形近的殸，而將𣫞替換成殸，從而將穿鑿的"鑿"寫為表示鼓聲的"鏧"。整理者直接釋為"鑿"，與原字形不符；當釋為"鏧"，後用尖括號注出正字"鑿"。

(2)為書寫快捷而將字寫得簡率潦草。

---

① 章志光：《心理學》，人民教育出版社 2000 年，第 116 頁。

例 14:馬壹・老乙 135 下・12:{高而不已,天闕土〈之〉}。按,下文有“廣而不已,地將絕之”,其中的“之”作:(135 下・20);“苛而不已,人將殺之”,其中的“之”作:(135 下・28);這兩個“之”字與“土”字相區別的特徵明顯。其中 135 下・20 的“之”顯示了由“之”訛為“土”的過程:因書寫簡率而將豎筆兩邊的點和撇寫得較平,看上去就像是一橫,就可能被不明文意的抄手誤抄成“土”。兩字的區別特徵細微時,常常難以分辨,我們採用筆程追溯法將 135 下・20 確定為“之”字。而 135 下・12 很明顯已經將“之”錯寫成“土”。

由於古書的散佈、流傳主要依靠傳抄,加之抄寫工具和文獻載體的特殊制約,使得經生士子或專業抄手在謄抄文獻典籍時有意選用簡單易寫的字代替筆劃繁難的字,選用常見、眼熟的字替代生僻、少見的字。

訛字形成的原因是多方面的。將一個字錯寫成另外一個字的原因可能很多,上面是我們推測出的導致失誤的主要原因。讹別字常常是在主、客觀多種原因的综合作用下產生的,我們上文分條闡述,只是爲了便於表達。

第三章

訛錯字

訛字包括訛別字和訛錯字。訛錯字是在書寫過程中因將字寫得不成字而產生的字形。寫錯字與草書、異寫、俗寫等貌似實非，與訛變存在交叉，需要我們詳加辨別。

第一節　與訛錯字相關的幾個概念及訛錯字的判定

一、正字及正字的確立標準

對於正字主要有動詞和名詞兩種理解：作為動詞的"正字"是指確立規範漢字的行為；作為名詞的"正字"籠統地說是指正確的字形，是與訛字相對的概念，具體而言與訛別字相對的正字是指契合文意的那個字形，①與訛錯字相對的正字是指得到社會認可的通行的標準字形。沒有正字也就無所謂訛字，因此訛字的判定必須建立在正字確立的基礎上。

"正字"的確定是訛字研究的難點之一，也是無可回避的前提條件。為此我們盡可能利用各種材料來確立秦漢時期的正字，從而判定秦漢簡帛中的訛字。主要材料和方法如下：

① 正字是與訛字相對的概念，這裡的訛字包括別字，但我們將正字放到訛錯字這一章來介紹，因為與別字相對的正字是由字義文意規定好的，不存在難以確立的問題。

1. 尊重歷史傳承

以漢字演進序列為立足點,我們採用趙平安師的意見,趙師在《漢字字體的名實及其演進序列的再認識》一文中提出:"我們認為應採取時間線索、空間線索和邏輯線索相結合的方法。具體地說,就是根據漢字的歷史形態,先從縱向把漢字分為幾個不同的發展階段,然後根據地域特點從橫向把它分為幾系。這樣就形成了以時間為經,以地域為緯的排列格局。絕大多數字是可以根據這一方法排列的。當不能用上述方法或用上述方法行不通時,就按照邏輯順序來排列漢字的演進序列。"①正字應該是能在漢字演進序列中找到自己位置的字形。

2. 尊重人為規範

流傳至今的集中體現秦漢"正字"情況的主要文獻是許慎的《說文解字》,這本書是我們判定秦漢正字的主要依據。許氏在《說文解字・敘》中回顧了從"宣王太史籀著大篆"開始的漢字規範史,敍述了"倉頡已下十四篇",又提到了山川所得鼎彝上的銘文,顯然這也是他在介紹自己著作《說文》的材料來源。可見《說文》可以說是秦漢漢字規範類字書的集大成者。而且,據趙師研究,《說文》所收小篆符合漢字演進序列的占主體,發生訛變的字形只占很少一部份。另外,石經、流傳的秦漢石刻在當時起到規範作用,可以作爲考察秦漢正字的參考資料。

3. 尊重實際行用

目前能見到的出土的秦漢文獻比較豐富,反映了當時社會的用字實際,我們研究的對象是秦漢時期實際行用的文字資料,應該將待考字放到當時公眾用字的大背景下考察。總體而言,我們確立的正字字形應該是在秦漢簡帛文字資料中具有一定代表性的。

需要注意的是,古人用字比較靈活,不像現在這樣謹嚴。在秦漢時期的觀念和用字實際中,並不是非正字即為訛字的兩分法,而是在正字與訛字之間有一個寬闊的過渡帶,②這個過渡帶裏的字形不是社會規範的通行的標準字形,但它們的存在得到了一定時期、一定地域或特定社會群體的認可,歷代學者針對

---

① 趙平安:《隸變研究・附錄二》,河北大學出版社,1993年。

② 這裡針對錯字,正字和別字之間也存在似A似B的過渡字形,在第二章已有論述。兩者不是一回事。

其中不同的研究客體、從不同角度觀察分析,對之有不同的命名:異構字、異寫字、微別字形、俗體字、草書字等等。訛錯字與這些文字現象界限模糊,需要我們在確定訛字外延的過程中仔細分辨。

二、訛錯字與異體字

關於異體字的界定,學術界主要有以下兩種觀點:第一種意見認為異體字是音義完全相同,在任何情況下都可以相互代替的。持此看法的代表學者有郭錫良、張世祿、程湘清、余行達、李恩江等。第二種意見認為異體字是音同義同而形不同的漢字,也叫一字多形。持此觀點的人有胡裕樹、劉又辛、高更生、蔣善國、曾榮汾、趙振鐸、呂叔湘、朱振家等,《辭海》的界定也屬此類。

裘錫圭先生在《文字學概要》中給異體字下了定義:"異體字就是彼此音義相同而外形不同的字。嚴格地說,只有用法完全相同的字,也就是一字的異體,才能稱為異體字。但是一般所說的異體字往往包括只有部分用法相同的字。嚴格意義的異體字可以稱為狹義異體字,部分用法相同的字可以稱為部分異體字,二者合在一起就是廣義的異體字。"裘先生把狹義異體字分為八類。

2004 年出版的《異體字研究》是"漢字規範問題研究叢書"的一種,以整理規範漢字和編寫《規範漢字表》為討論的主題和目標,收錄了眾位學者對異體字的見解,集中了有關異體字的最新研究成果。

李國英提出:"我們主張從構形和功能兩個維度給異體字下定義,把異體字的範圍限定在同字的範圍之內,把異體字定義為在使用中功能沒有發生分化的為語言中的同一個詞造的不同的文字形體以及由於書寫變異造成的一個字的不同形體。"①

章瓊認為:"異體字是記錄語言中相同的語詞、在使用中功能沒有差別的一組字。"②

王鐵琨的定義是:"異體字指一個字有兩種或兩種以上的寫法而讀音、意義完全相同以及讀音相同、意義以大包小的字;也特指跟通常寫法(即規定的正

① 李國英:《異體字的定義與類型》,《異體字研究》,第 12 頁。

② 章瓊:《漢字異體字論》,《異體字研究》,第 25 頁。

體)有同音同義關係而寫法不同並被淘汰的字。"①

劉延玲認為:"異體字是漢字史上為記錄同一詞而造的,在使用過程中功能沒有發生分化或同一個字由於書寫變異而形成的一組形體不同的字元。前者可稱為異構字,後者可稱為異寫字。"②

張書岩認為:"應該恢復異體字原有的內涵,採取'嚴式'的定義,即異體字是在一種特定的字體中,具有相同功能,記錄相同的詞的一組字。"③

強調"嚴格意義上的異體"的還有李圃,他認為代表同一個語素(或詞)的字,音義完全相同,而結構成分(字素)不同,或者結構成分雖然相同而結構部位、結構關係不同,方得視為異體。

眾位學者對異體字內涵的理解大都符合異體字的本質,只在表述上稍有差異。

異寫和異構是對異體字的研究達到一定深度時提出的概念,王寧在《漢字構形學講座》中分別作了界定:"異寫字是職能相同的同一個字,因寫法不同而形成的異形。這些形體其實就是同一個字的不同寫法,它們之間的差異是各結構要素內部筆劃上的差異,也就是書寫屬性的差異……它的存在說明,人們對漢字的形體識別具有一定程度上的相容性。"④"異構字也就是通常所說的異體字。這裏稱作異構字,是為了跟異寫字區分開。"⑤李國英提出:"異體字有兩個主要的來源,一類來源於構形,一類來源於書寫。根據異體字形成的方式,可以把異體字分為異構字和異寫字兩種類型。(一)異構字,即用不同的構形方式或選取不同構件構成的異體字。(二)異寫字,即由於書寫變異形成的異體字。"⑥劉延玲有相類似的界說:"異構字是為記錄同一個詞而造的,是指為了記錄同一個詞採用不同構件和不同構件組合方式而造的不同的文字形式,這是從字源的

---

① 王鐵琨:《試論異體字的定義》,《異體字研究》,第 91 頁。

② 劉延玲:《試論異體字的鑒別標準與整理方法——以〈第一批異體字整理表〉為例》,《異體字研究》,第 94 頁。

③ 張書岩:《評〈第一批異體字整理表〉——兼及〈規範漢字表〉對異體字的處理原則》,《異體字研究》,第 151 頁。

④ 王寧:《漢字構形學講座》,第 73 ~ 75 頁。

⑤ 王寧:《漢字構形學講座》,第 75 頁。

⑥ 李國英:《異體字的定義與類型》,《異體字研究》,第 13 頁。

角度對異構字的限定。異寫字是為同一詞造的字元在使用過程中,由於書寫變異而產生構形不同的形體。這種變異發生在筆劃或基礎構件內部,並沒有改變字元原初的構意。"①自古以來,在漢字的日常應用中,不同的人會有不同的書寫習慣。一般情況下,因書寫風格不同造成的異寫,還不至於構成"異體"關係。

"簡帛文字屬於個人使用漢字這個層面上的,由於執筆者的書寫習慣和風格不同,會形成一些異寫字。"②異寫字和訛錯字之間存在劃界問題,異構字和訛錯字之間也存在辨析問題。拙文採用狹義的異體字概念,必要時使用異構和異寫等術語。

異體字和訛錯字的關係錯綜複雜。劃界問題操作起來十分困難。概念可以作為劃界的一個標準:異體字是與通行字相對而言的,指記錄同一個詞、音義完全相同而形體不同的字。訛字是與正字相對而言的,它的出現導致行文的不可釋性和字形的不可釋性,具有偶然性和臨時性。另外,我們還可以從以下幾個方面入手加以辨別:

(一)有無構字理據

考察待考字形是否具有構字理據。具有構字理據的視為異體字。

例1:EPF22·546·12:[illegible]{到城北隧彊刼略}。

按,此字從"刀",不從"刃",可楷定為"刼"。《廣韻·業韻》:"劫,強取也。俗作刼。"《說文·力部》:"劫,人欲去以力脅止曰劫。或曰:以力止去曰劫。"古文字資料中的"劫"多數從"力":[illegible](說文·力部)、[illegible](馬叁·縱71)、[illegible](銀·臏168);也有從"刀"或"刃"的:[illegible](定縣竹簡69)、[illegible](武梁祠銅像題字);劫持常常用刀,因此,從"刀"的"刼"在字形發生變化的同時具有了新的構字理據,可以看作"劫"的異體字。

例2:流·小一2·7:[illegible]{疕、灾、疾}。

按,整理者將此字釋為"灾",不妥。這個字的筆程是:一撇、一小撇、一橫、一短豎、一與橫貫穿的豎撇、一捺、在橫與撇捺之間是分向兩邊的兩點。從該字出現的語境看,此字上有"病、狂、疵、疕"等字,下有"疾"字,其字義都與疾病有

---

① 劉延玲:《試論異體字的鑒別標準與整理方法——以〈第一批異體字整理表〉為例》,《異體字研究》,第94頁。

② 王寧:《漢字構形學講座》,上海教育出版社,2002年3月版。

關,此字應該也是記錄與疾病有關的某個詞的字。我們推測是“疥”字。《說文·疒部》:“疥,搔也。從疒,介聲。”段玉裁注:“疥急於搔,因謂之搔。”疥指疥瘡,很癢,人要抓撓。而我們要討論的字形正像一個歪著頭、兩胳膊反轉向上的人在抓撓,胳膊下的兩點表示因抓而掉的皮屑。該字形是個象意字,可以看作“疥”的異體字。

例3:東110·H1·9:■{莒一籠}。

按,整理者原釋為“竉”;細察此字,上不從“穴”,而從“罒(即网)”,下面的構件明顯是“龍”;整字當楷定為“罷”,可以看作“籠”的異體字;“罷”以“罒”為義符,取義於以網狀的形式編織籠子;“籠”以“⺮”為義符,取義於編織籠子的材料主要是竹片。另外,整理者釋為“莒”的字,原簡文字形作:■(東110·H1·7),細察此字,上面的構件為“艹”是毫無疑問的,利用筆程追溯法分析該字下面的構件:第一筆是向右斜的豎筆(稍短),第二筆是橫折,這兩筆構成倒三角的形狀是“口”簡率的寫法;下面的“口”有三筆構成(豎、橫折、橫),是“口”標準的寫法,但其左邊的豎筆稍長,致使整理者誤釋;在兩“口”中間有一短豎相連,這是“呂”有別於“昌”的區別性筆劃。《說文·呂部》所收小篆的“呂”字作:■,《西狹頌》的“呂”字作:■,中間都有短豎相連。我們要討論的第110號簡第1行第7字與《說文·艸部》的“■(莒)”字形相似,從艹、從呂,當為“莒”字,《說文·艸部》:“莒,齊謂芋為莒。從艹,呂聲。”總之,第110號簡牘第1行應釋為:“莒一罷(籠)。”意為:芋頭一籮筐。

(二)是否順合歷史傳承

考察待考字形是否符合漢字發展演變的規律。能夠插入漢字演進序列的,是異體字;不能插入,則看待考字形是否取得正字地位並延續下來,若是一時訛誤,則為訛字。

例4:馬三·簡185·1:■{葸(蕙)一鈞一笥}。

按,整理者將此字釋為“葸”,讀為“蕙”。從字形看,此字當爲“惠”字。“惠”的古文字演變脈絡清晰:■(㝬鐘)、■(王孫鐘)、■(說文·叀部)、■(睡·爲2·L4·1)、■(馬叁·戰133·9)、■(馬壹·老甲後281·倒1)、■(銀·臏312)。我們要討論的字形與睡虎地等秦漢簡中的“惠”字字形相同,都將中間的“”省略;這符合漢字簡省的規律,可插入漢字演進序列;是“惠”字的異寫字形,可直接楷定為“惠”。從文意看,當讀為“蕙”,“惠”和“蕙”讀音相近(惠屬匣紐質部,蕙屬匣紐脂部),是通假關係。該句釋文當爲:“惠(蕙)一鈞一笥。”

(三)字形之間有無規律性聯繫

考察待考字形與所對應的正字(或通行字)之間存在什麼性質的聯繫,是有理性的聯繫還是無理性的聯繫。待考字形與常規寫法不同,但其形體結構發生的變化可以用漢字發展過程中呈現出來的某一規律來解釋說明的,是異體字,即異體字與通行字之間有明顯的形體上的聯繫;而訛字主要依賴上下文文意來確定與之相對應的正字。

例5:武醫58·11:{用淳溋三升漬之}。其後註釋:“‘溋’即‘醯’,‘淳溋’即濃醋。”

按,“醯”是流質的,將構件“酉”換成“水”,具有構字理據;右邊的構件與武醫71·28的“(醯)”字所從相同,都省掉了右上構件中的部分筆劃而沒有引起歧義。武醫58·11可以看作省寫,而不是錯字,我們可以採用認同的方法直接釋為“醯”。

例6:武·甲燕32·10:{東楹之東}。甲燕校記三十二:“楹,今本作楹。”武·甲燕34·20:{東楹之東}。

按,整理者釋為“楹”,與原簡文字形不符。實際上,這兩個字形與武·甲燕32·6“由楹內東”的“(楹)”相似,這三個字形都將右邊構件“盈”的上部省寫;其中32·10和34·20簡省得更加嚴重;“楹”的小篆字形作:;我們要討論的字形與標準字形之間的聯繫明晰可循,因此可以採用認同的方法直接釋為“楹”。

另外,為避帝王、尊長名諱,要以空缺、替換、缺筆等方式避免直接書寫。因避諱而缺省筆劃形成的字形,不看作訛錯字。

需要注意的是:

第一,每個標準都不是絕對的,需綜合幾個標準作出判斷。

第二,古人用字比較靈活,不像現在這樣謹嚴。我們不能拿現代漢字規範的標準來判定簡帛中的錯別字。

三、訛錯字與俗體字

多數漢字的字形演變脈絡清晰,甲金篆隸井然有序;但在每個時代,於標準字形之外,都存在形形色色的俗字。

俗字也稱俗體字、俗寫字,張湧泉在《漢語俗字研究》中這樣定義:"所謂俗字,是區別於正字而言的一種通俗字體。""凡是區別於正字的異體字,都可以認為是俗字。俗字可以是簡化字,也可以是繁化字;可以是後起字,也可以是古體字。正俗的界限是隨著時代的變化而不斷變化的。"①

章瓊在《漢字異體字論》中針對這種說法,一方面表示同意俗字是"區別於正字而言的一種通俗字體",另一方面提出:"'異體字'並不都是俗字。作為區別於正字的一種通俗字體,俗字一般是指民間手寫的,用於俗文學、俗文書的一種與字書規範寫法不同的字。但異體字並不都是民間的俗寫,也不見得不符合字書規範,因而有許多'區別於正字的異體字'並不是俗字。"

《辭海》和《漢語大詞典》都認為異體包括"俗體"。② 異體字和俗體字是從不同角度命名的概念,俗體字主要是從產生和使用的場合來命名的,如果俗體字也從字形與所記錄的詞之間的關係來看,也符合異體字的內涵(彼此音義相同而形體不同)。

對於訛錯字與俗體字的區別,張湧泉認為:"'誤'字與'俗'字的界限,在於前者是偶然筆誤,後者則是習慣性的寫法。但如果某一誤字在古籍中出現的次數頗為頻繁,或者帶有某種規律性。那這一誤字就可以被看作是俗字。"③也就是說,是否視為訛錯字,應當根據同時期的社會用字習慣和字形的出現頻率來判斷,而不能完全拘泥於"造字理據"。當某個字形與其所記錄的詞義之間"已

---

① 張湧泉:《漢語俗字研究》,嶽麓書社 1995 年,第 5 頁。

② 《辭海》認為異體指"音同義同而形體不同的字。即俗體、古體、或體、帖體之類"。上海辭書出版社,1989 年版,第 2819 頁。《漢語大詞典》認為異體指"音同義同而形體不同的字。即俗體、古體、或體之類"。漢語大詞典出版社,1991 年版,第 7 冊,第 1354 頁。

③ 張湧泉:《敦煌俗字研究》,第 347 頁。

經建立了固定的對應關係",我們就可以說這個字具有了社會性,而不必看作錯字。① 徐正考提出:"判斷是錯譌還是當時的俗體、簡體並不容易,我們只能據漢金(筆者按,該文討論的是漢代金文中的文字問題)常例判定。"②

錯字與俗字的本質屬性不同:錯字一般是指書寫時偶然筆誤形成的字形;俗字則是爲了書寫簡便而產生的與正體字具有規律性形體聯繫的字形,俗省字是俗字的主要組成部分。

例7:EPT14・4・4:[illegible]{☑與尉所舉相應}。

按,"舉"的字形演變脈絡:[illegible](中山王壺)、[illegible](說文・手部)、[illegible](睡・語8)、[illegible](居延簡甲198)、[illegible](曹全碑)、[illegible](西陲簡56・4)。為了書寫簡便快捷,而將字的上部重新結構,即將處在同一水平線上的幾個橫筆連為一橫,幾個豎筆連為一豎。EPT14・4・4明顯是在簡省意念的驅動下產生的,宜將之看作俗體字。居延新簡的內容多是實用性的簿記,裏面的別字較少,草寫、省寫、俗寫較多。

錯字和俗字還在以下幾個方面存在差異:

(一)社會性

錯字不具有通行性和"合法"性;俗字從產生到使用都潛在地遵循著社會性原則,也就是說俗字在秦漢時期在一定範圍內得到了社會認可。

例8:流・小一7・14:[illegible]{㐿}。其後註釋:"趙㐿卿顏本㐿作儒(㐿為孺之別字,漢人書從需之字多別作㐿,堯廟碑儒作㐿,景北海碑繻作㐿其證也)皇本則皆與此同。"

按,《說文・子部》所收的"孺"作:[illegible],槖泉官行鐙的"孺"字作:[illegible]。我們要討論的字形右邊構件"需"的上部因書寫草率而有所變形。這一字形有規律地出現,尤其是出現在碑刻當中,說明它已經在一定範圍內得到社會認可,具有一

① 異體與俗體的聯繫與區別學術界未有一個統一的說法,我們將兩者分開來與訛字比較,一方面可以避開兩者的糾纏,另一方面可以方便我們從多個角度討論訛錯字的辨析問題,便於將訛錯字的外延界定得更加清楚。將微別字形、草書字等單獨拿出來討論也是同樣的道理。

② 徐正考:《漢代金文中的文字問題》,吉林大學古文字研究室《中國古文字研究(第一輯)》,吉林大學出版社,1999年6月第1版。

定的社會性,說明這個字形符合人們書寫過程中的簡省或草寫規律,不會引起歧義,可以看作俗體字,不必看作訛字。另,《玉篇·子部》:"㒸,同孺。"《國語·越語上》:"國之㒸子之遊者,無不餔也。"㒸也是俗體字。

(二)普遍性

立足於用字和書寫實際,考察字形是否得到社會的普遍承認,是否在實際行用的多種文字材料中多次出現。

從出現頻率來看,俗字在實用性古文字資料中出現的頻率較高。從使用範圍來看,俗字不是出現在個別人筆頭的個別現象,而是在不同簡帛資料中反復出現具有一定普遍性的現象。從使用時間來看,俗字常常在較長時期內都被使用。

有時俗寫字不僅作為單字而且作為構件出現在多個漢字中;或者某個構件的俗寫形體出現在多個合體字中。

例9:武醫68·28:{音甓雖撕敗,能複精}。武醫8·3的"",整理者也釋作"甓"。

按,武醫9·4的"耳"作:,武醫66·12"以穀塞之耳,日壹易之"的"耳"作:。68·28和8·3下面的構件與此兩字形體相近,只不過因處於合體字的下部,最後一筆橫豎彎鉤較短,亦當爲"耳"。在這批簡牘中,"耳"作為單字和作為合體字的構件其形體都與"瓦"相似。"瓦"的古文字形作:(說文·瓦部)、(馬一·141)、(武·甲少27)、(張景碑);"耳"的古文字形作:(後下15·10)、(亞耳尊)、(說文·耳部)、(馬壹·老甲後217)、(孫子61)、(魏封孔羨碑)。兩字的主要區別是"耳"字的上部有一較長的橫劃。68·28和8·3下面的構件與"耳"相比稍有變形。但68·28和8·3下面的構件也不符合"瓦"字的標準寫法,原釋文楷定為"甓",不當;應該直接認同為"聲",不是訛錯字。

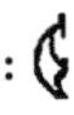

流·小五9·25:{瓦欲卑目欲高}。其後註釋:"瓦即耳字。"按,此字與武醫簡中的"耳"形體相同,可直接釋為"耳"。

使用這個標準,具有一定冒險性,因為雖然伴隨著一次次重大考古發現,我們能接觸到的出土文獻越來越多,但是我們作出結論時,並不知道埋在地下沒有被發掘出來的資料中與我們研究相關的材料還有多少,而且得以保存下來的資料畢竟只占當時實際行用的書寫資料的一小部分。

(三)定型性(即是否被字書收錄)

俗字被字書或韻書收錄,遂使它的形體得到確定。當然也要分析是被何種性質的字典辭書所收,有些字書存在以訛傳訛的現象,其字形來源頗有問題,例如《汗簡》即收入大量訛字,當時對於字形的研究不夠充分,我們不必苛求古人,但現今對此的認識應該加深。

例 10:EPT50·141·4:[illegible]{蕭隧史樊循}。

按,從文意看,此字表示姓氏,當讀為“樊”。從字形看,樊字下從“[illegible]”,小篆字形作:[illegible];我們要討論的字形受其上面構件“木”的影響,而將下面的構件“[illegible]”寫為類似于“木”的形體。ESC76·9 的“樊”也從“木”:[illegible]。

《漢語大字典》在“樊”的字頭下收錄另外兩個碑刻上的字形:[illegible](武梁祠畫象題字)、[illegible](漢永建黃腸石)。從“木”的字形出現在碑刻上,又被字書收錄,使它的形體得以定型,不當看作訛錯字。

從不會造成混淆難識、給書寫自由度留空間及識讀具有一定包容度的角度,我們主張不把這種類型的字形看作訛錯字。

我們站在 21 世紀,是可以根據傳世文字材料和日益豐富的出土文字材料把秦漢時期的俗體字和訛錯字區分開的。

四、訛錯字與微別字形

“微別字形”是與“規範字形(又稱標準字形)”①相對而言的,其特點是:1. 與標準字形差別細微;②2. 易被認知,即不會給認讀帶來太大困難;3. 作為某個

① 受社會約定俗成、秦始皇統一文字和規範字樣的影響,秦漢時期社會上應當是有標準字形的,只不過不像我們現在用字如此統一。

② 待考字形省去部分構件或某一構件的部分筆劃,與正體字在字形上差別較大;但這種字形的出現是以簡化為動因的,與正體字之間存在規律性的聯繫,我們一般稱之為俗體字,不能看作訛字,也不再看作微別字形。

字形的自由變體,符合一定規律;4. 字形局部發生變化,表現為:個别筆形微有差異,筆劃略有增減或由於某一筆劃的變異而影響結構稍有出入;5. 同一個規範字形可能對應多個微别字形,它們之間存在形体上的聯繫。

書寫微别字形的原因:1. 表層原因:書寫草率,追求書寫個性;2. 深層原因:書寫自由度與記錄詞義、區别詞義之間的矛盾。

秦漢簡帛中存在大量微别字形,由於抄手的素質、習慣、態度等各不相同,微别字形在不同材料中出現得或多或少。對於微别字形一般可以採用認同的辦法楷定。例如:馬三·圖 26·84·3 的“”,馬三·圖 28·111·1 的“”,此字在馬王堆三號漢墓竹簡中多次出現,整理者都是先摹形為“夕”,後加圓括號,讀為“肉”。我們認為此字是“肉”字的微别字形,只在筆形上稍有出入,可以直接認同為“肉”。

流沙簡、龍崗簡和《長沙馬王堆二、三號漢墓》中的一些形體,整理者採用摹形的方法楷定,實際上多数不是錯字而是微别字形,可以直接認同為相應的正體字。

(一)訛别字與微别字形存在劃界問題①

辨别的關鍵在於把握好細微差别的“度”,對於筆劃上的差異有的一定要計較,有的可以略而不計。不能單純以待考字形與標準字形相差筆劃的多少來確定是不是微别字形,必須分析筆劃或結構的變化是否是關鍵性的。有時待考字與標準字形只相差一兩筆,卻已寫成另外的字,即為訛别字。

例 11:YM6D12 反·L1·7·1:{哈〈晗〉具}。

按,整理者將之釋為“哈”,後用尖括號標出“晗”,即認為“哈”是“晗”的訛别字,是正確的。《望堂·戚伯著碑》的“晗”作:,銀·守 903·17“親死不得含”的“含”作:,“晗”的構件“含”從“今”,與“哈”的部件“合”只相差一筆,但這一筆是區别“晗”字與“哈”字的關鍵性筆劃,我們將之稱為區别性筆劃,這種

① 爲了敘述的方便,我們把别字與微别字形的劃界問題放到訛錯字這一章來討論。

筆劃不是可有可無的，它關係到字位①的變化。“哈具”於義難通，當讀為“哈貝”（“具”乃“貝”的訛別字，見第一章第三節例5）。

而有些筆劃不是區別性筆劃，因它們的有無或變形而產生的新字形，可稱之為字位元變體，不是訛字。例如，尹灣簡90～108多次出現“陰”字，作二形：[illegible]（簡103）、[illegible]（簡108），也都省去筆劃，但因為簡省後的寫法不會與其他字發生混淆；且有語境（與“陽”放在一起使用）限制，不會引起歧義；即使沒有上下文也能做到認同；所以不看作訛字。

（二）訛錯字與微別字形界限模糊

因筆劃增減或結構變形而使待考字形難以識別，當看作訛錯字。

例12：睡·爲叁·5·3：[illegible]（沖蝕并增加對比度後作：[illegible]）{勢（傲）悍袤暴}。其後註釋：“袤，應讀為戮。《淮南子·時則》：‘孟秋之月，……求不孝不悌、戮暴傲悍而罰之。’與簡文可相對照。《呂氏春秋·貴因》注：‘戮，暴也。’”

按，整理者將此字楷定為“袤”，與原簡文字形不符，且字書中無“袤”字；讀為“戮”，雖然於文義可通，但“袤”與“戮”找不到字形、字音方面的聯繫，因此原釋文和註釋的說法並不可信。我認為我們要考察的字形實不成字，是個錯字，正字當為“寇”。睡·日甲·九正·貳·16“必耦（遇）寇盜”的“寇”作：[illegible]，比較兩個字形可以看出兩者大體面貌相似，5·3的字形將“宀”下的構件“元”和“攴”寫訛。從詞義文意來看，《說文·攴部》：“寇，暴也。從攴，完。”《金文編》：“從人從攴在宀下，會意。”《廣雅·釋言》：“寇，鈔也。”又“鈔，掠也。”《尚書·費誓》：“無敢寇攘。”總之，“寇”的暴亂義契合文義。②

待考字形難以辨識是因為發生了不符合漢字演變規律的變化，變化後的形體與正規寫法聯繫得不那麼密切了。

例13：馬壹·老甲217·30：[illegible]{猶孔子之閒輕者之鼓而得夏之盧也}。其後註釋：“其事未詳。疑輕讀為磬，盧讀為虡。虡是懸磬的架子。《禮記·明堂

① 參李運富的《漢字形體的演變與整理規範》，《語文建設》1997年第3期。其文提出字位是記錄特定詞項的字形單位。又參廖新玲的《漢字的單位、分類及功能研究》，《文教資料》2009年1月下旬刊。汉字的單位就是漢字位（以下簡稱“字位”，grapheme）。字位是漢字最小的單位，它具有獨立的形體、讀音和意義，它的具體表現稱為字位變體（allograph）。

② 另，該簡文模糊不清，也可能原來就是“寇”字。

位》:‘夏后氏之龍簨、虡’,鄭玄註:‘簨、虡,所以懸鐘、磬也。’”

按,就字形而言,原字不似“鼓”字;就文義而言,釋為“鼓”,文義難通。我們認為此字當是“毄”字,毄的小篆字形作:(說文・殳部),不難發現,兩者形體相近,而我們要討論的字形左邊構件的中間部分寫訛,致使該字難以識別。毄是敲的意思,《說文・殳部》:“毄,相擊中也。”另外,“閒”是“聞”字之誤,因形體相近而寫訛。盧,唐慧琳《甄正論上音義・考聲一》:“盧,寄也。”整句釋文應為:猶孔子之閒〈聞〉輕(磬)者之毄而得夏之盧也。意為:就像孔子聽到敲打磬奏出的美妙樂聲就領會了夏寄託在其中的情思。

總之,將字寫得不成字,使讀者不能正確釋讀,自然應當看作訛錯字。

訛錯字與微別字形之間也存在一個模糊的過渡帶,其中的字形可以稱之為不標準字形,考釋時多可直接認同為相應的正體字。

例 14:張・律 195・4:{復兄弟、孝〈季〉父柏(伯)父之妻、御婢}。張・律 195・23:{復男弟兄子、孝〈季〉父柏(伯)父子之妻、御婢}。其後注釋為:“復,報。《左傳・宣公三年》‘文公報鄭子之妃曰陳媯。’注:‘鄭子,文公叔父子儀也。漢律淫季父之妻曰報。’孝,據上引《左傳》杜預注,當為‘季’字之訛。《釋名・釋親屬》‘叔父之弟曰季父’,但據杜注應包括叔父在內。”

按,這兩個字形,整理者都楷定為“孝”,後用尖括號註出正字“季”。實際上這兩個字本來就是“季”字,不是訛別字。“孝”的古文字形作:(姬鼎)、(說文・老部)、(馬一 97・1)、(熹・春秋・僖廿七年);“季”的古文字形作:(嬴季尊)、(說文・子部)、(武・特 23)、(孔・日・351・9)。原簡文字形最上面的一筆是橫折(橫稍向上斜),而不是交叉的橫和豎,即豎筆不向上出頭,橫筆不向右出頭,這正是“季”字和“孝”字相區別的關鍵,上面的部件是“禾”而不是“耂”,只不過“禾”稍有變形(豎筆沒有穿過交叉的撇和捺)。總之,此字是“季”的微別字形,可直接釋為“季”。

微別字形與異體字的關係比較複雜,與異寫字的外延大致相當;與俗體字存在交叉。有些發生變化的字形該歸入微別字形還是該歸入異體字或俗體字,人們的認識和處理不盡一致。我們對此不予深入探討。

五、訛錯字與美化字

心理實驗證明，每一個漢字都是一個"格式塔"，人們面對著那些不盡完善、不盡美觀的"格式塔"，往往會產生一種改變它的強烈願望，即所謂"完形壓強"。① 黃侃也曾說過："古人于書非獨記事載言而已，亦求美觀。"文字發展到隸書階段，人們的書法觀更加明確，經常會增加筆劃或減少筆劃或改變原字結構，以追求形體的匀稱美觀，所產生的字形不應看作訛錯字。

（一）增加飾筆

劉釗在《古文字構形學》中對飾筆作了界定：飾筆，又稱裝飾筆劃、羨畫、贅筆，是指文字在發展演變中，出於對形體美化或裝飾的角度添加的與字音字義都無關的筆劃，是文字的羨餘部分。

張振林在《古文字中的羨符——與字音字義無關的筆劃》一文中指出在沒有統一用字標準時，它可以是裝飾、平衡美化的結果，也可能是偶然的筆誤，乃至積非成是。在政府和用字者的正字觀念不強的時候，羨符被看作有某種合法性的異體字。相反，則被認為是不合法的錯字。在隸變期間還存在飾筆、羨符，只是未規範的古文字的孑遺。②

在原有文字上贅加裝飾性筆劃，如圓點、豎劃、短横等，構成的新形體，可以看作異體字，因為飾筆是書寫者故意加上去的，沒有增加或改變原有文字的構意，且起到了美化效果，與一般意義上的錯字不同。

例 15：武醫 8・27：{凡八物各二兩並冶合和}。武醫 87 甲・27：{乾當歸二兩}。

按，"兩"在該批竹簡中多次出現，多數寫作標準字形，例如武醫 16・20 的"兩"作：。但爲了美觀上加兩點，形成的字形不會產生歧義，可以直接認同為"兩"字，不必看作訛錯字。

---

① 轉引自趙師平安：《隸變研究》，河北大學出版社 1993 年，第 65 頁。參[美]魯道夫・阿恩海姆著，滕守尧译：《视觉思维》，光明日报出版社 1987 年版，第 2～9 页。

② 張振林：《古文字中的羨符——與字音字義無關的筆劃》，《中國文字研究（第 2 輯）》，廣西教育出版社 2001 年。

例 16:武醫 30・19:■{勿見火、皇、日、月}。其後註釋:"'皇'用作星。"

按,整理者釋為"皇",實際上並不符合原簡文字形。此字可以看作是"皇"和"星"雜糅之後的字形:上面的構件比"日"多出一撇,與"皇"字所從相似;下面的構件不是"王",而是"生",與"星"所從相同。這批竹簡的抄寫者有在字上加小撇或點的書寫習慣。例如上例中的"兩"字。再如武醫 50・14"大黃丹"的"丹"就在字上加一撇作:■;武醫 87 乙・1 的"塗"在原構件"土"上加"丶"作:■。從這個角度看,此字是"星"的美化字,不必看作訛別字或訛錯字。

(二)共用筆劃

劉釗在《古文字中的合文、借筆、借字》中指出:借筆,又叫借劃、兼筆、共用筆劃,或稱省略重複偏旁,借筆是指一字本身或詞序相連的二字之間共同佔有筆劃或偏旁的古文字構形方法。①

林清源把借筆作為文字簡化現象進行研究,他認為"借筆"一詞的語意稍嫌含糊,所以改稱"共用部件"。②

借筆是一種特殊的簡化現象,是書寫者有意為之,不應作為錯字看待。

例 17:流・小一 1・6:■{黀}。

按,此字不很清晰,整理者原摹釋為"黀",歷代字書無"黀"字。原簡文是個合體字,由兩個獨體字構成,而黀除去構件黑,剩下的部分為"廄",又不成字。整理者只做摹形楷定而未加說明,實際上并未釋出此字,而其摹形也不夠準確。分析此字形體:最上部是兩點,而不是一點,"丷"應為草寫的"艹";構件"黑"之右上構件不是"攴",而是"戈";所以此字應釋為:黬,即"黬"的異體字(構件相同,由左右結構變為上下結構)。其構件"藏"的"丷"和"臧"共用一橫劃,使整個字的結構更加緊湊。《漢語大字典》收錄黬字,但未釋義,在流沙簡中此字前後的另外九個字都以"黑"作為構件,它們的字義都表示與黑色有關的某種顏色,黬字應該也不例外。

① 劉釗:《古文字中的合文、借筆、借字》,《古文字研究(第 21 輯)》,中華書局 2001 年,第 397 ~410 頁。

② 林清源:《楚文字構形演變研究》,臺灣私立東海大學中國文學系博士論文,1997 年。

（三）改变结构

為字形的匀稱美觀或為一篇文字的整體佈局而改變結構①，這是書寫者刻意為之，不應當看作訛字。

例 18：東・1・H2・4：▬{[臨湘]丞掾驛馬行}。

按，《說文・手部》："掾，緣也。從手，彖聲。"它的小篆字形作：▬；它的隸書字形作：▬（孔龢碑）、▬（晉辟雍碑陰）。H2・4 的字形將"掾"字隸書的寫法稍作變形，不能看作訛錯字，因為這行字寫在封緘類的木牘上，是粗筆大字，爲了美觀整齊，對部分字的字形作了調整。再如前一個字"丞"爲了寫得對稱而將中間部分做了變形：▬。

為美化故意增繁、故意簡省或故意改變形體結構產生的字形，不作訛錯字看待。

六、訛錯字與草書字

裘錫圭在《文字學概要》中提出："'草書'有廣狹二義。廣義的，不論時代，凡是寫得潦草的字都可以算。狹義的，即作為一種特定字體的草書，則是在漢代才形成的。"②有關草書的形成，裘先生認為古隸孕育了草書，草書作為正式定體，約在西漢中期偏後。③

我们使用廣義的草書概念。作為一個術語，"草書"有動、名兩性：作為動詞，指潦草的書寫形式，這在任何時代都存在，自漢字產生之日起伴隨著漢字發展演變的整個過程；作為名詞，指草率書寫所產生的字形，這種字形與篆、隸、楷的常規字形不同，常會因增加點畫或簡省筆劃或並連串連筆劃而使結構發生變形。

對於秦漢簡帛文字的字體，趙師平安認為："弄清了秦系文字發展的脈絡

① 比如一個字出現兩次或同一類型的筆劃在一行中出現過多，常會在不影響文字辨認識讀的基礎上，對文字的形體結構加以改變。

② 裘錫圭：《文字學概要》，商務印書館 1988 年，第 85 頁。该書標明此处引述啟功《古代字體論稿》第 38 頁的觀點。

③ 裘錫圭：《從馬王堆 1 號漢墓"遣策"談關於古隸的一些問題》，《考古》1974 年第 1 期。

後,我們就自然明白了上述雲夢睡虎地秦簡、馬王堆漢墓帛書、銀雀山漢簡以及秦詔版上的文字都應是當時的綜合性的通用文字。"①這種綜合性通用文字中的草書字,多是為了書寫快捷,而不是刻意講究草書章法,是自然書寫狀態下的草書。

陸錫興在《論漢代草書》一文中,揭示了漢代草書的草寫規則:一省法,有省筆劃、省部件;二簡法,用點,用符號;三連法,連書筆劃、連書分散部件。他指出漢代草法是穩定的,它有一個相當長的形成發展過程;又是統一的,不僅寫法一致,而且可以類推。他還指出《龍崗秦簡》中的部分字屬於早期草書;東海尹灣6號西漢墓出土的《神烏傅(賦)》,文字筆劃緊捷,波磔分明,是成熟階段的草書實例。② 我們依據草書的這些特點將草書字與訛錯字區分開。

草書字與訛錯字是性質完全不同的兩種文字現象。草書與相應的篆書、隸書之間的差別主要在於書寫風格的不同,即草寫產生的字形與篆隸標準寫法間的不同屬於不同書體間的字形差別;而錯字與正字之間則一般存在構件或結構上的變異。草書與錯字從理論上很容易區別;但在某些具體的出土文獻中,若不仔細分辨,容易產生混淆。

例19:馬肆·五274·6:{取商〈商〉牢漬醯中}。其後註釋:"商牢,即商陸。《神農本草經》載商陸'熨除癰腫',後世醫書也有不少用商陸熨治癰疽的記載,參看《證類本草》卷十一。"

按,"商"的古文字形作:(甲727)、(商尊)、(説文·㕯部)、(北海相景君銘);商的古文字形作:(𨜶鼎),《説文·攴部》的"敵"字作:("敵"從"商"聲)。比較"商"和"商"的古文字形可以看出,"商"和"商"字形相近,兩者的主要區別是:"商"字的中間部分("口"上面的筆劃)是一撇一捺兩筆,"商"字的中間部分("口"上面的筆劃)是一豎一撇一捺三筆。仔細觀察我們要討論的字形,表面上呈現三叉,實際上是由兩筆構成,即斜向左的豎筆和與豎筆稍微交叉的橫筆,這兩筆是一撇一捺的草率寫法。此字應直接釋為"商"。該句釋文應

---

① 趙平安:《漢字字體的名實及其演進序列的再認識》,《隸變研究·附錄二》,河北大學出版社1993年。

② 陸錫興:《漢代簡牘草書編·序》,上海書畫出版社1989年。

為“取商牢漬醯中”。

例20:馬壹・老甲306・10:{能誰(進)之為君子,弗能進,各止於其里}。

按,馬壹・老甲306・17的“進”作:,馬壹・老甲308・7“弗能進也”的“進”作:,馬壹・老甲336・20的“進”作:,其中第336行的“進”字最為清晰和標準,其字左下的構件“辵”有五筆構成,即撇、撇、撇折、點、撇捺;其他兩字均有不同程度的草寫和省簡。將我們要討論的老子甲本第306行第10字與這三個“進”字相比較,很容易發現它們字形上的聯繫,第306行第10字因書寫迅速而使左邊的構件稍稍寫訛,即原相接的第二筆和第三筆相離為兩橫劃,第五筆誤斷為一撇一捺的兩筆,第四筆與第五筆的上半部分粘連致使整理者誤釋為構件“口”而實不為“口”,以上字形特徵都因書寫草率而致;若將其釋為“誰”就筆劃構件而言,並不契合。總之,我們認為此字屬於草寫,當直接認同為“進”字;釋文應為:“能進之為君子,弗能進,各止於其里。”意為:能夠進顯可以稱為君子,不能進顯,就各自隱居於鄉里。

例21:馬一251・12:{郭(椁)中綁印繋帷一,繢椽(緣)素校,衷二丈二尺廣五尺,青綺帣素裹椽(緣)}。

按,細察此字,應是“衺”字,中間的構件不是“中”,而是“矛”,為書寫簡便,將“矛”上面兩邊的半圓合起來寫。《漢語大字典》在“衺”的字頭下收錄了一號墓竹簡251的這個字形,是正確的。馬三・圖50・389・11:{槨中繡帷一,褚繢椽,素掾,衺二丈二尺,廣五尺,青綺脣,素裹一}。原釋作“衺”,是正確的。兩字都將“衺”的中間構件“矛”草寫。

例22:孔・日200・17:{不可為嗇夫,必以獄〈獄〉事免}。

按,書寫者將此字右邊的構件“犬”草寫,使之看上去像“欠”,整理者遂將原字楷定為“獄”;實際上,我們認為採用認同的方法直接釋為“獄”或許更符合書寫實際。

例23:孔・日478・14:{忘,正(政)亂,下不聽(聽)}。

按,此字左上草寫,可直接認同為“聽”,不必先摹形後釋出;且將之摹形為“聽”并不符合原簡文字形。

例24:YM6D12正面的內容是《君兄衣物疏》(原有此題目),共四欄,都是隸書，但第一欄比後三欄規整、標準、講究章法，後三欄省寫、草寫多見。單看後三欄，有許多字並不標準，似乎可以看作錯字；但與第一欄的字形相比較及考慮到所書內容為衣物疏，對字形的要求並不嚴格，則書寫者的草率是可以理解的，對於出現的省、草寫法是可以接受而不必深究的。例如：L4・H4 的"復"作：，右邊構件草省嚴重；L2・H5 的"復"作：，同樣書寫草率。再如 L1・H5 的"早"作：，其上部構件為"日"，後三欄卻因書寫隨意而使之看上去是"月"：(L2・H5)、(L3・H6)、(L4・H5)、(L4・H6)等。再如 L1・H6 的"單"作：；而 L4・H3 的"單"作：，中間構件兩邊的豎筆長出第三橫筆，很顯然也是書寫草率導致的。整理者採用認同的方法分別楷定為"復"、"早"、"單"是可取的。

例 25：武醫 3・14：（整理者楷定為"戚"，讀為"歲"。下面將整理者楷定出的漢字直接用圓括號標在簡文字形後）；武醫 22・8：（歲）；武醫 22・19：（歲）；武醫 22・29：（歲）；武醫 21・34：（歲）；武醫23・1：（歲）；武醫 23・12：（歲）；武醫 23・33：（歲）；武醫 24・4：（戚）；武醫 24・14：（歲）；武醫 24・24：（歲）；武醫 24・34：（歲）；武醫 25・2：（戚）；武醫 25・6：（戚）；武醫 25・12：（歲）；武醫 79・14：（戚）；武醫 92 甲・10：（戚）。整理者在註釋中說："'歲'、'歲'、'戚'、'歲'皆為'歲'字。"

按，仔細觀察、分析字形，聯繫"歲"的字形演變，可找出其筆劃變化的規律。考察"歲"的字形發展演變脈絡：（甲 2961）、（餘 1・1）、（利簋）、（毛公鼎）、（說文・步部）、（張景碑）。《說文・步部》："歲，木星也。越歷二十八宿，宣徧陰陽，十二月一次。從步，戌聲。"按，甲骨文的"歲"字像斧鉞類的兵器之形，後借來指歲星，進而引申為指年。歲星運行一次為一年，因此在原字形的基礎上增加義符"步"。武威漢墓醫簡中的字形將構件"步"上面的"止"草寫為：；下面的"止"草寫為：，有的進一步訛為"口"。這些字形是不同程度的草寫所致，可直接認同為"歲"而不必摹釋為不同的楷體。

草書也會導致字形難以釋讀。這一點和錯字一樣，所以不能將無法辨識的字形都定為訛錯字。

例 26：馬一 123・2 {卵穃一器}。整理小組注釋為："卵穃，第二字或釋糲,糲當讀為糒。《廣雅·釋詁三》:‘糒,摶也。’又作䵂,《玉篇·黍部》:‘䵂,粘飯也。’卵糲即加雞蛋的粘米飯。”另有馬一124·9 [字形]{卵粢笥三合}。

按,第123和第124號簡的這两個字顯然是同一個字。從字形分析,此字左邊的構件為“米”是毫無疑問的。此字右邊的構件當為“齊”,字甚草省;但與張·奏18·13的“[字形](齊)”相比較,很容易發現兩者字形上的聯繫。馬三·圖版90木牌上的此字是上下結構:[字形],其構件“齊”則清晰可辨。有時“齊”做構件訛省更為嚴重,例如張·算38·27的“[字形](齎)”字所從。故待考字可楷定為𥺶,讀為粢。“齊”和“次”古音相近(齊是從紐脂部,次是清紐脂部),作聲符可互換使用,再如:穧,從禾齊聲。粢,穧或從次①。“𥺶”和“粢”為異體關係,卵𥺶即為卵粢。《說文解字·食部》將“粢”看作“餈”的重文;《漢語大字典》“粢,米餅。同‘餈’。”可見,卵粢就是(雞)蛋餅。據馬王堆一號漢墓的發掘報告,該墓出土盛糧食製品的器物,“出土時,器內大多有餅狀或醬羹狀食物遺存”。123和124號遺策的記錄正與出土的“餅狀食物”相對應,通過簡文我們知道,這些“餅狀食物”至少有一部分是(雞)蛋餅,漢代時人稱為卵粢。

例27:東·35反·16:[字形]{不數承𠕅}。

按,歷代字書無“𠕅”字,“𠕅”不成字,摹釋為“𠕅”而無解說,實際上並未釋出該字。我們認為此字當楷定為“靣”。明代趙宧光《說文長箋·面部》:“靣,面本字。”“面”字的《說文》小篆字形作:[字形],隸書字形作:[字形](熹平石經);相比較可以看出,我們要討論的第35號簡牘反面第16字是“靣”簡省草率的寫法。就文意而言,“承”是個敬詞,意為“逢迎”、“蒙受”,《古今小說·葛令公生遣弄珠兒》:“稟道:‘承恩相呼喚,有何差使。’”“承面”的“承”和“承恩”的“承”意義相同,均表示客套,“不數承靣(面)”指無法經常見面。“承面”當為漢代表示“與對方見面”的客氣說法,這一習語未收錄於《漢語大詞典》,當補。總之,第35號簡牘反面第16字當釋為“靣”,“靣”是“面”的異體字。“承面”指承蒙與您相見。

例28:馬一251·3:[字形]{郭(椁)中繏印繫帷一,繢掾(緣)素校,袤二丈二尺,

① [汉]许慎撰:《说文解字注》,[清]段玉裁注,浙江古籍出版社,1998年2月,第322页。

廣五尺,青綺帍素裹掾(緣)}。

按,整理者楷定為"絣",字書無"絣"字。細察簡文字形,最右邊不是"阝",同簡第一個字"郭"作:𨞹,兩者最右邊的構件相差甚遠;此字右邊的構件不是"阝",而是"龍";整字可楷定為"繩"。《龍龕手鑑·糸部》:"繩,直也。"《康熙字典》引作"重也",繩的重義正合文意。構件"龍"書寫草率致使難以識別。

錯字的判定要考慮的因素很多,也直接關係到簡帛字形的楷書轉寫,這要求我們統籌兼顧、前後比較、綜合分析,然後定奪。

七、訛錯字與訛變

訛字的產生主要是由臨時書寫錯誤造成的,與由訛變產生的訛變字不是一回事。讹错字是相对于文义来说的,讹变是相对于字义而言的。

林沄在《古文字研究簡論》一書中,提出了字形訛變的概念,並對訛變作了簡單分類。①

張桂光在《古文字中的形體訛變》一文中,從古文字訛變的歷史情況、訛變的類別、研究訛變現象的意義等幾個方面作了探討。他認為所謂古文字中的形體訛變,指的是古文字演變過程中,由於使用文字的人誤解了字形與原義的關係,而將它的某些部件誤寫成與它意義不同的其他部件,以致造成字形結構上的錯誤的現象,它與將一個字完全誤寫成另一個字的那種"寫錯字"不同,它發生錯誤的僅是字的某些部件,就一個字的整體來說,並不同別的字相混淆,因此可以作為這個字的異體存在。② 張先生將訛變字歸入異體字。

董琨將訛變定義為:"到了小篆或在更早的階段,字形在演變過程中發生訛誤,從而在不同程度上脫離了與字義的聯繫,這樣的變化,就叫做訛變。"③

王寧等編著的《古代漢語通論》提出:"所謂訛變是指漢字形體在演變過程中,由於誤解字形或為著書寫的方便而破壞原本表義結構的形變。這種形變造成了字形與字義的乖戾,喪失了構形的理據。後世以訛傳訛,因錯就錯,隨成

---

① 林沄:《古文字研究簡論》,吉林大學出版社 1986 年,第 103 頁。
② 張桂光:《古文字中的形體訛變》,《古文字研究(第 15 輯)》,中華書局 1986 年。
③ 劉翔、董琨等編著:《商周古文字讀本》,語文出版社 1991 年,第 253 頁。

定型。”

王夢華①、林志強②、古敬恒③等對訛變作的界定與王先生的觀點相近而表述不同。

閆華的碩士學位論文《古文字中的訛變現象舉要》在對七組訛變現象作實證分析的基礎上,歸納了訛變的原因及影響。④

沙宗元的碩士學位論文《古漢字字形訛變現象初探》對古漢字各歷史階段的訛變現象作了比較全面的考察,劃分出訛變的基本類型,分析了造成訛變的原因,闡明了訛變與漢字發展演變一般規律間的關係,探討了研究訛變現象的實踐意義。他將訛變現象劃分為有意訛變和無意訛變兩大類。⑤ 有意訛變包括變形聲化和變形就義,無意訛變包括添加飾筆、筆劃苟簡、離散形體、合併形體和形近而訛五種情況。

張靜在其博士學位論文《郭店楚簡文字研究》中也將訛變分為有意訛變和無意訛變兩類。有意訛變包括變形音化、字形類化兩部分;無意訛變包括形近而訛、形體離析、筆劃苟簡、書手風格四部分。

將訛變分為有意訛變和無意訛變,這種劃分的主觀性較大,實際上以有無

---

① 王夢華認為在漢字演變的歷史過程中,由於對字形當中的部分筆劃和部件的錯誤理解,以至由此影響到該字以後字形結構的發展變化,這種現象屬於字的訛變。訛變的字形對字形來說不是順理成章的合理的演變,而是一種相差懸殊的無理性的變化。這樣的訛變字經過使用得到社會的承認以後,誤字也就作為正字流傳下去。(參《漢字字形的混誤和訛變》,《東北師大學報》1992 年第 5 期)

② 林志強提出所謂訛變,指的是某些漢字在演變過程中,由於各種原因,使用者把本來有理據的結構或構件偏旁誤寫成了與之相似而意義不相干的結構或構件偏旁,從而使得文字的形體結構喪失或脫離了原來的形義關係的錯誤想象。訛變是一種超出常規的變化,往往造成古今字形聯繫上的中斷,也使得形義解釋歧說紛出。(參《關於漢字的訛變現象》,福建師大學報 1999 年第 4 期)

③ 古敬恒、李曉華提出:“訛變是對原字結構不瞭解或錯誤理解而造成的字形變化。它是一種超越常規的變化,又常常以失去理據為代價。”(參《試析古文字的形體訛變》,江蘇大學學報(社會科學版),2005 年第 2 期)按,從他正文的表述來看,是將訛字包括在內的,但其所舉的都是訛變字取得正字地位的例證,例如:奔、役、盡、飲等等。

④ 閆華:《古文字中的訛變現象舉要》,指導教師:馮良珍,山西大學碩士學位論文,2005 年。

⑤ “這種劃分是以訛變發生時文字書寫者有意與否為標準的,若書寫者有意識地改造字形以附合字音、字義,則屬有意訛變,反之,則為無意訛變。”(沙宗元:《古漢字字形訛變現象初探》,指導老師:黃德寬,安徽大學碩士學位論文,2001 年)

新的構字理據來區分会顯得更客觀些。

在著作或論文中對訛變作出闡述的遠不止上舉這些,這麼多觀點,歸結起來,實際上對訛變有廣義和狹義兩種理解。廣義的字形訛變泛指字形使用或演變中發生的訛誤,具體來說,包括:第一,以訛傳訛、習非成是而一直沿用下來的字形訛變;第二,歷史上某一時期、某一地域曾流行過但未被沿襲下來的字形訛變;第三,純粹偶然性的、未能得以流行的字形訛誤。① 狹義的字形訛變指廣義的字形訛變中的第一點內容,即訛變字取得了正字的地位延續下來,或者作為訛變過程中進一步變化的過渡,其訛變因素保留在新字形中,新字形取得了正字的地位。

學者們在研究訛變時,一般是理論上的闡述傾向于廣義的訛變,而所舉的例證則基本屬於狹義的訛變,也可見狹義的訛變是典型的訛變,所產生的字形稱為訛變字。

狹義的訛變與訛錯字是兩個截然不同的概念。從理論上,將訛錯字與狹義的訛變區分開並不困難。

我們再看一下廣義的訛變與訛錯字的關係,廣義的訛變指漢字發生了不合理據的變化。第一類訛變產生的訛變字取得合法地位後可稱為正字,不是訛錯字。② 第二類訛變字曾經多次出現在某個時期或某個地域的書寫者的筆頭,我們需要根據其變化程度和使用範圍進行全面考察、具體分析,從而判定是不是訛錯字。第三類只是曇花一現,是書寫者偶然失誤,實際上就是訛錯字。

第二類需要考察、辨析,我們舉例說明。

例29:睡・爲伍19・3:{贅壻後父}。睡・爲伍23・8:{贅壻後父}。睡・爲伍21・4:{故某慮贅壻某叟之乃(仍)孫}。

---

① 參考沙宗元的碩士學位論文《古漢字字形訛變現象初探》中的前三類,他認為第四類"無論發生訛變的形體成字或成偏旁與否,無論發生訛變的形體筆劃增減與否,均屬於廣義的字形訛變。"按,這與前三類著眼的角度不同,似可作補充說明,不宜並列。他認為狹義的字形訛變包括以上廣義字形訛變的前兩點內容,而且還應具備兩個條件:(1)訛變形體應成字或成偏旁;(2)筆劃無增減或增減不顯著。我們在第二類上與他的看法不同。兩個條件的限定也只是為了討論問題的方便,不宜放在概念裏論述。

② 訛變的產生最初是由將字形寫訛造成的,就書寫此字形的當時當地來說,确实是寫了訛字,但因為這個訛誤字形最終取代了正字的地位,從漢字發展的歷史的角度来看待這個字形,我們就不能將之稱為訛字。

按,整理者釋為“壻”,與原字形不符。當楷定為“壻”,《集韻·霽韻》:“壻,亦作壻。”《說文·士部》:“壻,夫也。從士,胥聲。”考察“壻”在古文字資料中的字形:(古鉢)、(說文·士部)、(甘露二年丞相御史律令)、(武·甲服55)、(唐公房碑)、(徐夫人菅洛碑)。我們要討論的字形右邊的構件“”是由“”省去下面的止、“肉”訛為形近的“耳”而形成的,上面所列的從“夫”的四個“壻”字也都發生了這種訛變,可見具有一定的普遍性;而且訛變后形成的“壻”字被字書收錄。所以不能看作訛錯字。

總之,漢字不斷地發展演變,在書寫過程中隨時會產生程度不同的形體差異,有些差別細微,我們可以忽略不計;有些差別明顯但得到社會認可,使該字形取得正字地位;有些只是彼時彼地彼人偶然寫訛。我們把偶然寫訛,其致訛程度不可忽略的稱為訛錯字;把訛變過程中得到社會承認的字形稱為訛變字。

八、小結

以上我們就錯字及與錯字相關的幾類文字現象作了辨析,需要指出的是:

第一,我們分開討論的幾個概念,其本身的研究尚存在不同程度的分歧和不夠完善之處,本文只就其中與訛字存在關係的部分略作闡述,其主要目的在於確定可操作性強的訛字判定原則。

第二,分別討論幾種文字現象與訛錯字的關係,並不是說這幾種文字現象本身是分立的,實際上它們彼此之間也有很多交叉重合,關係比較複雜。之所以分開討論,還是為了方便我們確立訛錯字的外延。

第三,我們無法按照某一個或某幾個標準把正訛關係與其他字際關係区分得清清楚楚。但我們應盡力做到以下四點:其一,對於同一書寫者筆下的字儘量採用同樣的判定標準。其二,對於同一種類型的文本採用大致相同的判定標準。其三,同一種字體使用統一的判定標準。例如草書字潦草、省寫嚴重,而小篆字形或隸書字形相對規整;對於不同字體的字判斷訛錯字的標準寬嚴不盡相同,而在某一字體內部使用判斷標準的寬嚴應基本一致。其四,對於不同文本中的同一種文字現象或同一種書寫情況盡力採用統一的判定標準。

第四,論文中確立的訛錯字多數來源於前人的研究成果,對於這部分材料我們所做的工作主要是分析考證、補充說明;對其中因考釋不當而作出錯誤判定的,或者考釋正確處理方式與凡例不符的,加以糾正;增加部分未被考釋出來或被忽視的訛錯字。①

第五,對於訛錯字的判定,在操作過程中,我們經常用到下面四點:

1. 形近義遠的構件錯用產生的字形,一般看作訛錯字

例 30:武醫 15・21:{內座}。其後註釋:"'座'即'痤'。'內痤'俗稱內抽。一謂'痤'可能是'痤'之訛。'痤',《說文》'小腫也。'"

按,武醫 23・25 的"脛"作:,其所從的構件"坙"與 15・21 下面的構件相同。"广"和"疒"因形體相近作為構件時有寫混。例如,武醫 21・27 的"病"作:,從"疒";而武醫 21・20 的"病"作:,從"广"。原從"疒"的字寫作從"广",實際上將漢字的字素寫錯,理論上應將之看作訛錯字。從文意看,正字當為"痤"。

例 31:在《張家山漢墓竹簡》中常將構件"貝"錯寫為構件"見",例如:張・奏 105・8 的"買"作:,張・奏 100・18 的"質"作:;都將構件"貝"寫作"見",可看做形近構件錯用,但"貝"和"見"的區別特徵表現在最後一筆的書寫體態上,從書寫自由度角度看,可直接認同為相應的字形。而理論上應將之看作訛錯字。

例 32:武・甲少 2・40:{徦女大筮有常}。甲少校記二:"徦,今本作假,簡人旁或作彳旁。"

武・甲有 32・50:{取㚖、脩兼祭于豆祭}。甲有校記三十:"脩從彳,第三十二簡同,簡文亻旁往往作彳。"另武・甲有 30・3,武・甲有 30・14,武・甲有 32・32;武・甲有 32・39,武・甲有 34・21 等的"脩"字也都從彳。

武・甲服 3・60:{繩纓絛屬冠}。甲服校記三:"絛,簡作彳旁。"乙本服傳同於甲本服傳。

亻和彳作為偏旁形體相近而意義並無聯繫,《武威漢簡》中時常將"亻"錯

① 需要說明的是,由於秦漢簡帛歷史悠久,雖然我們已經盡力去搜集所能見到的訛字材料,但還是會有所遺漏。

寫成“亻”,錯用的同一組字(比如脩)出現在多種語言環境中,錯用發生在不同單字上,這恐與書寫者的書寫習慣有關。雖然其出現具有一定普遍性,但從理論上應將之看作訛錯字。

2、明顯受錯誤思維支配形成的字一般看作訛錯字

增加筆劃、省去筆劃或改變結構形成的字形有時和訛錯字很難區別,構件成字思維可以作為一個判定標準,我們將受構件成字思維影響而寫成的字形看作訛錯字。

例33:馬壹・老甲16・14:{身與貨孰多}。

按,“貨”本來是個上下結構的字,若將左上的構件“人”寫得大而長,看上去像左右結構,左邊的構件“人”成字,而右邊的“貞”不成字,受構件成字思維的影響,而將“貞”進一步訛為“眞”,致使整字寫訛。

因錯誤理解漢字結構或構字理據而產生的字形也一般看作訛錯字。

例34:馬三・圖49・379・2:{沙縛複衣襲一}。馬三・圖49・380・2:{沙縛復前襲一,素椽(緣)}。其後註釋:“縛,此字不識。古代,‘沙縠’連稱,故疑為縠字。《漢書・江充傳》師古注:‘紗縠紡絲而織之也,輕者為紗,縐者為縠。’《說文・衣部》‘襲,左衽袍。’”

按,細察字形,當爲“縠”的錯字,原簡文將“糸”和“殳”交換了位置,恐是因絲織品多從“糸”,又將字錯誤地理解成左右結構,而將“糸”獨立地寫在字的左邊,這使部件“㱿”的結構發生了變化,遂使整字失去理據。整理者將之摹形為“縛”,是毫無根據的:此字右中的構件不是“田”,右下的構件不是“子”。整字可摹形為“縠”,正字為“縠”,因錯誤理解字的結構而寫錯字。《說文・糸部》:“縠,細縛也。從糸,㱿聲。”考察“縠”字的古文字形,其從糸、㱿聲的結構始終沒有改變:(說文・糸部)、(馬壹・老甲後424)、(武醫66・9)。原註釋認為當讀為“縠”,“縠”為字書所無,是個不合理據的錯字,當即“縠”字;恐是印刷错误。

3. 離開上下文難以識別,即不依靠語境無法和相應的標準字形做到認同的,一般看作訛錯字

例35:武醫8・2:{治鳫(雁)聲□□}。其後註釋:“簡文中,‘鳫’即‘雁’。‘鳫聲’,言聲音嘶嗄如雁。”

按,從原字形看,該字從“厂”,不從“广”,原摹釋有誤。原簡文字形寫錯,正字當爲“鴈”,讀為“雁”。“雁”的小篆字形作:雁。《說文·隹部》:“雁,鳥也。从隹,从人,厂聲。讀若鴈。”段玉裁注:“此與《鳥部》鴈別。鴈从鳥為鵝;雁从隹為鴻雁……經典鴻雁字多作鴈。”“鴈”的小篆字形作:鴈。《說文·鳥部》:“鴈,鵝也。从鳥、人,厂聲。”武醫 8·2 若不依據文意,很難識別出是“鴈”字。

例 36:馬壹·老乙 124 上·17:[字形]{紓〈總〉凡守一}。其後註釋:“紓,當作繱,乃形近致誤。《淮南子·本經》:‘德之所總要’,註:‘總,凡也’。又《要略》:‘總要舉凡。’按《說文》‘凡,冣括也。’《小爾雅·廣詁》:‘凡,要也。’此處言‘總凡守一’與《淮南子·精神》‘夫天地運而相通,萬物總而為一’意近。”

按,整理者將原字楷定為從糸從艸從子,是符合原帛書字形的;“紓”不成字,註釋認為正字當爲“繱”,讀為“總”,是可信的。《說文·糸部》:“繱,帛青色。從糸,蔥聲。”《廣韻·東韻》:“繱,色青黃。又細絹。”這兩個義項都不合文意,因此“繱”當讀為“總”,註釋對此有詳細論述。《說文》所收“總”的小篆字形作:總,從糸,悤聲。《漢語大字典》在“總”的字頭下列了樊敏碑的字形:[字形](從字形結構看,此當為“繱”字),又列了武威簡·服傳 7 中的兩個字形:[字形]、[字形](這兩個“總”字右上的構件寫訛)。通過比較可以看出,124 上·17 的字形主要是將構件“悤”寫訛。悤,《說文·囱部》:“多遽悤悤也。從心、囱,囱亦聲。”容庚《金文編》:“悤,從[字形]在心上,示心之多遽悤悤也。《說文》云‘從心’,囱囱當是[字形]之變形。又云‘囱亦聲’。乃由指事而變為形聲矣。”“悤”的古文字字形作:[字形](克鼎)、[字形](毛公鼎)、[字形](說文·囱部)、[字形](馬壹·老甲 183)。我們要討論的字形將構件“悤”訛為“子”,致使整字寫訛。若不依據上下文文意很難釋出該字。

文字是記錄語言的工具,可以被反復使用,字形作為文字的本體應該具有一定的獨立性,而不能過分依賴語境。

4. 字書指出的訛誤字形,一般歸入訛錯字

例 37:流·小一 1·9:[字形]{黥}。

按,原釋為“黥”,歷代字書無“黥”字。原簡文字形左邊的構件為“黑”,是沒有疑問的;這是小學類倉頡的一支簡,這隻簡包括此字在內前後共十個字,都

是以“黑”作為其中一個構件的合體字。此字右邊的構件在上面“宀”和下面“免”中間還有一撇一捺兩個筆劃,因此不應釋為“⿰黑⿱宀免”字;而應該釋為:⿰黑⿱宀兔(原字從“宀”,在古文字資料中“宀”和“冖”常混用無別,例如張・奏 17・28 的“冠”就從“宀”作:)。《漢語大字典》指出“⿰黑⿱宀兔”是“⿰黑冤”的訛字。方成珪考證:“⿰黑冤譌⿰黑⿱宀兔,據《類篇》正。”《說文・黑部》:“⿰黑冤,黑有文也。從黑,冤聲。”《集韻・月韻》:“⿰黑冤,或從宛。”《正字通・黑部》:“⿰黑冤,黦本字。”《集韻・迄韻》:“黦,玄黃也。或從冤。”⿰黑冤是從黑、冤聲的一個形聲字,而⿰黑⿱宀兔則不合構字理據,《漢語大字典》和方氏的說法是正確的。流沙簡的這個字形說明了“⿰黑⿱宀兔”這個訛字確曾出現在人們的筆頭。《漢語大字典》在⿰黑冤的字頭後面選列的古文字形中收錄了流沙簡中的這個形體,但描摹為:⿰黑⿱宀兔,與原簡文字形不相符,不知何據。另外,應將流沙簡的這個古文字形移至“⿰黑⿱宀兔”的字頭下。《漢語大字典》已引方成珪的考證指出“⿰黑⿱宀兔”是訛字,可將小一1・9 的這個字形歸入錯字。

需要說明的是儘管我們確立了錯字的判定原則,但由於秦漢時期的簡帛保存到現在,經歷了漫長歲月的侵蝕,有時我們要討論的字形模糊不清;有時又因殘損、斷裂等原因使文意不通或存在歧義,同時可資參考的其他原始材料較少;客觀上錯字與微別字形、異寫、草寫等界限模糊難辨;加上學識所限,我們對訛字的判定分析難免會存在不周密之處。

第二節　訛錯字的類別

訛錯字是把一個字寫成了漢字系統中不存在的字形。根據訛錯字與相應的正字在形體上的關係,將訛錯字分為兩大類,六小類。

一、整體寫訛

寫成的字形筆劃混亂,只在大體輪廓上與正字相似。

例 1:孔・日 413・28:{五色大飢(饑)}。其後註釋:“‘色’字形體有訛誤。”

按,“色”的小篆字形作:;馬壹・老甲 111 的“色”作:;YM6 簡 115・28 的“色”作:;史晨碑的“色”作:。將孔・日 413・28 的字形與這些字形相比較,發現其形體確實有訛誤,整理者的觀點可從。

另外,孔・日 458・19“地維乃絕”的“絕”字作:,其構件“色”也有訛誤。

將合體字的多個一級構件同時寫訛。

例 2:馬壹・老乙 49 下・10:{列星有數}。

按,此字的兩個構件都寫訛,左邊的構件“歹”豎筆稍稍出頭,右邊的構件“刀”訛為“人”。正字當爲“列”。

例 3:東・5 正・H7・11:{首核張為宗弟,建為妅敵男}。

按,此字原不清晰,使用圖片處理工具沖蝕并增加對比度後作:;細察簡牘字形,發現此字並非從“商”從“攵”,而是從“啇”從“欠”,整字當楷定為:歒,是個錯字;正字當為“敵”;因構件“啇”與“商”、“攵”與“欠”形體相近而分別寫訛。從詞義文意看,“敵”當讀為“嫡”,“敵”為定紐錫部,“嫡”為端紐錫部,兩者韻部同、聲紐同為舌音,讀音相近,可以通借。第 5 號簡牘正面第 7 行的這句話當釋為:“建為妅歒〈敵(嫡)〉男”意為:建是妅的嫡長子。整理者釋為“敵”而無解說,於形於義均不契合。

例 4:睡・律 132・6:{各以其㰝〈穫〉時多積之}。

按,從文意來看,正字當為“穫”,“穫”左邊的構件“禾”因與“木”形義相近而寫訛,右邊的構件“蒦”因形近訛為“奪”。中山王鼎中的蒦作:,蒦的小篆字形作:。馬壹・老乙 251 上・倒 5 的“奪”作:,“奪”的小篆字形作:。將我們要討論的字形與“蒦”和“奪”的古文字形相比較可以看出,“蒦”與“奪”字形接近,而律 132・6 右邊所從為“奪”,整字當楷定為“㰝”,原釋文的觀點可從。

二、部分構件寫訛

(一)將成字構件錯寫成另一成字構件①

例5:張·引109·7:[illegible]{勞卷(倦)飢渴}。

按,整理者直接釋為"飢",不當。此字不從"几",而從"丮",丮的小篆字形作:[illegible](說文·丮部),《丮伯簋》中的"丮"作:[illegible];我們要討論的引109·7右邊所從與這兩個字字形相同。原字當楷定為:飢,是個錯字,正字當爲"飢"。

例6:馬叁·春85·倒7:[illegible]{刑不咨,使守布周(舟),游(留)其禍也}。其後註釋:"咨,疑與粦(粦)字同,讀如慎,《說文》慎古文作沓。刑不慎是用刑不當。"

按,整理者將此字摹釋為:咨,與原帛書字形不符。此字上面的構件是"火";除去構件"火",剩下的部分作:[illegible],仔細觀察這個構件會發現,其上面的部分不是"火",下面的部分也不是"口",而與《說文解字》所收小篆的"[illegible](去)"結構相同,當為"去";我們要討論的春85·倒7應該是個從"火"從"去"的合體字,可採用摹形的方式楷定為:妶。"妶"不成字;恐因"水"和"火"意義相關、形體相近而將"水"錯寫成"火";也就是說我們要討論的這個字形是個錯字,正字應該從"水"從"去",即為"法"字。"法"字最早見於金文,金文的"法"字從"水"、從"去"、從"廌",例如《盂鼎》的"法"作:[illegible],《克鼎》的"法"作:[illegible];古文字"法"也有省去"廌"的寫法,例如《說文解字·廌部》所收的"法"字的或體:[illegible],馬王堆漢墓帛書《老子》甲本第142行的"法":[illegible]。從文意看,"刑不慎"雖然講得通,但釋為"咨",再輾轉讀為"慎",其說過於迂曲。若摹釋為"妶",讀為"法","法"指符合法度、合法的;"刑不法"指治罪不合法度;這樣理解文意通暢。"法"指"合法度"義的用例古書常見,例如《左傳·莊公二十三年》:"君舉必書,書而不法,後嗣何觀?"再如《漢書·何並傳》:"告子恢,吾生素餐日久,死雖當得法賻,勿受。"現代漢語的"非法"一詞,亦用此義。

---

① 所謂成字構件是指在秦漢時期的實用性文字資料中作為單字使用。通常考察的是一級構件,有時直接著眼於二級構件。

例7:馬壹·老甲124·4:▇{沕(沒)身不怠}。

按,此字上部的構件寫訛。若不依據文意,無法斷定是"怠"字,所以看作訛錯字。釋文應先依形摹寫為:𢚓,再用尖括號注出正字"怠"。

例8:馬肆·十98·10:▇{心毋秫(怵)𢡟(蕩)}。

按,"心毋怵蕩"于義難通。原字從"易",不從"昜",當楷定為"𢡟",讀為"惕"。怵,《說文·心部》:"恐也。"《字彙·心部》:"怵,惕也。"《玉篇·心部》:"惕,懼也。"怵惕在這裡連用,是恐懼、害怕的意思。"心毋怵惕"義為心裡不要害怕。整理者楷定為"𢡟",不符合原字字形;讀為"蕩",不符合原文文意。我們要討論的十98·10將"惕"的構件"忄"錯寫成形近的"尢"①,遂使整字不成字,正字當爲"惕"。該句當釋為:"心毋秫(怵)𢡟〈惕〉"。意為:內心不要恐懼。

例9:EPT59·8·1:▇{貸甲渠候史}。

按,此字上誤從"伐"。"貸"本是從貝、代聲的形聲字,將構件"代"錯寫為"伐",使原字失去構字理據。

例10:馬肆·十46·14:▇{使其題𩑺堅強而緩事之}。其後註釋:"𩑺,疑即顇字,讀為崒,《廣雅·釋詁四》'高也。'題𩑺應為一詞。"

按,从字形看,整理者依形摹釋為"𩑺",是正確的;但字書無"𩑺"字。就文意而言,整理者將之讀為"崒","崒"指高,但"題 顇(崒)堅強"難以講通。我們認為此字是个錯字,正字當爲"領";因"領"的構件"令"與"衣"形體相近,致使寫訛。《說文·頁部》:"領,項也。從頁,令聲。"《詩經·衛風·碩人》:"領如蝤蠐,齒如瓠犀。"毛傳:"領,頸也。""題領堅強"使用並提的修辭方式,即"題"和"領"分別用"堅"和"強"形容,普通的語序應為"題堅、領強";意為:額頭堅硬、脖子筆直。若依照註釋的理解,用"崒(意為高)"形容"題(指額頭)"固然是可以的,但"堅""強"兩詞就沒有著落了,若以為連用三個形容詞"崒堅強"來修飾一個名詞"題",則不符合古人的用語習慣。總之,該句當釋為:"使其題𩑺〈領〉堅強而緩事之。"

(二)將非成字構件錯寫為成字構件

例11:睡·日乙29·壹·24:▇{閈〈閉〉辰}。睡·日乙30·壹·24:▇

① 《玉篇·尢部》:"尢,跛,曲脛也。"

{閈〈閉〉巳}。睡·日乙31·壹·24:{閈〈閉〉午}。睡·日乙32·壹·24:{閈〈閉〉未}。睡·日乙33·壹·24:{閈〈閉〉申}。

按,"閉"的古文字形:(豆閉簋)、(說文·門部)、(馬叁·春36)、(馬壹·老甲30)、(馬壹·老乙前85上)、(魯峻碑)。《說文·門部》:"閉,闔門也。從門,才所以距門也。"《漢語大字典》認為:"門中的不是'才'字,而是像用來關門的鍵之形。"日乙29~33中的字形將門中表門鍵的部件錯寫成形近的"牛",遂將"閉"字寫訛。《龍龕手鑑·門部》提出"閈"是"閉"的俗字;從上面我們對字形的比較和分析可以看出,實際"閈"是"閉"的訛錯字。

睡·日乙26·壹·24:{閈〈閉〉丑}。睡·日乙28·壹·23:{閈〈閉〉卯}。睡·日乙34·壹·25:{閈〈閉〉酉}。睡·日乙35·壹·25:{閈〈閉〉戌}。睡·日乙36·壹·24:{閈〈閉〉亥}。睡·日乙37·壹·24:{閈〈閉〉子}。睡·日乙46·壹·1:{閈〈閉〉日}。按,這些字中間的構件明顯不是"牛"。整理者誤釋的一個重要原因是將構件"門"中間粘連的筆劃誤認為是構成"牛"的筆劃。原釋文將這些字都做訛字處理,不當。與關·周·圖一七·144貳·1"是謂三閉"的"(閉)"相比較,後者是"閉"在秦漢時期較常見的寫法,而上面我們要討論的字形(日乙26·壹·24等)都省去了其構件"才"上的一点;而這種寫法是有淵源的,《子禾子釜》中的"(閉)"正與此同;參考《漢語大字典》的說法,門中的部件指關門的鍵,寫作象形符号"十"也合適。總之,上面這些字就是"閉"字,不是訛錯字。推測"閉"字中間的構件原為象形符號"十",後訛變為成字構件"才"(這種構形傳承至今),而日乙29·壹·24等則錯寫為成字構件"牛"。

例12:睡·日甲3背·壹·5:{牽牛以取織女而不果}。睡·日甲4背·貳·2:{直牽牛、須女出女}。

按,整理者直接楷定為"牽",實際上此字從"衺"從"牛"。恐因"牽"字的構件"牛"成字,除去構件"牛"、剩下的構件不成字,遂將"牽"字的上部成字化為"衺"。

馬壹·老乙152下·倒5:{弗因無犪也}。其後註釋:"犪,從牛,衷聲,衷即袖字。犪是牰之異體,見《爾雅·釋畜·釋文》,本義是黑眼牛,在此假為由。"

劉釗認為此字的結構從"衺"、從"牛",應隸定為"⿱衺牛",釋為"牽"字。"牽"字應訓為"牽連"的"牽","弗因無牽"即"不憑依,無牽連"的意思。① 其說可從。

例13:武·王1·7:{御史令第四十三}。

按,武·王2·3和武·王4·5中的"御"也都做此形。其中間的構件與武·王7·17"先年七十受王杖"的"(先)"形體相同。"御"字中間的構件訛為"先",致使整字寫訛。

例14:武·甲有77·55:{祝命佐食徸尸俎}。甲有校記七十七:"簡文徹字從行,亦見第七十九簡。"武·甲有79·55、56的"徹"亦作此形:。甲有校記七十九:"兩徹字從行,同第七十七簡。"

按,《說文·攴部》:"徹,通也。从彳,从攴,从育。"羅振玉《增訂殷虛書契考釋》:"此从鬲从又,象手鬲之形,蓋食畢而徹去之。許書之徹从攴,殆从又之譌矣。卒食之徹,乃本義。訓通者,借義也。"徹的古文字形作:(前2·9·5)、(何尊)、(說文古文)、(說文·攴部)、(馬壹·老甲92)、(武·甲泰84)、(熹·儀禮·泰射)。"徹"在歷代的字形都是從"又"或者從"攴";此處將"徹"訛為"徸",是受構件成字思維的影響,書寫者錯誤地理解"徹"字結構,將"育"看作一個構件,除掉構件"育"、剩下的"彳"和"攵"組不成單字,於是將剩下的部分錯寫成"行"。武·甲燕34·24的"徹"作:,不誤。

構件不作單字出現或作為獨體字很少使用時,常訛為另一個形近的常用的獨體字作為構件。

(三)將成字構件錯寫為非成字構件

例15:馬一3·2:{鹿𥎦一鼎}。其後註釋:"𥎦,不識。"

按,我們認為這是"矦"字,原字的下部多出兩筆,稍稍寫訛。甲骨文、金文和說文古文的"矦"都是從厂、從矢:(乙948)、(保卣)、(說文古文);從小篆開始在字的上部加"人":(說文·矢部)、(孫子85)、(孔龢碑);而我們要討論的字形與《孔龢碑》上的字形十分接近。《說文·矢部》:"矦,春饗所䠶矦也。從人,從厂,象張布,矢在其下。"《字彙·矢部》:"矦,古侯字。"這裏的

① 劉釗:《馬王堆漢墓簡帛文字考釋》,《古文字考釋叢稿》,嶽麓書社2004年。

“篌”當讀為“喉”，“鹿喉”指鹿的喉部的脆骨。馬王堆一號漢墓出土大量盛有肉食品的竹笥，所盛放的肉食已經腐朽不存，僅存有殘骨，其中就有鹿盆骨，可見鹿是當時較為常見的珍饈佳餚。現在豬喉是活躍在人們餐桌上的美味，想必鹿喉更是美食中的珍品。

例16：馬壹・老乙137上・26：[glyph]{大茎(庭)氏之有天下也}。其後註釋：“‘大茎’即‘大庭’，古呈、庭音近。大庭氏爲遠古帝王之號，見《莊子・胠篋》。《漢書・古今人表》作‘大廷氏’。”

按，整理者楷定為“茎”，與原帛書字形不符；原字下從“呈”，應是“呈”字之誤書。原字當楷定為：莛，正字為“茎”，讀為“庭”。馬壹・老乙137下・倒4“大茎(庭)之有天下也”的“茎”作：[glyph]，不誤。

例17：馬叁・春62・15：[glyph]{子贛見大(太)寧〈宰〉喜}。按，此字“宀”下的構件寫訛，整個字形接近“寧”，實際上也不是“寧”字，是非寧非宰的一個錯字，正字當為“宰”。

另，馬叁・春62・22：[glyph]{大(太)寧〈宰〉喜曰}。按，整理者將此字楷定為“寧”，讀為“宰”。實際上，此字與春62・15的字形明顯不同，其構形與“寧”相去甚遠；細察字形，發現此字“宀”下的構件就是“辛”，整字當直接釋為“宰”，不是訛字。

例18：馬壹・老乙81上・8：[glyph]{人則視(示)竟(鏡)}。

按，從文意看，下文是“人靜則靜，人作則作”，整理者將之讀為“鏡”是正確的。從字形看，竟應是“竟”的錯字。“竟”的古文字字形作：[glyph](甲916)、[glyph](說文・音部)、[glyph](馬叁・縱260・12“四竟(境)之內”的“竟”)、[glyph](孔彪碑)。81上・8將“竟”上面的部分寫訛。《說文・音部》：“竟，樂曲盡為竟。从音，从人。”清朱駿聲《說文通訓定聲・壯部》：“竟，叚借為鏡。”

例19：馬壹・老乙100上・27：[glyph]{以欲浧〈淫〉洫(溢)}。其後註釋：“西漢前期文字，浧、淫二字有時相混(巠變作呈，與爭變作争同例)。洫即溢之異體，見《原本玉篇・水部》，在此處讀為泆。”馬壹・老乙101上・倒3：[glyph]{浧〈淫〉洫(溢)蚤□□曰天佑}。

按，“巠”的古文字形作：[glyph](古鉥)、[glyph](說文・壬部)；“巠”上面的構件“爫”

與下面構件"壬"的第一筆撇粘連,看上去很像"曰"字,有時會被不明文義、不審字形的抄手誤抄成"曰"。細察我們要討論的那兩個字形,其右邊的構件都是上從"曰"下從"壬",當楷定為:；與馬壹·老乙110下·7"寒涅(熱)燥濕"的"(涅)"所從並不相同。整理者將之楷定為"涅"實與帛書字形不符;原字是"淫"的訛錯字,當摹寫為"湦",讀為"淫"。第100行上應釋為:"以欲湦〈淫〉洫(溢)。"第101行上應釋為:"湦〈淫〉洫(溢)蚤□□曰天佑。"

例20:張·蓋4·23:(下有一重文符號){凰鳥下之}。

按,整理者將此字釋為"凰",不當。此字從宀、從鳥,當是從鳥、凡聲的"鳳"字的錯字。此字可楷定為:𪅀,後用尖括號注出正字"鳳"。就文意而言,"鳳鳥下之",文意通暢。

例21:馬壹·甲老30·11:{塞其悶(悶),閉其門}。其後註釋:"悶,乙本作垅,通行本作兑。字當訓穴,古書或作閱(詳乙本《德經》註[一四])。疑是閱字之誤。"

按,整理者楷定為悶,與原帛書字形不符;釋文於括號內注"悶",于形于義均不可通;註釋的說法可依。睡虎地簡41·164的"閲"作:,甲老30·11與此相近而不成字,應是將"閲"寫訛之後的形態,即將"閲"字構件"兑"下面的筆劃錯寫成"心",整字可摹釋為"𨳝",是個訛錯字,正字當為"閲"。清段玉裁《說文解字注·門部》:"閲,古叚閲為穴。"《詩經·曹風·蜉蝣》:"蜉蝣掘閲,麻衣如雪。"將甲老30·11讀為"閲",文義暢通。該句應釋為"塞其𨳝〈閲〉,閉其門。"意為:對待人民要封緘其口耳,閉塞其外路。

例22:張·奏119·24:{以毛蹍〈謾〉,笞}。

按,整理者摹釋為蹍,不當。首先,此字左邊的構件不是"足",而是"言";右邊的構件不是"㝃",而是將"曼"寫訛之後的形態,"曼"的小篆字形作:,奏119·24右邊的構件在"冃"上誤加點,又因"謾"與心理活動有關而將"又"訛為"心",加點恐是受"宀"與"冖"作為構件常常互換使用的影響,將"又"訛為"心"是錯誤地理解原字構意。此字若採用摹形的方式楷定,當楷定為"𧫝"。從文意看,正字當為"謾",謾指欺騙,于義可通。

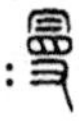

(四)將非成字構件錯寫為另一非成字構件

例23:張・律436・22:{煮濟漢}。

按,整理者直接釋為"漢",可商。此字右邊的構件寫訛,若不依上下文文義,很難識出此字。《說文・水部》:"漢,漾也,東為滄浪水。从水,難省聲。""漢"的古文字形作:(中甗)、(說文・水部)、(流・屯九・4)、(韓仁銘)。律436・22右邊的構件與這些字所從相差較遠。原簡文不成字,正字當為"漢"。

第三節　訛錯字的整體特徵

一、外延的開放性

訛錯字與異體字、俗體字、微別字形、美化字、草書字、訛變字之間的界限模糊,個別字形不易分辨,從不同的角度分析可以得出不同的結論。比如有些字不合構字理據和漢字演變規律,卻在一定範圍內得到社會認可。又如有些字形難以辨識,從釋讀者的角度看,應為錯字;但從書寫者的角度看,長期以來形成的書寫習慣,並不認為自己在寫錯字。再如將某字的某一構件寫為另一形近構件而不會引起歧義,若這種情況出現在醫書、算數書、帳本等民間日常實用文書中,許多學者主張將之視為草書字或俗體字。這些因素導致錯字的外延可以伸縮,無法封閉。

我們從釋讀者包容和給書寫自由度留空間的立場出發,考證分析與正規寫法不同的字形,對訛錯字作出判定。即便如此對某些字的看法也只能是一家之言,姑備一說。

二、結構繁、筆劃多

我們收集到的127例訛錯字,相應的正字是獨體字的只有2例(虎、帝),其餘 125 例全部為合體字。部分字的結構十分複雜,例如:鬭、竈、瀼、藐、獻等。

與訛錯字相應的正字的筆劃數都在 6 劃以上,統計為下表:

與錯字相應的正字的筆劃數	字例數
6	3
7	1
8	4
9	12
10	12
11	18
12	14
13	10
14	9
15	13
16	6
17	6
18	9
19	2
20	2
21	1
22	2
23	1
24	1
28	1

據上表,9 劃以上的共有 119 例,占總數的 94%;10 劃以上的共有 107 例,占總數的 84%;其中 9 劃到 18 劃之間的共有 109 例,占總數的 86%。可見被寫錯的漢字絕大部分字形複雜。

三、部份構件寫訛的占多數

上文我們把訛錯字分為整體寫訛和部分構件寫訛兩大類。將其分別出現的字例數統計為下表：

類別	字例數
整體寫訛	33
某一成字構件錯為另一成字構件	50
非成字構件錯為成字構件	8
成字構件錯為非成字構件	35
某一非成字構件錯為另一非成字構件	1

據上表，整體寫訛的共有33例，占訛錯字總數的26%。部分構件寫訛的共有94例，占總數的74%。一個成字構件訛為另一成字構件的共有50例，占錯字總數的39%，占部分構件寫訛總數的53%；這種情況類似于寫別字，可見字形之間形體相近也是將字寫錯的重要原因。成字構件錯為非成字構件的共有35例，占部分構件寫訛總數的37%，這一類型所占比例較大，主要是因為我們一般著眼於一級構件，若直接針對寫訛的構件（可能是二級構件或三級構件），那麼其中很大一部分將被歸入成字構件訛為另一成字構件這一類型。得出這樣的結論並不奇怪，因為幾乎全部訛錯字都是合體字，而處在古今文字交替階段的秦漢時期，合體字一般是由能夠單用的獨體字組合而成，受書寫過程中各種因素的影響，書寫者往往將一個構件錯寫成形近的另一個構件。

第四節　訛錯字的致誤原因及心理學闡釋

一、客觀原因

（一）底本不清或底本有誤

抄手所依據抄寫的底本原不清晰或存在訛誤，抄手沒有仔細辨析字形，依葫蘆畫瓢,或錯誤理解原字形而進一步寫訛。

例1:張·算32·33:[illegible]{欲以錢數衰分之}。其後註釋:“衰,《國語·齊語》注:‘差也’。衰分,按一定的差率進行分配。”

按,“衰”的古文字形作:[illegible](說文古文)、[illegible](說文·衣部)。《說文·衣部》:“衰,艸雨衣。秦謂之萆。從衣象形。”“衰”字中間的構件本是象形符號,武·甲服6的“衰”字作:[illegible],為書寫簡便而將中間的四個撇和四個捺連為兩橫筆;我們要討論的算32·33則將中間構件寫得與“馬”字相近。恐是所據抄寫的底本不清晰,受構件成字思維的影響而將𣏟錯寫為形近的“馬”。可先楷定為:“褭”,然後注出正字“衰”。

例2:武·甲服32·29:[illegible],36:[illegible]{為舊君=之母妻為舊君者孰胃也}。甲服校記·三二:“舊字,簡誤從田。”

按,此字筆劃密集,恐是所據抄寫的底本不清晰,抄手沒有仔細辨別而將“臼”誤寫為形近的“田”。另,武·甲服33·14的“舊”作:[illegible],其下部構件不甚清晰,似為“臼”。

(二)部分漢字結構複雜、筆劃繁多

部分漢字筆劃繁多,客觀上難記、難認、難寫。

例3:武醫56·15:[illegible]{䗶矢}。其後註釋:“‘䗶’為‘蠶’之別體,‘䗶矢’即‘蠶屎’。”

按,整理者照原字形描摹為楷體,但字書中無“䗶”字。《說文》所收“蠶”的小篆字形作:[illegible]。細審56·15的字形,實際上是將“蠶”字下面的兩個構件“虫”移到構件“日”的上面,遂使該字寫訛。原摹釋出的字形不準確,應摹釋為:[illegible]。此字筆劃繁多,書寫者對於字的結構識記不准。

例4:睡·律88·15:[illegible]{凡糞其不可買(賣)而可以為薪及蓋蘙〈蘙〉者,用之}。其後註釋:“蘙,通翳,《廣雅·釋詁二》‘障也。’蓋翳即用以覆蓋遮障的東西。”

按,“蘙”字結構複雜,原簡文將“蘙”中間的構件寫訛,致使整體不成字。

(三)漢字的使用頻率不同

漢字作為單字或作為構件在人們的筆頭出現的頻率並不相同。有的字所記録的詞語在語言中常用，它在古文字資料中出現的頻率就高，若它具有筆劃簡單、結構明快等優點還會經常被用作構件組成其他合體字。而有的漢字不常用，或不常作為構件出現。受"書寫動力定型"的影響，即由於書寫者經過不斷的練習和實踐，由於字形、字音、字義和書寫器官運動等因素的反復刺激，在大腦機能上產生了一系列的書寫運動聯繫；導致書寫者將一個不常見的部件錯寫為與之形近的常見的部件。① 從心理學角度分析，高頻字具有更高的靜態激活水平。

例5：孔·日246·12：{慫(築)室良日}。

按，因"[illegible]"不如"恐"常見，受"書寫動力定型"的影響，將字下面的構件錯寫成"恐"，遂將整字寫訛。前後文出現的其他"築"字皆不誤，例如247·1、247·35、248·38、286·17等，"築"皆從"木"作：。我們要討論的日246·12是個錯字，圓括號應改為尖括號。

例6：張·律21·4：{鬭而殺人}。張·律24·1：{鬭傷人}。

按，整理者採用認同的方式直接釋為"鬭"。從字形看，此字從"斲"（與張·脈54·30的"(斲)"形體相同），從門（不從鬥）。將構件"鬥"錯寫成"門"，是形體相近的構件寫訛，將不常用的構件寫為一個常用的構件。另外，張·律27·1，張·律31·1，張·律31·17，張·奏37，張·奏38，張·奏158等，其中的"鬭"都做此形，都是訛錯字。

二、主觀原因及心理學闡釋

（一）構件成字思維

漢字的發展演變（包括字體演變導致的字形變化）使得部分原來可以單用的構件（即成字構件）變成非成字構件；或者字形沒有變化但它記錄詞語的職能被其他字形取代，使得原來可以單用的字形不能作為單字使用。人們在辨認時，會將某個非成字構件誤認作一個與之形近的成字構件；或者在書寫時，會將某個非成字構件寫成一個與之形近的成字構件；我們把這種思維過程稱為構件

① 楊殿升等編著：《刑事偵察學》，北京大學出版社1983年版，第154頁。

成字思維。人們常常受構件成字思維的影響而寫錯字。

例7:馬叁·戰104·28:{以陰〈陶〉封君}。其後註釋:"陶,地名,即定陶,在今山東省定陶縣境。"

按,此字與馬叁·戰143·14"秦兵必罷(疲),陶必亡"的"(陶)"和馬叁·戰146·9"有(又)為陶啓兩幾"的"(陶)"是同一個字。其中戰143的"陶"最接近陶的標準字形,只是將右邊構件所從的"勹"簡省為一撇一捺兩筆。戰104·28的右邊構件稍不清晰,但仔細觀察會發現和戰146·9所從相同,都是上從"今"、下從"缶";原楷定為上從"今"、下從"虫",不正確。戰143·14的出現是爲了書寫簡便,在此基礎上受構件成字思維的影響,將"𠆢"訛為"今",於是產生了104·28和146·9非"陰"非"陶"的字形。104·28和146·9應採取相同的處理方式,都當看作"陶"的訛錯字。

例8:關·周·T22·191·8:{所言者憂病事也}。

按,關·周·T23·205·13"所言者憂病事也"的"憂"作:。從筆跡看,這兩個字由同一個人書寫。將191·8的"憂"字寫作從"夏"從"心",不合構字理據;整理者直接認同為"憂"字,可商。書寫者在寫作此字時潛意識里受構件成字思維的影響而改變字形結構,遂將整字寫錯。

(二)錯誤理解漢字結構和構字理據

構件成字思維是將漢字寫錯的重要心理因素。這一思維常與辨識漢字的先分割後組合的思維步驟一起發揮作用。

漢字是方塊字,其中合體字的比例占漢字總數的絕大部分,長期的識記、認讀和書寫使人們形成這樣一種思維習慣:看到一個比較複雜的文字符號,先對其進行分割後對分割出的部件進行組合。漢字的合體字中絕大多數是左右結構或上下結構,又因為抄寫常常具有盲目性,即抄寫者並不真正理解自己所抄寫的內容,爲了提高抄寫速度,又不可能認真分析漢字結構,於是會發生這種情況:將一個半包圍結構的字看作上下結構或左右結構,將一個上中下結構的字看作上下結構,將一個上下結構的字看作左右結構等等,將字形做錯誤的拆分同時受構件成字思維的影響而將漢字寫訛。

例9:睡·效41·14:(下有重文符號){入其贏旅衣札,而責其不備旅衣札}。其後註釋:“簡文‘旅’字寫作‘旅’,此處作‘旅=’,係‘旅衣’兩字合文。”

按,整理者在註釋中將原字摹釋為“旅”,與原簡文字形不符。書寫者將“旅”字認定為左右結構,在構件成字思維的驅動下,將右邊不成字的“[illegible]”錯寫為形近的“衣”;原字當摹釋為:旅。書寫者將此字形作為“旅衣”兩字的合文來用,可見將“旅”錯寫成“旅”,不是疏忽失誤,而是出於對“旅”字結構的錯誤理解。

睡虎地簡《效律》篇中的“旅”字多做此形,例如:睡·效41·2“甲旅札贏其籍及不備者”的“旅”作:[illegible]。周家臺三〇號秦墓簡牘中的“旅”也作此形,例如:關·周·T22·192·11“占市旅”的“旅”作:[illegible]。

《說文·㫃部》:“旅,軍之五百人為旅。從㫃,從从;从,俱也。”“旅”是個會意字,下是兩個人形,表示多個人整齊地站在旗下,整裝待發。古文字階段的“旅”都從“从”:[illegible](佚七三五)、[illegible](矢簋)、[illegible](說文·㫃部)。隸書的“旅”字將構件“从”作了變形:[illegible](武榮碑)、[illegible](楊叔恭殘碑),這種變形符合隸變規律。“旅”字右邊的部分與“衣”十分接近,《說文》在分析“衣”的結構時就錯誤地說成“象覆二人之形”,而實際上“衣”是個象形字:[illegible](前一·三〇·四)、[illegible](此鼎)、[illegible](馬壹·老乙98下)、[illegible](睡·秦48·5)。我們要討論的效41·14等字的右邊部分與馬壹·老乙98下和睡·秦48·5的“衣”字形相同。“衣”字左下的捺筆長且彎;而睡·法200·3“可(何)謂旅人”的“[illegible](旅)”和睡·法200·10“寄及客是謂旅人”的“[illegible](旅)”字右邊的部分雖然與“衣”形體相近,但左下的豎筆短而直,宜看作正字“旅”。

例10:馬叁·春86·8:[illegible]{刑人佴(耻)刑而哀不幸}。

按,人們習慣將一個字首先理解成左右結構或上下結構,“哀”字整體成豎長方形,於是人們將“哀”這個“衣”字中間夾“口”的半包圍結構理解成上下結構,又受構件成字思維的影響,在“口”上添加一横使其上面的部件構成單字“合”,致使整字寫訛;這個字雖然只增加了一個筆劃且沒有引起歧義,但這一横筆增加的動因不是為了美觀,而是錯誤地理解了“哀”字結構,終將原字寫得不成字,可以看作訛錯字。

左右結構和上下結構占漢字總數的絕大部分,對一個合體字先左右或上下拆分再組合，導致將部分結構複雜的漢字寫錯。這類訛錯字對於我們現代漢字規範的啟示：瞭解漢字形體的構造原理，根據漢字形體的構造原理，理解性地記憶漢字的筆劃、部件。

（三）字形識記有誤

同一個錯字字形在同一批簡帛中反復出現，多是書寫習慣導致的。錯誤的識記，常使书写者將某字全部寫錯。

例 11：馬一 287・2：[illegible]｛滑辥席一｝。馬一 288・2：[illegible]｛滑辥席一｝。其後註釋："辥讀若篋。篋辥同韻，音得相轉。"

按，《說文・辛部》："辥，辠也。從辛，𠯑聲。"歷代的"辥"字都是一個形聲字：[illegible]（粹 487）、[illegible]（毛公鼎）、[illegible]（說文・辛部）、[illegible]（睡・為 6・伍 2）。我們要討論的字形左邊的構件寫訛，從而使原字失去構字理據，難以辨認。恐是書寫者對"辥"字只有大體的印象而記不清準確的寫法。《漢語大字典》在"辥"的字頭下收錄了一號漢墓的這個字形，是不夠恰當的。

例 12：武・甲少 12・1：[illegible]｛埶匪于洗西，南肆｝。甲少校記十二："埶，應是𬨎字，即藝字所從；今本皆作設，上第八簡亦作設。"

按，字書無"埶"字，應是個訛錯字，在這批簡中用此形表示"設"義，正字當爲"埶"。《說文・丮部》："埶，種也。從坴、丮，持亟種之。""埶"字的古文字字形作：[illegible]（佚 369）、[illegible]（石鼓）、[illegible]（說文・丮部）、[illegible]（老乙前 12 下）。吳大澂《愙齋集古錄》："古埶字從木從土，以手持木穜之土也。"進一步引申為表示設立、設置。我們要討論的字形甲少 12・1 與老乙前 12 的字形相比，左邊構件省去了中間的兩撇，右邊構件成字化為"凡"。整批簡中的"埶"字都做此形；這個形體被抄手認可，卻又不合標准；是固定地出現在這個抄手筆下的訛錯字。

這種訛錯字對於我們現在書寫規範漢字的啟示：在識字階段，認真地照著書和字典一筆一劃書寫，對於容易寫錯的字形尤其要準確識記、反復練習。

（四）思維干擾導致字形同化

書寫離不開記憶的整個過程，即識記、儲存和提取。書寫過程發生訛誤有時是因為在識記和提取之間受到其他刺激的干擾。這可以用前攝抑制來說明。前攝抑制（proactive inhibition）是先學習的材料對識記和回憶後學習的材料的干擾作用。① 就書寫而言,先辨認和書寫的筆劃或字形會對後面的辨認和書寫產生干擾。

1. 自身構件的干擾

例 13:張・律 74・21:{皆與盜同瀌}。

按,張・律 75・10 的"瀌"作:;張・律 180・26 的"瀌"作:;張・律 20・42 的"瀌"作:;將待考字形與這三個"瀌"字相比較,可以看出待考字右邊構件的下部寫訛,恐是受本字左下部構件的影響而將右下部構件錯寫成"去"。"瀌"的結構比較複雜,此例中合體字的一個構件受另一個構件影響而致誤。

例 14:睡・日甲 119 正壹・2:{雇(顧)門}。

按,整理者將此字楷定為"雇",讀為"顧",可從。睡・日甲 130 正"凡民將行,出其門,毋(無)敢顴(顧),毋止"的"顴"作:,睡・日甲 114 正叁"顴(顧)門,成之,三歲中日入一布"中的"顴"作:。劉樂賢認為:"從文例來說,顴讀為顧是正確的。但是此字的結構如何分析,爲什麽能讀成顧,還需要研究。我們懷疑中山王厝壺銘文中讀為顧的顛字也許與此字有關係。又圖上的'誰'字,曾憲通先生據原簡照片認為當讀為雇。"②黃文傑認為爻、戶古音相近,"雇"、"顧"是聲符通用的異體字,他還具體分析了"雇"跟"顴"的訛變關係。③ 按,我們認為日甲 119 正壹・2 可楷定為"雇",是個訛錯字,受自身構件影響在"顴"字基礎上進一步寫訛。

2. 形近字的干擾

每個漢字都處在大大小小不同的場中,受形近字場中其他字的干擾而將字寫錯。

例 15:馬壹・老甲 28・14:{夫莫之时(爵)而恒自然也}。

按,此字與馬壹・老甲 33・7"子孫以祭祀[不絕]"的"(祭)"字形相同,從肰(與"然"字所從相同)、從示(與"祭"字所從相同),是將"然"和"祭"雜糅

① 彭聃齡:《普通心理學(修訂版)》,北京師範大學出版社 2001 年版,第 233 頁。
② 劉樂賢:《睡虎地秦簡日書研究》,文津出版社,1994 年版,第 272 頁。
③ 黃文傑:《睡虎地秦簡疑難字試釋》,《江漢考古》,1992 年第 4 期,第 59 ~ 64 頁。

之後的寫法。另,馬壹・老甲 260・18 的“然”作:,也將下部的構件“火”訛為“示”。

馬壹・老甲 87・2“[人之道則]不然”的“然”作:,馬壹・老甲 125・15“而百省(姓)胃(謂)我自然”的“然”作:,馬壹・老甲 222・18 的“然”作:,馬壹・老甲 226・9 的“然”作:,這四個“然”字的下部構件非“火”非“示”,也是受“祭”字影響而寫錯。

例 16:馬壹・老甲 84・26:{堅強者}。

按,此字與馬壹・老甲 65・18“叕(鄰)邦相堅〈望〉”的“(望)”、老甲 133・6“望(恍)呵忽呵”的“(望)”和馬壹・老甲 400・21 的“(望)”字形相同,整理者在“望”下作了註釋:“甲本中堅字,或以為望,或以為堅。按望上部從朙,堅下部從土,寫者混為一字,實誤。以下隨文義釋出,不再註明。”

“攴”和“又”作為構件常常通用,例如,馬壹・老甲 84・8 的“賢”作:,本從“又”,此從“攴”。我們要討論的字形上部從“臤”,與“堅”字所從相同;下部從“壬”,與“望”字所從相同;是將“堅”和“望”雜糅之後的寫法,是個訛錯字。

3. 上下文其他字的干擾

例 17:武醫 25・26:{年已過百歲者,不可灸刺,氣脈壹絕,灸刺者隨箴灸死矣}。

按,整理者直接釋為“箴”,不當;該字上部明顯從“止”。其前文為“六十至七十者與六歲同,七十至八十者與七歲同,八十至九十者與八歲同,九十至百歲者與九歲同”。其中武醫 25・12“年已過百歲者”的“歲”作:。因前文多次出現“歲”字,“箴”被“歲”字同化而將字上面的構件寫錯,整字實際是“箴”與“歲”雜糅之後的字形。武醫 19・4“出箴”的“箴”作:,武醫 20・12“留箴如炊一升米”的“箴”作:;都不誤。“箴”本從“竹”作義符,“竹”頭因義近偏旁混用而寫作“艸”,“艸”又進一步省作“䒑”。而武醫 25・26 則將“䒑”訛為“止”。從文意上看,正字當爲“箴”,“箴”同“鍼(針)”。

例 18:睡・日乙 157・29:{以有疾,派〈辰〉少翏(瘳),午大翏(瘳),死生在申}。

按,這是“辰”的訛錯字。前一字“疾”作:,恐是涉上字“疾”而誤加“氵”。

(五)求簡心理

漢字以其標識功能、類化功能和區别功能参與認知過程,表達認知結果。漢字簡化不是任意的,必須遵循漢字的認知規律,必須同漢字特定的認知功能相適應。漢字簡化的直接目的是爲了書寫簡便,但簡化必須與漢字所記録的漢語的詞義相適應,簡化後的形體應該保持必要的邏輯性和理據性。① 求簡心理影響下的無理簡化將導致訛錯字産生。

例19:睡·效24·16:{程之}。

按,"程"字本是從禾、呈聲的形聲字,右下本應為"壬";而效24·16右下部的"壬"省寫為"土",致使整字寫訛。睡·效58·10"計脱實及出實多於律程"的"程"作:,不誤。

三、小結

綜觀所有訛錯字,從整體上分析其致誤原因,推究影響正確書寫的因素。將字寫錯是主、客觀原因共同作用的結果,客觀原因是誘因,主觀原因是主導。上文分開舉例闡釋主要爲了論述的方便和條理。

將字寫錯常常是多種原因促成的,有時在不同原因的推動下會將一個字不斷寫訛。

例20:張·律29·4:{鬼薪白粲毆庶人以上}。其後註釋:"鬼薪白粲,刑徒名,男稱鬼薪,女稱粲。《漢書·惠帝紀》注引應劭曰:'取薪給宗廟為鬼薪,坐擇米使正白為白粲。'"

按,粲是從米、𣦼聲的形聲字。《説文·米部》所收"粲"的小篆字形作:,睡虎地簡11·35的"粲"作:。律29·4的字形將構件"𣦼"訛為形近的"死",恐是因"死"單用時比"𣦼"常見的緣故。出現類似錯誤的還有:律35·41:,律48·14:,律100·17:,律109·5:。後因書寫者將此字理解成左右結構,右邊的構件頗不成字,受"鞠"等合體字影響而進一步將"粲"右邊的構件寫訛,即將"死"所從的"人"訛為"勹",例如,張·律82·38的"粲":,張·律

① 王玉新:《汉字认知研究》,山东大学出版社2000年版。

96・35 的"粲"：。律 29・4 等和律 82・38 等是"粲"訛誤程度不同的訛錯字。

例 21：孔・日 278 貳・11：{辟門：钪(掩)之蓋。廿歲其主必□僕屬，吉}。其後註釋："'僕屬'上一字疑是'寫'，作安置的意思講。一說為'富'字之誤，讀為'其主必富，僕屬吉。'"

按，從字形看，此字與"寫"字形體相近，《說文》所收"寫"的小篆字形作：，《韓仁銘》的"寫"作：；就詞義文意而言，讀為"富"，文義更加通暢。孔・日・276 貳・3"倉門：富門"的"富"作：，281 號簡的"富"字與此相同，兩字的中間構件有所寫訛；整理者都直接認同為"富"。我們要討論的 278 貳・11 的"富"字則將下面的構件進一步寫錯。

这是在不同致誤原因的影響下，將字越寫越錯。

第四章

綜合比較研究

第一節　訛別字和訛錯字的比較

寫別字是指將一個字寫為音義均無聯繫的另外一個字,這個字所代表的詞義與文意不合,在文意規定的範圍內,順著語義或字形線索找到正字,以正字所代表的意義來理解文意,得以讀通原文。寫錯字是指將字寫得不成字,單看字形難以識別,但在文意的引導下,仔細分析待考字形,找到相應的正字,從而順利讀通原文。

別字和正字在多數情況下形體相近,也可能形體不近而意義相關,也可能形音義均無聯繫而是受上下文其他字的形、義的影響而寫訛。錯字和相應的正字總會在形體上存在或遠或近的聯繫。

與錯字相對應的正字一般筆劃繁多、結構複雜。而別字在筆劃的多少上分佈比較均勻。我們將兩者的對照列為下表:

字例數及比例 / 筆劃數	別字		錯字①	
	字例數	占總數的比例	字例數	占總數的比例
2	7	2%	0	0%
3	21	7%	0	0%

① 實際上是與錯字相對應的正字的筆劃數。

（续表）

字例數及比例 / 筆劃數	別字		錯字①	
	字例數	占總數的比例	字例數	占總數的比例
4	32	10%	0	0%
5	26	8%	0	0%
6	24	8%	3	2%
7	20	6%	1	0.7%
8	34	11%	4	3%
9	30	10%	12	9%
10	15	5%	12	9%
11	34	11%	18	14%
12	14	5%	14	11%
13	23	7%	10	8%
14	5	2%	9	7%
15	10	3%	13	10%
16	6	2%	6	5%
17	2	1%	6	5%
18	4	1%	9	7%
19	2	1%	2	2%
20	1	0.3%	2	2%
21	0	0%	1	0.7%
22	1	0.3%	2	2%
23	0	0%	1	0.7%
24	0	0%	1	0.7%
28	0	0%	1	0.7%

據上表，別字的筆劃數在2劃到5劃之間的共有86例，占總數的28%；與錯字相應的正字的筆劃數都在6劃以上。別字的筆劃數在4劃到8劃之間的共

① 實際上是與錯字相對應的正字的筆劃數。

有136例,占總數的44%;與錯字相應的正字的筆劃數在4劃到8劃之間的僅有8例,占總數的6%。在127例錯字字例中,有109例與錯字相應的正字的筆劃數在9劃到18劃之間,占總數的86%;别字的筆劃數在9劃到18劃之間的共有143例,占總數的46%。别字的筆劃數在14劃以上的僅有31例,占總數的10%;與錯字相應的正字的筆劃數在14劃以上的共有53例,占總數的42%。

上面的數字表明筆劃多,難記難寫,易錯;筆劃少,區别特徵小,易混。對現代漢字規範的啟示:漢字簡化是有必要的,有的學者主張取消簡化字,重新使用繁體字,是不可取的;但字形過簡,會使字與字之簡的區别特徵減少,增加人們寫别字的幾率。

我們調查了21種秦漢簡帛,共收集到别字311例,錯字127例,别字是錯字的2.5倍。别字的出現頻率明顯高於錯字。

從心理學角度看,書寫①離不開記憶的整個過程,即信息的編碼(識記)、儲存(保持)和提取(回憶或再認)。寫别字主要是提取過程出現錯誤,即本該寫A字,卻錯誤地提取出B字;寫錯字常常是在識記和儲存過程出現錯誤。

第二節　秦漢簡帛中訛字的比較

將訛别字和訛錯字分别在20種秦漢簡帛中的出現情況統計為下表②:

	别字	錯字	總字數	别字的比例	錯字的比例	别字與錯字之比
放	6	3	12500	0.48‰	0.24‰	2
睡	39	15	36363	1.07‰	0.41‰	2.6
龍	2	1	2000	1‰	0.5‰	2
里	3	1	5580	0.54‰	0.18‰	3

① 在本文中,書寫泛指用筆寫字,包括抄寫和記錄。

② 根據此表統計的數字,别字總數346,錯字總數134,都多於第一節的表中的統計數字。因為第一節的表中不計一對正訛字重複出現的次數,而此表中一對正訛字出現在不同批簡帛中則分别計入。

（续表）

	別字	錯字	總字數	別字的比例	錯字的比例	別字與錯字之比
關	4	3	4800	0.83‰	0.63‰	1.3
張	51	19	34600	1.47‰	0.55‰	2.7
馬壹	55	15	43979	1.25‰	0.34‰	3.7
馬叁	22	9	19980	1.10‰	0.45‰	2.4
馬肆	33	9	38729	0.85‰	0.23‰	3.7
馬三	1	6	7360	0.14‰	0.82‰	0.17
馬一	5	5	2063	2.42‰	2.42‰	1
孔	13	5	9600	1.35‰	0.52‰	2.6
銀	17	2	34158	0.50‰	0.06‰	8.5
居新	6	4	115230	0.05‰	0.03‰	1.5
武	57	16	27332	2.09‰	0.58‰	3.6
尹	11	2	40000	0.27‰	0.05‰	5.5
額	3	1	6880	0.44‰	0.15‰	3
武醫	10	7	3290	3.04‰	2‰	1.4
流	7	7	11000	0.64‰	0.64‰	1
東	1	4	5000	0.2‰	0.8‰	0.25

各種秦漢簡帛中訛別字和訛錯字的出現頻率受到多種因素的影響，除了前兩章闡述的導致訛別字和訛錯字出現的主、客觀原因；還包括文本產生時大的社會背景和文化氛圍（比如政府對漢字規範的重視程度），文本的保存情況（包括文本的殘泐程度、清晰度等），考釋和收集者的水平、態度和方法及能影響訛字收集的其他因素（比如書寫規範且內容連貫的文本比較容易發現訛字等）。

需要說明的是，我們統計出的訛別字和訛錯字所占總字數的比例，只能在一定程度上和特定範圍內說明問題，只能作為進一步研究的輔助和參考。

一、不同性質的文本中的訛字比較

(一)從簡帛文字記錄的內容角度比較

訛字出現的頻率與所書寫的內容有很大關係。按照簡帛文字所記錄的內容,我們將秦漢簡帛分為法律、文學、簿籍、醫卜、遣策等五類。它們的書寫自由度依次遞增。

法律類典籍訛字較少,卻多通假字,説明當時的人們對訛字和通假字這兩種不同的用字現象有不同的態度,通假字在一定範圍內能得到社會公眾的認可,而訛字具有非合法性,得不到社會認可。法律類典籍中錯字的出現頻率較低,例如:睡虎地秦簡中錯字的出現頻率是 0.41‰;龍崗秦簡中錯字的出現頻率是 0.5‰。這説明對於法律類典籍書寫者的書寫態度比較認真。

文學類典籍與其他內容的典籍相比,別字的出現頻率明顯高於錯字。例如:馬王堆漢墓帛書[壹]中別字是錯字的 3.7 倍,馬王堆漢墓帛書[叁]中別字是錯字的 2.4 倍,銀雀山漢墓竹簡中別字是錯字的 8.5 倍,武威漢簡中別字是錯字的 4.4 倍。文學類文本絕大部分是通過抄寫形成的。抄寫形成的文本別字的出現頻率明顯高於錯字。

簿籍類典籍使用的文字多為常用字,尤其是對於書寫者——當時的公務員來説,使用日常辦公用字來記錄專業用語,出現的訛字自然較少。例如:里耶秦簡中別字的出現頻率是 0.54‰,錯字的出現頻率是 0.18‰。居延新簡中別字的出現頻率是 0.05‰,錯字的出現頻率是 0.03‰。額濟納漢簡中別字的出現頻率是 0.44‰,錯字的出現頻率是 0.15‰等等。

醫卜類包含的非規範因素比較多。例如:武威漢代醫簡中別字的出現頻率是 3.04‰,錯字的出現頻率是 1.52‰;該批漢簡的保存情況不佳,否則統計出的數字可能更高。《天水放馬灘秦簡》甲種《日書》和乙種《日書》書寫認真,又多使用程式化的語言,內容比較單一,出現的錯別字則較少。

对于遣策人們的书写最為隨意,受個人書寫習慣影響,文本呈現較明顯的個性色彩。與其他類型的典籍相比,遣策中出現錯字的頻率常常高於別字。例如:馬王堆一號漢墓出土的遣策中別字和錯字比例相當,馬王堆三號漢墓出土的遺策中錯字出現的頻率高於別字。

同一批簡牘中,比如《睡虎地秦墓竹簡》,其中《編年記》一個錯字,《語書》無,《日書》中的訛字明顯多於法律條文中的訛字。就法律條文而言,級別越高訛字越少。可見書寫者的態度和素質是決定訛字多少的關鍵。越正式的实用性文献中,讹字比例越低。

(二)從簡帛文字書寫的方式角度比較

按照簡帛文字書寫的方式,可以將秦漢簡帛分為抄寫的文本和記錄的文本。抄寫是主體為文本保存、文本閱讀、文本傳播等目的,比照底本,將底本的內容再現為另一個文本的過程,可以稱為人工複製。有的抄寫者對底本的內容比較熟悉,而有的抄寫者並不關心底本的內容,只是照著底本對抄。

抄寫主要依賴短時記憶。短時記憶是感覺記憶(又稱瞬時記憶)受到注意轉化來的。短時記憶保存的時間短,容量有限,而且容易受到干擾。前面抄寫的內容(前攝抑制)、抄寫當時的外部環境和抄寫者的長時記憶①都會對短時記憶或短時記憶的輸出造成影響,從而導致訛字產生。

記錄是指主體將思維或言語呈現為漢字。這個過程是根據包含于詞形輸出詞典中的信息或者根據音形匹配規則來進行的。儲存於詞形輸出詞典中的信息的準確性,包括遺忘和錯誤的識記都會影響記錄時書寫的準確率。

抄寫的文本(非原創書籍)中別字多見,記錄的文本(原創書籍)中別字和錯字相差不大。例如《武威漢簡》是抄寫的文本,其中有別字 57 例,錯字 16 例,別字是錯字的 3. 6 倍;《居延新簡》是記錄的文本,即直接用文字記錄語言,其中別字 6 例,錯字 4 例,別字僅為錯字的 1. 5 倍。在抄寫過程中,一方面底本的字形可以糾正抄寫者頭腦中原有的不規範字形,另一方面抄寫者可以用自己儲存在頭腦中的正確字形糾正底本原有的不規範字形,這兩方面都有助於減少抄寫過程中錯字的出現;而對於底本中別字的糾正則需要對文意有較深的研索,但抄寫追求效率,多數抄寫者只是對抄底本,常常忽視文意,這使底本中原有的別字得不到糾正,同時在抄寫過程中又會產生新的別字。記錄是將語言外現為文字,主要依賴記錄者儲存在頭腦中的字形,不存在相對糾正的條件。

① 所據抄寫的底本的文字或語境會自動激活與之關聯的經大量學習得來的所有貯存表徵。

（三）從書寫材料的角度比較

縑帛難得而昂貴，簡牘易得而低廉。若記錄的內容和書寫的方式相同，帛書中出現的訛字頻率常常低於簡牘。例如：同是文學類典籍，武威漢簡中的別字和錯字的出現頻率明顯高於馬王堆漢墓帛書［壹］和馬王堆漢墓帛書［叁］。同是醫藥類的典籍，武威漢代醫簡中別字和錯字的出現頻率遠遠高於馬王堆漢墓帛書［肆］。

二、不同時期的文本中的訛字比較

政治文化背景的影響、漢字的規範化程度和書写者的文化水平都會影響到訛字的出現頻率。秦始皇統一六國文字，確立規範字形；輔以秦代嚴酷的法律，書寫者的書寫態度一般都比較認真；受秦代焚書坑儒政策的影響，出土的秦代典籍內容較為單一，絕大部分是法律類和醫卜類。漢代的自由氣息相對濃厚；出土的典籍內容豐富。這些不同導致出土的秦代典籍中訛字的出現頻率明顯低於漢代。

同是法律類的典籍，西漢早期的《張家山漢墓竹簡》中訛字的出現頻率高於秦代的《睡虎地秦簡》和《龍崗秦簡》。同是文學類的典籍，西漢晚期的《武威漢簡》①中訛字的出現頻率明顯高於西漢早期的馬王堆帛書。同是醫卜類的文本，東漢時期的武威漢代醫簡中訛字的出現頻率是秦代的放馬灘秦簡的6倍。

第三節　出土文獻訛字與傳世文獻訛字的比較

《〈論衡〉札記》一文中，裘錫圭先生將“誤字”分為五類：（一）形近誤字，（二）音近誤字或通用字，（三）形音皆近之誤字或通用字，（四）涉上下文而誤，（五）涉常語而誤。裘先生考證的《論衡》中的訛誤字未涉及“別字和相應的正

① 《武威漢簡》為墓主經師日常習用，但裏面大量的訛字卻未得到糾正，一方面因為部分別字反復出現，在一定範圍內得到社會認同，另一方面墓主關心的是經書的思想內容，而非字形本體。

字意義相關”這一類型;未涉及錯字現象。

學者將傳世典籍中出現的錯字稱為壞字,多是由刊刻缺失造成的,又稱爛文或缺筆。手寫形成的文本是實用性文字資料,書寫隨意、富有個性;而將手寫的文本刊刻成書籍,必然經過一個認同的過程,使文字在字體和形體結構方面趨於統一、規範。對於手寫本中的錯字若不能正確地認同為相應的正字,錯誤的認同將導致別字的產生。這是傳世典籍中錯字極為少見的一個原因,許多訛誤字形或不規範寫法只保存在出土文獻中。

粗略地統計今本《儀禮》中的訛字,《儀禮正義》明確指出的有下面幾對:將“觶”誤為“觚”;將“紂”訛為“純”;將“四”訛為“三”;將“下”訛為“中”等。拿今本《儀禮》中的訛字和簡本《儀禮》中的訛字作比較,發現今本《儀禮》中的訛字是零星的、個別的,類型也沒有簡帛中的豐富。傳世文獻尤其像十三經這樣的經典著作,經過歷代文人學者的解釋疏通,其中的訛字大部分已經被認同、修正或考證清楚了。

傳世文獻經歷着傳抄刊刻的變化,也蘊含着各代學者復古存真的努力。使得傳世文獻的訛字具有雅言特色和經過修改訂正的痕跡。對於同時存在的幾個版本,一般是書寫規整、用字嚴謹的版本得以流傳,在流傳過程中自然會有新的訛誤出現,但又在不斷地被文人學者打磨“還原”。

在不同載體的文字資料中,訛字的數量和所占比例並不相同。總體而言,訛字在出土的手寫文獻中出現最多,其次是現有傳世文獻,再次是石碑刻文。刻本文獻和石刻碑文常常是規範漢字的範本。

出土文獻深埋地下,未經改動,較多地保留了古籍原貌;但並不意味著其發生訛誤的機率小,實際上部分出土文獻的訛誤現象是比較嚴重的。

總之,文本的性質和傳世方式的差異,影響到訛字的比例和類型的分佈。

第四節　訛字與漢字發展演進及秦漢文字系統的相互影響

一、隸變對秦漢簡帛訛字的影響

秦漢文字系統是一個不斷演進的動態系統,隸變是秦漢时期文字發展演變最重要的組成部分。隸變是從篆到隸,由古文字到今文字的變革,其特點是表意文字符號化。隸變在一定程度上刺激了訛字產生。

理論上,隸變以及隸書的書寫方式和書寫習慣對訛字的影響有以下幾個方面:第一,隸分隸合導致單字或構件大量混同,使得文字形旁的別義功能或聲旁的示源功能不再明顯,從而導致偶然地將不該混同的偏旁寫混。第二,由篆體到隸體的轉變過程中,許多字的表意功能丟失,引起人們用字的困惑,造成寫字時忽視造意。第三,隸變使字形簡化,使手寫靈活自由,使書寫速度得到極大提高。人們追求書寫簡便,在書寫時越來越少地照顧造字理據。第四,訛字對正字字形的扭曲使字形無法表現字義,這與隸變導致的"字形與字義脫節"有相似性。①

二、訛字對漢字發展演進及秦漢文字系統的影響

兩字的區別特徵細微造成兩字經常寫混,這給識別帶來困難,書寫者爲了順利地表達思想、準確地交流信息,有意識地對兩字加以區別,促使新的區別特徵產生。從這個角度可以說別字推動了漢字的發展演變。舊的區別特徵消失,促使新的區別特徵產生,是字形結構變化的動因之一。例如:

武醫48・12:[illegible]{窅地長與人等,深七尺,橫五尺}。其後註釋:"簡文中

① 参照趙師平安:《隸變研究》,河北大學出版社1993年;《秦漢簡帛假借字的文字學研究》,《河北大學學報》,1991年第4期。

‘穽’即‘穿’字。古隸中‘牙’與‘耳’相類。《隸辨》謂:……穿作窂,亦作穽,與從耳之字無別。”按,此字所從與武醫87甲·10“取□駱蘇一[升]”的“(取)”所從相同。構件“牙”與構件“耳”混而無別。

“牙”字的演變脈絡:(師克盨)、(說文·牙部)、(馬叁·春87)、(銀·孫128)、(漢印)、(魏上尊號奏)。“耳”字的演變脈絡:(鐵138·2)、(亞耳尊)、(三體石經·僖公)、(說文·耳部)、(馬壹·老甲後209)、(銀·孫61)、(魏封孔羨碑)。甲骨文、金文中的“牙”和“耳”都是象形字,分別像牙齒和耳朵之形;小篆的“牙”和“耳”字形還明顯不同;隸變之後,兩者的區別特徵不明顯了,《武威漢代醫簡》將兩者寫混。漢魏時將“牙”最下面的橫寫為一撇,“耳”兩邊的豎筆垂直(同時與“瓦”相區別),以此加大兩者的區別特徵。

漢字是表意文字,形旁具有別義功能,聲旁具有表音和示源功能;而錯字沒有構字理據。有時錯誤的字形具有一定的普遍性,在一定範圍內得到社會認可,可以說為當時的漢字系統增加了新的字符,而這個字符在某種程度上擾亂了漢字系統。例如:

銀·臏261·16:{命之曰贊師}。EPT13·4·2:{大師特進褒心侯}。武·甲燕31·55:{大陠}。甲燕校記三十一:“陠,今本作師,亦見《泰射》篇。”甲泰第9、35、37、53、62、86、104號簡上的師都做陠。

按,此字作為“師”字,兩個構件都寫訛。左邊的構件由“𠂤”訛為“阝”,其形與銀·臏271·16的“(險)”所從相同;右邊的構件由“帀”訛為“市”。

武·甲泰8·44:{小臣陠從者在東堂下,南面西上}。甲泰校記八:“陠,今本作師,亦見《燕禮》第三十七簡,此篇師皆作陠。”按,此字右邊的構件不出頭,只是將左邊構件寫訛,反映了由“師”訛為“陠”的過程。馬王堆帛書中的“師”亦作此形:(馬壹·老甲147·2)。

《字彙補·阜部》:“陠,與師同。”《漢語大字典》另列了《曹全碑》的字形:,同時指出《衛尉衡方碑》、《李翕析里橋郙閣頌》、《義府·隸釋》、《隸釋·楊震碑陰》中的“師”都作“阼”。①

“阼”字的産生是因為將“師”字寫訛，即將“𠂤”訛為“阝”，將“帀”訛為“市”；雖然“阼”最終沒有取代“師”正字的地位；但“阼”字在多種古文字資料中出現，而且被字書收錄、被一定範圍內的學者認可；這充分反映了訛字對漢字系統的影響。從這個角度看，訛字對於漢字自身的發展以及文化傳播又無疑具有負面影響。

① 《衛尉衡方碑》：“𠀤拜步兵校尉處六阼之帥。”《隸釋・楊震碑陰》：“山陽阼子則。”洪适注：“阼即師字。”

余　論

調查分析秦漢時期其他類型的古文字資料(比如金文、石刻文、陶文、璽印文等)中的訛字面貌,並與秦漢簡帛訛字作比較研究。比如,徐正考在《漢代金文中的文字問題》一文中提出:"先秦銅器銘文中的錯譌現象,筆者未做過全面的研究,但可以肯定極其罕見。而漢代金文中的譌誤現象就比較多了。"他把漢代金文中的譌誤分為以下幾種:缺筆者、漏補者、漏而不補者、錯譌者、衍文者、譌混者、穿筆與連筆者等。①

調查分析戰國時期簡帛資料中的訛字,并將之與秦漢時期簡帛資料中的訛字作比較研究。

全面調查、系統探討殷商文字(以甲骨文為代表)、西周文字(以這個時期的金文為代表)、春秋戰國文字(按國别細分:三晉文字、楚文字、齊文字等)中的訛字,展現古文字階段各個時期的訛字面貌;并以訛字研究促進各個階段古文字的研究考釋。

在已有秦漢簡帛訛字研究的基礎上,利用各個階段的訛字材料,進一步作拓展研究和比較研究:

梳理并區分具有歷史傳承性的訛字和各個時期新產生的訛字。

即使沒有政府的人為規範,爲了達到交際目的,社會也必然存在漢字規範,這種規範具有很強的實用性,是自發的,約定俗成的。自發的漢字規範下的正訛關係與人為規範下的漢字的正訛關係存在差異,在訛字的判定標準、研究方

---

① 徐正考:《漢代金文中的文字問題》,吉林大學古文字研究室:《中國古文字研究(第一輯)》,吉林大學出版社 1999 年 6 月第 1 版。

法、致誤原因等方面都會有所不同。

揭示不同的書寫工具(刀、毛筆等)和不同的書寫材料(甲骨、青銅器、簡帛等)產生的訛字的不同特徵。

由於時間限制,這些方面的工作有待日後完成。

材料來源及參考文獻

一、出土文獻材料來源

1. 釋青川秦墓木牘[J]. 文物. 1982(1).

2. 甘肅省文物考古研究所編. 天水放馬灘秦簡[M]. 北京:中華書局,2009 - 8

3. 睡虎地秦墓竹簡整理小組. 睡虎地秦墓竹簡[M]. 北京:文物出版社,1990 - 9.

4. 中國文物研究所 湖北省文物考古研究所. 龍崗秦簡[M]. 北京:中華書局,2001.

5. 湖南省文物考古研究所. 里耶發掘報告[M]. 長沙:嶽麓書社,2007 - 1.

6. 湖北荊州市周梁玉橋遺址博物館. 關沮秦漢墓簡牘[M]. 北京:中華書局,2001.

7. 張家山二四七號漢墓竹簡整理小組. 張家山漢墓竹簡(二四七號墓)[M]. 北京:文物出版社,2001 - 11.

8. 湖南省博物館,中國科學院考古研究所. 長沙馬王堆一號漢墓[M]. 北京:文物出版社,1973.

9. 湖南省博物館,湖南省文物考古研究所. 長沙馬王堆二、三號漢墓(第一卷田野考古發掘報告)[M]. 北京:文物出版社,2004 - 7.

10. 國家文物局古文獻研究室. 馬王堆漢墓帛書(壹)[M]. 北京:文物出版社,1980.

11. 馬王堆漢墓帛書整理小組. 馬王堆漢墓帛書(叁)[M]. 北京:文物出版社,1983.

12. 馬王堆漢墓帛書整理小組. 馬王堆漢墓帛書(肆)[M]. 北京:文物出版社,1985.

13. 湖北省文物考古研究所,隨州市考古隊. 隨州孔家坡漢墓簡牘[M]. 北京:文物出版社,2006 - 6.

14. 銀雀山漢墓竹簡整理小組. 銀雀山漢墓竹簡(壹)[M]. 北京:文物出版社,1976.

15. 甘肅省文物考古研究所,甘肅省博物館,中國文物研究所,中國社會科學院歷史所. 居延新簡——甲渠侯官[M]. 北京:中華書局,1994.

16. 甘肅省博物館,中國科學院考古研究所. 武威漢簡[M]. 北京:中華書局,2005 - 9.

17. 連雲港市博物館,中國社會科學院簡帛研究中心,東海縣博物館,中國文物研究所. 尹灣漢墓簡牘[M]. 北京:中華書局,1997.

18. 魏堅,白音查幹,謝桂華,李均明. 額濟納漢簡[M]. 桂林:廣西師範大學出版社,2005-3.

19. 甘肅省博物館 武威縣文化館. 武威漢代醫簡[M]. 北京:文物出版社,1975-10.

20. 羅振玉,王國維. 流沙墜簡[M]. 北京:中華書局,1993-9.

21. 長沙市文物考古研究所,中國文物研究所. 長沙東牌樓東漢簡牘[M]. 北京:文物出版社,2006-4.

二、專著

許　慎. 說文解字(附檢字)[漢][M]. [宋]徐鉉校定. 北京:中華書局,1995.

王　筠. 說文解字句讀[清][M]. 北京:中華書局,1988-7.

段玉裁. 說文解字注[清][M]. 杭州:浙江古籍出版社,1998-2.

胡培翬. 儀禮正義[清][M]. 南京:江蘇古籍出版社,1993.

唐　蘭. 中國文字學[M]. 上海:上海古籍出版社,1949.

梁東漢. 漢字的結構及其流變[M]. 上海:上海教育出版社,1959.

中國社會科學院考古研究所. 甲骨文編[M]. 北京:中華書局,1965.

周法高. 金文詁林[M]. 香港:香港中文大學,1974.

郭沫若. 甲骨文合集[M]. 北京:中華書局,1978.

羅福頤. 漢印文字徵[M]. 北京:文物出版社,1978.

高　明. 古文字類編[M]. 北京:中華書局,1980.

陳夢家. 漢簡綴述[M]. 北京:中華書局,1980-12.

徐中舒. 漢語古文字字形表[M]. 成都:四川人民出版社,1981.

羅福頤. 古璽文編[M]. 北京:文物出版社,1981.

羅福頤. 古璽彙編[M]. 北京:文物出版社,1981.

唐　蘭. 古文字學導論(增訂本)[M]. 済南:齊魯書社,1981.

雲夢睡虎地秦墓編寫組. 雲夢睡虎地秦墓[M]. 北京:文物出版社,1981-9.

容　庚. 金文編[M]. 張振林,馬國權摹補. 北京:中華書局,1985-7.

徐中舒. 秦漢魏晉篆隸字形表[M]. 成都:四川辭書出版社,1985.

裘錫圭. 文字學概要[M]. 北京:商務印書館,1988-8.

高　明. 古陶文彙編[M]. 北京:中華書局,1990.

高　明,葛英會. 古陶文字徵[M]. 北京:中華書局,1991.

A. B. 彼得羅夫斯基[俄]. 龔浩然,伍棠棣,張世臣,盧盛忠,孫曄,魏慶安譯. 普通心理學[M]. 北京:人民教育出版社,1991.

張之恒. 中國考古學通論[M]. 南京:南京大學出版社,1991-12.

漢語大字典編輯委員會. 漢語大字典(縮印本)[M]. 湖北辭書出版社、四川辭書出版社,1992-12.

趙平安. 隸變研究[M]. 保定:河北大學出版社,1993-6.

馮浩菲. 中國訓詁學[M]. 济南:山東大學出版社,1995-9.

高　明. 中國古文字學通論[M]. 北京:北京大學出版社,1996-6.

於省吾. 甲骨文字詁林[M]. 北京:中華書局,1996.

李運富. 楚國簡帛文字構形系統研究[M]. 長沙:嶽麓書社,1997.

胡朴安. 中國文字學史[M]. 北京:商務印書館,1998-4.

何琳儀. 戰國古文字典[M]. 北京:中華書局,1998.

李珍華,周長楫. 漢字古今音表(修訂本)[M]. 北京:中華書局,1999-1.

彭邦炯. 甲骨文合集補編[M]. 語文出版社,1999.

駢宇騫,段書安. 本世紀以來出土簡帛概述(資料篇、論著目錄篇)[M]. 臺北:萬卷樓圖書有限公司,1999.

王　力. 王力古漢語字典[M]. 北京:中華書局,2000.

王玉新. 漢字認知研究[M]. 濟南:山東大學出版社,2000年.

章志光. 心理學[M]. 北京:人民教育出版社,2000年.

王　寧. 漢字學概要[M]. 北京:北京師範大學出版社,2001.

湯餘惠. 戰國文字編[M]. 福州:福建人民出版社,2001.

姚淦銘. 漢字心理學[M]. 南寧:廣西教育出版社,2001.

王　寧. 漢字構形學講座[M]. 上海:上海教育出版社,2002-10.

李學勤. 中國古代文明十講[M]. 上海:復旦大學出版社,2003-8.

李學勤. 古文字學初階[M]. 北京:中華書局,2003.

何琳儀. 戰國文字通論(訂補)[M]. 南京:江蘇教育出版社,2003.

M. W. 艾森克 M. T. 基恩. 認知心理學[M]. 高定國,肖曉雲譯. 上海:華東師範大學出版社,2003年第四版.

韓自強. 阜陽漢簡《周易》研究(附:《儒家者言》章題、《春秋事語》章題及相關竹簡)[M]. 上海:上海古籍出版社,2004-7.

楊樹達. 中國文字學概要:文字形義學[M]. 上海:上海古籍出版社,2006.

劉　釗. 古文字構形學[M]. 福州:福建人民出版社,2006.

邵志芳．認知心理學——理論、實驗和應用[M]．上海：上海教育出版社,2006.

饒尚寬．春秋戰國秦漢朔閏表：公元前 722 年 ~ 公元 220 年[M]．北京：商務印書館,2006.

中國社會科學院考古研究所．殷周金文集成[M]．北京：中華書局,2007.

黄德寬．古文字譜系疏證[M]．北京：商務印書館,2007.

葉貴良．敦煌道經寫本與詞彙研究[M]．成都：巴蜀書社,2007.

李　零．簡帛古書與學術源流(修訂本)[M]．北京：生活・讀書・新知三聯書店,2008 年第 2 版．

王　輝．古文字通假字典[M]．北京：中華書局,2008.

張素鳳．古漢字結構變化研究[M]．北京：中華書局, 2008 -7.

三、論文

釋青川秦墓木牘[J]．文物．1982(1).

湯余惠．略論戰國文字形體研究中的幾個問題[J]．古文字研究(第十五輯)．中華書局,1986 -6.

趙振鐸．説訛字[J]．辭書研究,1990(2).

裘錫圭．談談辨釋漢簡文字應該注意的一些問題[J]．江漢考古,1991(4).

子　葉．説訛字[J]．四川師院學報,1992(1).

裘錫圭．古文字論集[C]．北京：中華書局,1992.

王夢華．漢字字形的混誤和訛變[J]．東北師大學報,1992(5).

裘錫圭．《論衡》劄記[A]．古代文史研究新探[C]．江蘇古籍出版社,1992 -6.

趙平安．試論秦國歷史上的三次"書同文"[A]．隸變研究[M]．保定：河北大學出版社,1993 -6

趙平安．漢字字體的名實及其演進序列的再認識[A]．隸變研究[M]．保定：河北大學出版社,1993 -6.

施順生．甲骨文字形體演變規律之研究[D]．臺灣中國文化大學博士學位論文,1997.

陸錫興．70 年代以來的秦漢簡帛文字研究[J]．南昌大學學報(人社版),2000 (3).

王　寧．漢字字體研究的新突破——重讀啟功先生的《古代字體論稿》[J]．三峽大學學報(人社版),2001(3).

張　靜．郭店楚簡文字研究[D]．黄德寬指導．安徽大學博士學位論文,2002.

鄧福祿．《龍龕手鏡》異形字研究[D]．李國英指導．北京師範大學博士學位論文,2002.

李　零．簡帛古書的整理與研究[J]．中國典籍與文化,2003(4)．

李國英．異體字的定義與類型[A]．張書巖．異體字研究[C]．北京:商務印書館,2004.

劉　釗．古文字考釋叢稿[C]．長沙:嶽麓書社,2004.

厲　兵．漢字字形研究[C]．北京:商務印書館,2004－9.

張書岩．異體字研究[C]．北京:商務印書館,2004－9.

李宇明,費錦昌．漢字規範百家談[C]．北京:商務印書館,2004－9.

向光忠．漢字規範鑒古論今[A]．李宇明、費錦昌．漢字規範百家談[C]．商務印書館,2004－9.

裘錫圭．《戰國策》"觸讋說趙太后"章中的錯字[A]．中國出土文獻十講[C]．上海:復旦大學出版社,2004－12.

裘錫圭．談談上博簡和郭店簡中的錯別字[A]．中國出土文獻十講[C]．上海:復旦大學出版社,2004－12.

馮靚芸．《漢書》通假研究[D]．吴金華指導．復旦大學博士學位論文,2005.

張新俊．上博楚簡文字研究[D]．吴振武指導．吉林大學博士學位論文,2005.

張家山漢簡研讀班．張家山漢簡《二年律令》校讀記[A]．張家山二四七號漢墓竹簡整理小組．張家山漢墓竹簡(二四七號墓)[M]．北京:文物出版社,2006－5.

黄德寬．古文字考釋方法綜論[A]．漢字理論叢稿[C]．北京:商務印書館,2006－12.

趙平安．河南淅川和尚嶺所出鎮墓獸銘文和秦漢簡中的"宛奇"[J]．中國歷史文物,2007(2)．

盧烈紅．古今字與同源字、假借字、通假字、異體字的關係[J]．語言學研究,2007(1)．

徐時儀．略論漢語異體字的認知理據[J]．中國文字研究,2007(1)．

邱扶東,張再興．漢字認知研究的心理學範式[J]．中國文字研究,2007(1)．

曹　軍．《正字通》中的譌字研究[D]．李國英指導．北京師範大學碩士學位論文,2008.

葉玉英．二十世紀以來古文字構形研究概述[J]．復旦大學出土文獻與古文字研究中心．出土文獻與古文字研究(第二輯)．上海:復旦大學出版社,2008－8.

周　波．秦、西漢前期出土文字資料中的六國古文遺跡[J]．復旦大學出土文獻與古文字研究中心．出土文獻與古文字研究(第二輯)．上海:復旦大學出版社,2008－8.

附錄1

術　語

1. 正字:歷代不同的學者對之有不同的理解和界定。與不同的概念對應,它就有不同的內涵。在本書中正字是與訛字相對的概念,其中與錯字相對的正字是指一定時期或一定地域範圍內的通行的標準字形;與別字相對的正字是指契合文意的字形。在本文中與異體字相對的稱為正體字或稱為選用字。

2. 構件:漢字的構形單位是構件,也稱部件。當一個形體被用來構造其他的字,成為所構字的一部分時,稱之為所構字的構件。構件有成字構件與非字構件之分。(參王寧《漢字構形學講座》,第32頁。)

3. 成字構件:指既能獨立成字,又能參與構字、體現構意的構件。也就是說,當它不作其他字的構件時,本身就是一個完整的字,與語言中的某個詞對應。(參王寧《漢字構形學講座》,第35頁。)

4. 非字構件:指只能依附於其他構件來體現構意,不能獨立用來記錄語言的構件。(參王寧《漢字構形學講座》,第36頁。)

5. 造字理據:漢字形體中可分析的意義信息,來自原初造字時造字者的一種主觀造字意圖,稱作構意,也稱造意。造意一旦為使用的群體所公認,便成為一種可分析的客體,稱作造字理據。(參王寧《漢字構形學講座》,第22頁。)

6. 簡文:指原竹木簡上的文字。

7. 牘文:指原木牘上的文字。

8. 帛文:指原縑帛上的文字。

9. 釋文:指整理者對簡帛文字的隸定釋讀。一般置於圖版之後,對個別字詞其後還有注釋。

10. 待考字:指需要考證的字形,主要是已被釋出和尚未釋出的秦漢簡帛文字。

11. 壞字:有人將寫得不成字的字形,即訛錯字,稱為壞字。這無疑會搞亂術語體系。本書所謂的壞字指的是簡帛在久遠的保存年代中因可知和不可知的原因而導致殘泐、模糊、無法識讀的字形;或者字形部分殘泐或部分模糊但依據殘留筆劃和上下文文義可以識讀的字形;以及抄手寫錯塗去的字形。

12. 楷定:指將甲、金、篆、隸等古文字材料,轉寫成我們現在通行的楷書。這在傳統上稱為隸定,"偽孔安國《尚書序》裹有'隸古定'的說法,指用隸書的筆法來寫'古文'的字形。後人把用楷書的筆法來寫古文字的字形稱為'隸定'。"(参裘錫圭《文字學概要》,第78頁。)我們使用"楷定"這個術語,而不用隸定,因為我們研究的秦漢簡帛材料有很大一部分是以隸書或隸草為載體的,我們用楷書轉寫隸書,故稱為楷定更為貼切。

附錄2

書目簡稱

1.《天水放馬灘秦簡》——放

甲種日書——甲日

乙種日書——乙日

志怪故事——志

2.《睡虎地秦墓竹簡》——睡

編年記——編

語書——語

秦律十八種——秦

效律——效

秦律雜抄——雜

法律答問——法

封診式——封

為吏之道——為

日書甲種——日甲

日書乙種——日乙

3.《龍崗秦簡》——龍

4.《里耶發掘報告》——里

5.《關沮秦漢墓簡牘》——關

周家臺三〇號秦墓簡牘——周

蕭家草場二六號漢墓竹簡——蕭

6.《張家山漢墓竹簡［二四七號墓］》——張

曆譜——曆

二年律令——律

奏讞書——奏

脈書——脈

算數書——算

蓋廬——蓋

引書——引

遣策——遣

7.《長沙馬王堆一號漢墓》——馬一

8.《長沙馬王堆二、三號漢墓（第一卷田野考古發掘報告）》——馬三

9.《馬王堆漢墓帛書［壹］》——馬壹

老子甲本——老甲

老子甲本卷後古佚書——老甲後

五行——五

九主——九

明君——明

德聖——德

老子乙本——老乙

老子乙本卷前古佚書——老乙前

經法——法

十六經——十

稱——稱

道原——道

10.《馬王堆漢墓帛書［叁］》——馬叁

戰國縱橫家書——戰

春秋事語——春

11.《馬王堆漢墓帛書［肆］》——馬肆

足臂丨一脈灸經——足

陰陽十一脈灸經甲本——陰甲

脈法——脈

陰陽脈死侯——陰

五十二病方——五

卻穀食氣——卻

陰陽十一脈灸經乙本——陰乙

導引圖——導

養生方——養

雜療方——雜

胎産方——胎

十問——十

合陰陽——合

雜禁方——禁

天下至道談——天

12.《隨州孔家坡漢墓簡牘》——孔

日書——日

曆日——曆

告地書——告

13.《銀雀山漢墓竹簡[壹]》——銀

孫子兵法——孫

孫臏兵法——臏

尉繚子——尉

晏子——晏

六韜——六

守法守令等十三篇——守

14.《居延新簡——甲渠侯官》——居新

EP 代表甲渠侯官遺址(今稱破城子)

EPF 代表破城子房屋

EPW 代表破城子塢壁内

EPC 代表破城子鄣、塢以外的灰堆

八二 EPC 代表破城子一九八二年採集簡

EPS 四代表甲渠塞第四燧遺址

EPS 四 C,代表甲渠塞第四燧採集簡

ESC 代表額濟納旗三十井次東燧遺址

EN 代表一九七二年居延地區調查採集地點不明殘簡

T 代表探方

F 代表房屋遺址

15.《武威漢簡》——武

甲本士相見之禮——甲士

甲本服傳——甲服

甲本特牲——甲特

甲本少牢——甲少

甲本有司——甲有

甲本燕禮——甲燕

甲本泰射——甲泰

乙本服傳——乙服

丙本喪服——丙服

日忌木簡——日

王杖十簡——王

柩銘——柩

16.《尹灣漢墓簡牘》——尹(Y)

Y 表示尹灣,M 表示墓,M 後數字表示墓號,D 表示木牘,D 後數字表示木牘編號,L 表示欄,L 後數字表示欄號,H 表示行,H 後數字表示行號,最後一個數字表示第幾個字。例如:YM6D3 反・L1・H3・2:尹灣 6 號漢墓第 3 號木牘反面第 1 欄第 3 行第 2 個字。

17.《額濟納漢簡》——額

字母前的數碼表示出土的年代

E 表示額濟納旗

S 表示烽燧

T 表示烽燧内臺階

F 表示房舍遺址

H 表示灰堆

D 表示過道

18.《武威漢代醫簡》——武醫

19.《流沙墜簡》——流

小學術數方技書——小

屯戍叢殘——屯

流沙墜簡補遺——補

20.《長沙東牌樓東漢簡牘》——東

附錄3

凡 例

1. 凡是吸收的前人及時賢成果,均於文中做出說明或在注釋中注明,不同學者或文章中的觀點若相同或相近,通常只注出所見最早或闡釋最詳明充實的。

2. 對於與本文關係不大的論著,只在引用處詳細注明出處,以便學者核對,不再於參考文獻中列出。

3. 對於出土文獻材料,我們採用簡稱,後附簡稱表。簡稱儘量使用學界通行的稱說方式;首選第一個字,第一個字會引起混淆時使用它字;部分簡稱沿襲原書,使用英文大寫字母。例如 YM6D12 反・L1・H7 表示尹灣六號漢墓第十二號木牘反面第一欄第七列。

4. 某字形有時會在同一號簡或同一行帛書中反復出現,為使所討論的單字對象更加明確,本文在說明待考字出處時,標注到該字是某號簡牘或帛書某行的第幾個字。例如:張・曆6・43 表示該字是張家山漢墓竹簡中曆譜圖版的第六支簡第四十三個字。計算字數時,簡文漫漶不清而無法補入者,不計入字數;可補入者,計入字數;重文計入字數。

5. 對所引古文字字形均注明出處,為便於標寫,所注出處多使用阿拉伯數字。

6. 於簡帛原字形(即待考字)後加{ }注明該字出現的上下文,引文完全按照整理者原釋文錄出,並在其中的待考字下加著重號。

7. 在訛字後加〈 〉號注出正字,通假字或異體字後加( )號注出所通之字或相應的通行字,補出的脫字加[ ]號。

8. 依學界慣例,於引文作者均省去先生這一尊稱。